猶太人
3000年

張倩紅　張少華　著

香港中和出版有限公司
www.hkopenpage.com

亞當和夏娃被逐出伊甸園
（Masaccio, 1401—1428）

亞伯拉罕向上帝獻祭以撒
（Rembrandt Harmenszoon van Rijn, 1606—1669）

摩西雕像
（Michelangelo, 1475—1564）

大衛王
（Rembrandt Harmenszoon van Rijn, 1606—1669）

耶路撒冷被新巴比倫軍隊攻破後，猶太人癱坐在城牆邊的悲涼場景

描述羅馬征服耶路撒冷的浮雕

耶穌復活後進入耶路撒冷
（Giovanni Cimabue, 1240－1302）

十字軍攻佔耶路撒冷，踩着猶太人和穆斯林的鮮血進入城中

描繪 20 世紀初歐洲猶太難民無處可去悲慘境遇的漫畫

奧斯威辛集中營

以色列「亞德‧瓦謝姆紀念館」（大屠殺紀念館）內的人名紀念堂

1967 年以軍佔領耶路撒冷後，猶太人站在猶太教最神聖的聖跡哭牆邊祈禱、誦經

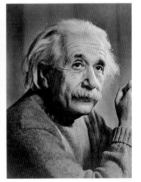

影響世界的三位猶太人：馬克思（左）、弗洛伊德（中）、愛因斯坦（右）

目　錄

第 一 章

走進「早熟的民族」

以色列的歷史在晨昏蒙影中開始。其中，史實與傳說彼此交融，難以分辨。傳說已經成為我們經驗的一個重要部分，好像是真正存在過的事情一樣。那些人們確信在中東發生的事情，比我們所知道的真正發生的事情更能影響世界歷史的進程。

——阿巴・埃班《猶太史》

當尼羅河文明和兩河文明像兩顆璀璨的明珠在早期歷史舞台上閃耀時，猶太人的始祖 —— 希伯來人在人類的視野中出現了。作為活躍在廣袤中東大地上的新興力量，他們曾遊牧於阿拉伯半島，輾轉於大河文明之間，最後定居於應許之地 —— 迦南。在不斷的遷徙過程中，希伯來人創造了最古老的一神教，形成了民族統一體，完善了獨特的文化體系，因而被馬克思稱作是「早熟的民族」。《希伯來聖經》不僅記載了希伯來人的歷史流變，見證了他們的輾轉經歷，濃縮了他們的永久記憶，也作為世界文化的永恆基因傳承後世、滋養百代，與人類一起經歷了長達數千年的文明之旅。讓我們懷着敬畏的心情，翻開這部輝煌燦爛的文化聖典，去細細解讀「聖書之民」的若干足跡，去捕捉那段在晨昏蒙影之中閃現而出的歷史靈光⋯⋯

「契約之民」

民族的起源大多瀰漫着撲朔迷離的神話色彩，猶太人也不例外。《希伯來聖經》是記載猶太民族早期歷史的唯一文本，其中貫

穿着一條割捨不斷的思想主線，即上帝給人類的啟示、上帝與猶太人之間的契約關係。

《希伯來聖經》開篇即記載了世界與人類的起源。上帝用5天時間分別創造了白晝與黑夜、水和土地、花草樹木、太陽和月亮、飛禽走獸等。當上帝完成這一系列創造後，覺得這些造物需要加以管理，於是就在第6天按照自己的形象造了人，讓人來管理世間萬物。6天後，上帝認為萬物齊備，就歇息了。於是猶太傳統將第7日定為安息日，這一天人們要停止勞作，以紀念上帝的造物偉績。

關於上帝造人的傳說，濃縮了猶太人的許多理念：首先，人來源於上帝，女人依附於男人。《聖經‧創世記》描述道：上帝用地上的塵土造了人之後，在他的鼻孔內吹了一口氣，人便有了靈氣，這個人就是亞當。亞當出現之後，為了讓他擺脫孤單之苦，上帝就從亞當的體內取出了一根肋骨，造了一個女人，取名叫夏娃，並對亞當說：「這是你骨中的骨、肉中的肉」。寓意夫妻兩人本為一體。

其次，人因誘惑而犯罪並受到上帝的懲罰。亞當和夏娃原本生活在上帝為他們所造的伊甸園中，過着無憂無慮的生活，遍地的寶物和各種珍稀美味享用不盡。上帝告訴亞當和夏娃，伊甸園裡甚麼都可以吃，唯獨園子中央那棵智慧之樹上的果子不能吃。有一天，蛇誘惑亞當、夏娃偷吃了智慧果，他們的眼睛忽然變得明亮起來，看到自己赤身裸體感到非常羞恥，便用無花果的葉子編成衣服遮蓋住身體。當上帝在園中行走的時候，看到亞當夏娃穿着衣服，立刻便明白他們犯了戒律，於是十分生氣並決心降下懲罰，讓唆使他們的蛇用身體行走並終生以泥土為食，夏娃遭受生育之痛且受到丈夫的管轄，亞當必須勞作受苦才能養家糊口；並將亞當和夏娃趕出了伊甸園，這一幕通常被稱為「失樂園」。

　　亞當和夏娃被視為人類的始祖，他們的後代繁衍不斷，其中也不乏行為敗壞、作惡之人。按照《聖經·創世記》記載，上帝惱怒世人的奸詐，決定用洪水毀滅世上的一切罪惡。祂讓義人挪亞造方舟，挑選出能夠配對的生靈上方舟躲避洪水，在災難之後重造世界。大水過後，世界又恢復了平靜，這就是「挪亞方舟」的故事。挪亞有三個兒子——閃、含、雅弗。挪亞喜愛閃，時常為閃祈禱祝福，閃的後代越來越多，最終形成了自己的部落——閃族，這是當時中東地區最大的部落之一，猶太人和阿拉伯人都是閃族的後裔。

　　亞伯拉罕作為閃族的一員，生活在兩河流域南部的吾珥城。當時的兩河流域盛行多神崇拜，每個城邦都有自己的神。當地居民發現，河水氾濫與日月星辰的週期變化密切相關，因此占星術在這裡非常盛行。月亮神、河神、雨神、戰神等等成為多個城邦的保護神，一些農業發達的城邦敬拜雨神或河神，崇尚武力掠奪的城邦則更多地敬拜戰神。兩河流域不僅流行多神崇拜，還為神樹立雕像，將崇拜物偶像化，多神崇拜和偶像崇拜的結合是這一區域居民信仰的最大特徵，而亞伯拉罕通過脫離多神信仰開創了一神崇拜的先河，這在宗教史上具有劃時代的意義。

　　猶太人中一直流傳着這樣一個故事：亞伯拉罕的父親他拉是多神崇拜的支持者，家中有許多神的陶像、石像和木像，但亞伯拉罕卻反對多神崇拜，他認為只有一個統管世間萬物的神，這個神看不見摸不着，卻神力廣大並掌管眾神。有一天，亞伯拉罕趁父親不在家的時候，用斧頭把屋裡的神像統統砸碎。

　　他拉回來的時候問亞伯拉罕：「為甚麼要這樣？」
　　亞伯拉罕回答道：「是那個神將他們打碎的，要不信

的話你可以問他。」

　　他拉説：「你撒謊，難道這些神像會動嗎？」

　　亞伯拉罕反問道：「既然他們連自己都保護不了，你
的崇拜還有甚麼用呢？」

　　亞伯拉罕破除偶像崇拜的行為，為後來上帝與亞伯拉罕的立
約埋下了伏筆。據《聖經·創世記》記載，一天，上帝對亞伯拉罕
説：「你要離開本地、本族、父家，往我所要指示你的地去。我必
叫你成為大國。」亞伯拉罕便按照神的意思，帶着家族和財產開始
向迦南（今天的巴勒斯坦地區）遷移，這是上帝與亞伯拉罕的約
定。大約在公元前18世紀漢謨拉比王統治時期，亞伯拉罕從吾珥
出發，渡過幼發拉底河，進入廣闊的巴比倫平原，沿着底格里斯河
和幼發拉底河之間的商道繼續向西北方向遷移，經過城市哈蘭後輾
轉於敘利亞地區，最後來到迦南人居住的地區——迦南地，開始
了半農半牧的生活。

　　對於迦南人來説，亞伯拉罕部落屬於外來者，在迦南的土著
語中稱他們為「希伯來人」（意思是「渡河〔幼發拉底河〕而來的
人」），這一稱呼被延續下來。亞伯拉罕部落看似平常的一次遷
徙，卻拉開了猶太人早期歷史的序幕，其特殊性不僅在於這個民族
有了新的稱謂，更重要的是這次遷移被賦予了深刻的文化內涵。

　　猶太傳統認為，遷移象徵着亞伯拉罕與偶像崇拜的徹底決裂，
走上了信仰獨一神的道路，而這正是猶太一神教的起源。亞伯拉罕
所要去的迦南也因此被賦予了神聖意義，這是上帝賜給猶太人世世
代代居住的地方，即「應許之地」。

　　根據《聖經·創世記》記載，在亞伯拉罕99歲的時候，神再

次向他顯現，並與他立約，與上次的口頭立約不同，這次立約有了標誌。神對亞伯拉罕說：

> 我是全能的神，你當在我面前做完全的人，我與你立約，使你的後裔極其繁多。你要做多國的父。從此以後你的名不再叫亞伯蘭，要叫亞伯拉罕，因為我已立你做多國的父。我必使你的後裔極其繁多，國度從你而立，君王從你而出。

作為得到祝福、保佑的條件，神也對亞伯拉罕提出了要求：

> 我要與你並你世世代代的後裔堅立我的約，作永遠的約，是要作你和你後裔的神。你和你的後裔必世世代代遵守我的約。你們所有的男子都要受割禮，這就是我與你，並你的後裔所立的約，是你們所當遵守的。你們都要受割禮，這就是我與你們立約的證據。

這次立約在猶太傳統上被賦予了極為重要的意義，亞伯拉罕的改名意義重大，預示着他會得到更多的恩寵，將成為「多國的父」；另一方面，這次立約具有憑證，上帝要求希伯來人行割禮，讓信徒在肉體上有了統一的標記。亞伯拉罕的改名和割禮的實施，表明神與人雙方關係的正式確立，這種雙向選擇的「契約」形式，象徵着神與人是一種互利互助的關係。契約是神與亞伯拉罕之間的一個互有約束的紐帶，從此希伯來民族成為上帝的「契約之民」。

契約對立約雙方有相互的約束力，《聖經》中「以撒獻祭」的

典故充分證明了契約的效力。相傳，亞伯拉罕在99歲的時候還沒有兒子，而他的妻子撒拉此時已經斷了月經，無法再生育了。亞伯拉罕遂向神禱告，祈求得到一個兒子，於是神顯神跡，讓撒拉懷孕生子，起名叫以撒。神為了考驗亞伯拉罕對祂是否忠誠，決定讓亞伯拉罕把以撒作為燔祭（即用火將祭品焚燒以向神獻祭）獻給祂。亞伯拉罕接到神的旨意後，毅然選擇履行約定。《聖經·創世記》對這一故事描述得繪聲繪色：

> 神要試驗亞伯拉罕，就呼叫他說：「亞伯拉罕。」他說：「我在這裡。」神說：「你帶着你的兒子，就是你獨生的兒子，你所愛的以撒，往摩利亞地去，在我所指示你的山上，把他獻為燔祭。」亞伯拉罕清早起來，備上驢，帶着兩個僕人和他兒子以撒，也劈好了燔祭的柴，就起身往神所指示的地方去了……正當亞伯拉罕伸手拿刀要殺他兒子的時候，天使呼叫他道：「亞伯拉罕！亞伯拉罕！你不可在這童子身上下手，一點不可害他！現在我知道你是敬畏神的了，因為你沒有將你的兒子，就是你的獨生子留下不給我。」亞伯拉罕舉目觀看，不遠處有一隻公羊，兩角被扣在稠密的小樹中身體動彈不得，亞伯拉罕就用那隻羊代替了以撒為上帝獻上了燔祭。

這就是「替罪羊」一詞的來歷。在「以撒獻祭」這個故事中，亞伯拉罕不僅通過了考驗，還得到了上帝更多的祝福。

在猶太人的歷史記憶中，先祖亞伯拉罕被視為完美精神與卓越品質的象徵，他仁慈親善、恭順虔誠。亞伯拉罕被譽為舊時代的終

結者與新時代的開創者。從亞伯拉罕開始，神從偶像實物抽象為無形無狀，多神崇拜昇華為全能的一神崇拜，這是宗教信仰上的一次飛躍，更是一次革命。從亞伯拉罕開始，世界一神教的雛形已現端倪。同時，神與人之間是一種契約的關係，雙方互有約束，這為猶太人播下了「獨一神信仰」這顆種子，這顆種子在歷史長河中逐漸成長壯大，最終演化成為完備的信仰體系，從而對猶太文化以及世界文明的發展都產生了至關重要的影響。

從《聖經》的記載來說，猶太教的禮儀和律法成型於摩西，但卻植根於亞伯拉罕，因為亞伯拉罕是絕對服從和絕對信仰上帝的，這成就了他崇高的個人魅力，為猶太人遵從上帝做出了榜樣。希臘化時期的大哲學家斐洛說：「亞伯拉罕本人就是一部律法，一部不成文的律法」，以此來讚譽他的高尚品質。

亞伯拉罕死後，以撒擔任族長，繼續信奉上帝，踐行約定。以撒有兩個兒子——以掃和雅各，《聖經》記載了兩兄弟爭奪繼承權的故事：

> 兩人雖是孿生兄弟，但卻性格迥異，以掃「善於打獵，常在田野」，而雅各則「為人安靜，常住在帳篷裡」。父親以撒喜歡以掃，而母親利百加卻偏愛雅各。兩兄弟因種種原因不能和睦相處。以撒隨着年紀的增長，眼睛已經昏花，決定傳位於以掃。他告訴以掃說：「我如今老了，不知道哪一天死。現在拿你的器械，就是箭囊和弓，往田野去為我打獵，照我所愛的做成美味，拿來給我吃，使我在未死之前先給你祝福。」
>
> 以撒對以掃所說的話被利百加聽到了，以掃出去之

後，利百加讓雅各殺了兩隻山羊羔，為以撒準備好了晚餐，並讓雅各穿上以掃的衣服。因為以掃渾身多毛，雅各還特意將羊羔皮包在胳膊上，讓以撒摸到羊毛時誤以為是以掃。當雅各端着食物送給父親的時候，以撒聽出了是雅各的聲音，可是當他摸到雅各手上的羊毛時，便說道：「聲音是雅各的聲音，手卻是以掃的手。」便認為此人即是以掃，於是，以撒便祝福雅各，使他獲得了長子繼承權，成為希伯來人的族長。雅各剛剛離開，以掃便打獵歸來，痛哭着求父親為他祝福，以撒無奈地回答說：「你兄弟已用詭計來將你的福分奪去了。」

雅各威武神勇，曾與天神在雅博渡口角力，由於天神打不過雅各，就在摔跤時向雅各大腿窩的筋上「摸」了一把，雅各的腿因此而受了傷，走起路來很不方便，所以猶太人在飲食禁忌上就規定，不能吃動物的筋，宰殺牛羊等動物時必須要把其大腿上的筋挑出來。天神祝福雅各，並賜名「以色列」（意為「與神摔跤者」）。因此，在隨後的年代裡，希伯來人也被稱作「以色列人」。亞伯拉罕、以撒、雅各三代人所生活的時期是猶太史上的「族長時期」。

雅各有 12 個兒子：流便、西緬、利未、猶大、西布倫、以薩迦、但、迦得、亞設、拿弗他利、約瑟、便雅憫，這 12 人的後代逐漸發展成為以色列人的 12 個支派。[1]

---

① 猶太歷史上的 12 支派並不完全與雅各 12 個兒子的名字相吻合，因為利未的後人成為祭司階層，不參與土地分封，不作為一個獨立的支派而存在，但是約瑟的兩個兒子瑪拿西與以法蓮參與了分封，成為以色列支派的始祖，所以總數仍為 12 支派。

摩西出埃及

雅各在眾多兒子中最喜愛約瑟，其他兒子們對此非常嫉妒，這為約瑟帶來了災難。兄弟們騙他出去想要殺了他，正要動手時碰巧過來了一個商人，遂將約瑟賣給了他，約瑟被帶到了埃及。兄弟們回家後害怕雅各知道實情而責罰他們，於是便編謊言說約瑟被野獸吃了。約瑟被帶到埃及，因受人陷害被判入獄。由於約瑟非常聰明，很快就展示出他的過人之處，在監獄中獲得了一個職位，協助監獄長管理犯人。

據《聖經‧出埃及記》記載，埃及法老做了一個非常奇怪的夢，夢見有 7 頭又肥又壯的母牛在河邊享用豐盛的水草，不一會兒又來了 7 頭又瘦又醜的母牛，後面這 7 頭牛一會兒就把草吃光了。法老驚醒了。一會兒他又做了第二個夢，有一顆麥子長了 7 顆麥穗，又大又飽滿，一會它又長了 7 顆麥穗，卻又小又乾癟，這 7 顆小的麥穗將那 7 顆大的麥穗給吃了。法老感到這夢不祥，有大臣説約瑟能夠釋夢，於是法老就派人將他帶到了宮殿。約瑟説，7 頭肥牛、7 顆飽滿的麥穗和 7 頭瘦牛、7 顆乾癟的麥穗是一種比喻，暗示埃及將有 7 個豐收之年，但緊接着就會有 7 個災荒之年，災荒足以消耗前 7 年的收成。法老之所以連續做了兩個這樣的夢，是因為神在暗示一定要提前做好準備，將豐收之年的糧食存起來以備災年之需。法老聽約瑟説得非常有道理，於是就將他任命為宰相，讓其治理國家。

7 年之後，中東地區果然發生了大的災荒，由於約瑟準備充分，「唯獨埃及有糧」。生活在迦南的雅各一家也被迫到埃及找糧食，在一些機緣巧合的事件之後，雅各與約瑟父子相認，約瑟也

與兄弟們摒棄前嫌。隨着時間的推移，希伯來人在埃及的勢力越來越大，以致埃及法老都擔心希伯來人會威脅他的統治，於是廣散言論説：希伯來人比我們還多，比我們還強盛，終有一天他們會攻擊我們。法老決定對希伯來人實行殘酷打壓政策，強迫他們做工，並規定凡希伯來女人生的男嬰都要扔到河中淹死，只許女孩存活下來。

迫於法老的政策，一對父母將剛出生的嬰兒放在一個箱子裡，任其在河中漂流。正巧法老的女兒來河邊洗澡，看到了這個箱子，就從水中拉上來並收養了這個孩子，給他取名為「摩西」（意為「從水裡拉出來的」）。雖然摩西在法老宮中長大，但他非常痛恨埃及人對希伯來人的壓迫。有一天，摩西看到一個埃及人在打罵一個希伯來人，他怒不可遏，衝上前去便將那個埃及人打死，並將屍體藏在沙土裡。不久，這件事被法老知道了，為躲避追捕，摩西逃亡到米甸。

據《聖經·出埃及記》記載，在逃亡途中，上帝向摩西啟示説：我是你父親的神，亞伯拉罕的神，以撒的神，雅各的神，我已經聽到了希伯來人的哀聲，我將繼續履行與你先祖的約定，我要將他們從埃及的困苦壓迫中解救出來。於是神將摩西選作使者並賜予法力，讓他去解救希伯來人，並帶領他們重返「流着奶與蜜」的迦南地。

相傳，摩西在得到神諭後，便返回了埃及，向希伯來人展示神的啟示，很快大家就表示願意服從上帝、追隨摩西離開埃及返回故土。但是法老依舊想讓希伯來人做工，不願意放他們離去。上帝決定懲罰法老，逼迫他放行。於是埃及先後發生了河水變血之災、蛙災、蝨災、蠅災、畜疫之災、毒瘡災、雹災、蝗災、黑暗之災九

種災難，使埃及上下受到了巨大的打擊，百姓哀聲載道，但是法老十分頑固，仍不肯放希伯來人離開。無奈之下，上帝只好降下第十災，也是最兇狠的災難——擊殺上至法老下至僕人即所有埃及人的長子和一切頭生的牲畜。

為了避免錯殺希伯來人，上帝讓摩西告訴大家，在十四日那天，把羊血塗在每家的門框和門楣上，以為標記。當天夜裡，上帝巡行埃及全地，擊殺了埃及人的長子和一切頭生的牲畜。上帝看到凡是門上有羊血的人家就知道是希伯來人，便「逾越」過去，因此希伯來人得以安然無恙。第二天，埃及上下哀鴻遍野，連法老的長子也被殺死，法老迫於壓力准許希伯來人離去。由於害怕法老違約，希伯來人出發前的準備非常倉促，他們將還未發酵的麵做成餅，在長途跋涉之中靠無酵餅和苦菜來充飢。

希伯來人離開後沒多久，法老便心生悔意，於是親率兵馬追捕，終於在紅海邊上追上了希伯來人。在前有大海、後有追兵的危急關頭，上帝施展神跡，海水向兩邊分開，展現出了一條新的道路。希伯來人就在海底行走，法老的軍隊見狀也隨之追趕而來，但當埃及人來到海底時，海水忽然間合二為一，將埃及追兵淹沒在水中，而希伯來人卻順着海底，跨過紅海，抵達西奈半島。

為紀念「出埃及」這一歷史，後世的猶太人每年都要過「逾越節」。逾越節是猶太人最古老、最重要的節日之一。猶太傳統中有句名言：「每一代猶太人都要認為自己也出走過埃及。」逾越節是猶太人的狂歡節，這一天會舉行盛大的慶祝儀式。一些家庭在家裡的地板上潑水，然後從上面走過，寓意為「過紅海」。猶太人還會在門上抹羊血，以此來紀念上帝的拯救之恩。在逾越節晚宴前，猶太人要誦讀經文，講解在埃及的苦難歷史，通常還會提 4 個問題：

在平常的晚上，我們可以既吃有酵的麵餅，也可以吃無酵的麵餅，為甚麼今晚只吃無酵餅？

在平常的晚上，我們可以吃各種各樣的蔬菜，為甚麼今晚要吃苦菜？

在平常的晚上，我們連一次都不用蘸鹽水，為甚麼今晚要蘸兩次？

在平常的晚上，我們既可以坐着吃，也可以倚着吃，為甚麼今晚我們大家都倚着吃？

希伯來人從尼羅河三角洲的東北端起程，跨越紅海，進入西奈曠野，在沙漠中顛沛流離了 40 年，這期間許多人開始抱怨，並對前景失去了信心，不滿的情緒愈來愈高漲。根據《聖經·出埃及記》記載，當希伯來人來到西奈山下的時候，摩西按照上帝的旨意在山上住了整整 40 天，上帝將祂的律法啟示給摩西，要求希伯來人一一照做。當摩西帶着法板下山的時候，看到希伯來人鑄了一個牛犢並對它進行祭拜，這違背了上帝的律法。摩西非常生氣，為了凝聚人心、統一思想，他殺死了數千人，以警示希伯來人要服從律法。摩西向他們頒佈了「十誡」，內容是：

一、不可叩拜別的神；

二、不可雕刻偶像；

三、不可妄稱上帝之名 [1]；

---

[1] 上帝之名在《希伯來聖經》中以 4 個輔音字母 יהוה /YHWH 來表示，讀音為「雅衛」，意為「我是」（I Am）。由於「不可妄稱上帝之名」，希伯來人遇到上帝之名不直接讀出，而是讀作「阿東乃」（Adonai，意為「吾主」）。古典猶太教時

四、當守安息日為聖日；

五、當孝敬父母；

六、不可殺人；

七、不可姦淫；

八、不可偷盜；

九、不可作假見證陷害人；

十、不可貪婪別人的妻子、房屋、田地、僕婢、牛驢等其他東西。

摩西十誡是猶太教信仰的綱領，前四條強調的是宗教信仰的唯一性，後六條側重社會倫理方面，重在協調人與人之間的關係。

在猶太歷史上，摩西在西奈山上接受神啟被描述成一場具有重大意義的宗教革命，它不只標誌着猶太一神教的產生，表明希伯來人已開始擺脫宿命論的束縛，而且在很大程度上促成了希伯來民族統一體的形成。亞伯拉罕時期的上帝崇拜，涉及範圍相對較小，通常指家族的神，如經常提到的「亞伯拉罕的神，以撒的神，雅各的神」；但到摩西時期，雅衛演變為整個以色列民族的神，因為祂把以色列人帶出了令他們飽受苦難的為奴之地埃及，讓他們重新成為一個自由的民族，神人關係與族長時期相比，完成了巨大的轉變。

期，只有大祭司在贖罪日祈禱中才能說出上帝的名字。聖殿被毀後，猶太人更加忌諱讀出上帝的名字。公元 6、7 世紀以後，猶太學者創造出希伯來文元音字母，因此，便把 Y、H、V、H 4 個輔音字母後標註上元音字母 e、o、a，於是出現了 Yahweh、Yahve 等新名詞，該詞若不避諱地讀出，仍為「雅衛」。基督教將《希伯來聖經》稱之為《舊約》，把上帝的名字讀為「耶和華」（Jehovah），現代新版的基督教《聖經》已逐漸用「主」取代了「耶和華」的稱謂。為尊重猶太傳統，本書凡涉及上帝之名一律採用「雅衛」譯法。

在多神信仰普遍流行的遠古時代，希伯來人創立了世界上最古老的一神教，而且是最徹底的一神教，他們通過使自己的民族神唯一化而否定了其他神祇的神聖性與合法性。

相傳摩西活了120歲，死在摩押地，並葬在那裡，摩西在臨終之前選中約書亞做他的繼承人，繼續向迦南挺進。從《聖經》的一些零星記載來看，他們先經過外約旦，而後逐步佔領撒瑪利亞、上加利利和下加利利等地。在米倫湖濱（今胡拉湖）戰勝迦南名將夏瑣王的戰鬥具有轉折性意義，此後又在迦南平原戰勝了其他一些部落，最終入主迦南，重返上帝應許的「流奶與蜜之地」。約書亞將領土分給了以色列的十二個支派，他憑藉着自己的勇敢、機智及敏銳的洞察力戰勝了對手，完成了摩西未竟的事業，帶領着希伯來人重返「應許之地」，開闢了猶太歷史的新篇章。以色列前總統哈伊姆‧赫爾佐克稱約書亞為「天才的軍事指揮家、鼓舞人心的領袖，一位有着堅定信念和想像力豐富的人」。

逃出埃及重返「應許之地」，為希伯來人樹立了戰勝困難、返回家園的堅定信念，也對希伯來民族統一體的形成起到十分重要的作用。「出埃及」這一歷史事件不僅在猶太民族史上留下了不可磨滅的印記，而且成為人類擺脫奴役、走向光明的一種象徵。正如阿巴‧埃班在其《猶太史》中所說的那樣：

> 許多人將出埃及看做是民族和社會獲得解放的標誌，例如亨利‧喬治曾經寫道：「在笨重的人頭獅身石像的前爪之間豎立着人類自由的維護神。邁出埃及的號角挑戰性地宣佈了人類的權利。」在美國討論未來的美利堅合眾國的國徽時，本傑明‧富蘭克林和托馬斯‧傑斐

遜曾建議將以色列的子孫越過紅海奔向自由的場景刻入
美國的國璽並且寫上「反抗暴君就是服從上帝」。法國大
革命時期，國民議會中的民眾領袖自命是「新迦南」的
繼承人。不論是為了擺脫外來的壓迫，還是為了從貧困
和屈辱中解脫出來，人們總是用摩西出埃及的壯麗場景
象徵一種可能的變化，即「從奴役到自由，從黑暗到光
明」的變化。所以，遷出埃及──這一以色列歷史上的
決定性篇章，逐漸變成了推動社會前進的神話。在許多
歷史時期、在遙遠的土地上，它都可以激發革命的激情。

王國的興衰沉浮

公元前 13 世紀到公元前 11 世紀希伯來王國建立前的這段時
間，通常被稱為「士師時代」。「士師」在希伯來文中意為「審判者」
或「拯救者」，被視為是上帝所選定的融先知、軍事統帥與部落酋
長為一體的角色。士師負有雙重職責：平時管理民事，戰時率兵馳
騁疆場。士師時代被認為是猶太歷史上的軍事民主制時期，用《聖
經・士師記》上的話來說：「那時以色列沒有國王，每個人按照自
己的判斷行事」，士師統治的無序狀態實際上為君主制的出現奠定
了基礎。

公元前 11 世紀前後，來自愛琴海諸島和小亞細亞沿岸的「海
上民族」非利士人征服了迦南沿岸的多個城市，控制着巴勒斯坦的
海岸線，並不斷進攻希伯來人，奪走他們的土地。非利士人是西亞
地區較早掌握冶鐵技術並廣泛使用鐵製武器的民族，作戰驍勇，
具有很強的戰鬥力。希伯來人在與非利士人的交鋒中屢戰屢敗，

特別是公元前 1050 年的亞弗一戰，非利士人甚至繳獲了希伯來人的「約櫃」①。

在士師時代，希伯來人各支派獨自為政，並非一個緊密團結的群體。為了抵禦非利士人的侵擾，凝聚民族精神，希伯來人必須聯合起來，這一客觀要求促進了統一王權的出現與國家的形成。士師時代末期，具有遠見卓識的先知撒母耳從便雅憫支派中挑選俊美、勇敢的青年掃羅，為他行膏油澆頭的儀式，立他為全以色列的領袖，掃羅成為希伯來王國的第一代君王。

掃羅執政（約前 1030—前 1009）以後，選擇了他的故鄉便雅憫支派的基比亞作為都城。掃羅具有傑出的軍事才能，在與異族的征戰中屢立戰功。他把以色列的 12 支派聯合起來，組成一支勁旅與非利士人交戰。掃羅因受惡魔擾亂，身體時常感到不適，於是就派人找一個會彈琴的人來給他驅趕惡魔。大衛是一個牧羊人，模樣俊美又善於彈琴，被推薦入宮來到掃羅身邊。當惡魔擾亂掃羅時，大衛的琴聲很快就可以將惡魔趕走，掃羅非常喜歡大衛，就讓他服侍在身邊，出征時為自己扛兵器。

在一次戰鬥中，非利士人的大將歌利亞在陣前叫罵，由於此人長得兇悍威猛，希伯來人無人敢上前迎戰。這時，大衛走上前去，歌利亞根本沒把他放在眼裡。只見大衛射出的石子正中歌利亞的額頭，歌利亞隨即死亡。希伯來人趁機進攻，非利士人大敗。大衛用石子擊殺歌利亞的事跡很快傳遍了 12 個支派，當大衛跟掃羅回城

---

① 據《聖經》記載，約櫃是一個裝飾華麗的鍍金木櫃，內存上帝與摩西在西奈山立約時的兩塊法板，上面刻着摩西十誡。它是希伯來人與上帝特殊關係的象徵。希伯來人在逃出埃及、輾轉西奈、征服迦南的過程中，約櫃都被利未人隨身攜帶，被尊為希伯來人的宗教聖物。相傳，當非利士人奪得約櫃後，上帝讓他們中的很多人得病，非利士人感到害怕，最終將約櫃還給了希伯來人。

的時候，街上的女子們紛紛說：「掃羅殺死千千、大衛殺死萬萬」。掃羅聽後十分嫉妒，說：「將萬萬歸大衛，千千歸我，只剩下王位沒有給他了」。大衛精明能幹，很快就在軍隊中被委以重任，經常率兵打仗、屢立戰功。掃羅因此更加嫉妒他，決心將大衛置於死地，大衛察覺後便趁機逃跑了。

在一次與非利士人的交戰中，掃羅帶領長子約拿單和另外兩個兒子頑強抗擊，不幸戰敗，掃羅中箭受傷，而後拔劍自刎，三個兒子也都犧牲了。大衛為掃羅及其三個兒子的英勇事跡譜寫了一首非常感人的哀歌——《弓歌》，歌中寫道：

> 以色列啊，你尊榮者在山上被殺。
>
> 大英雄何竟死亡！
>
> 不要在迦特報告，
>
> 不要在亞實基倫（即阿什克倫）街上傳揚，
>
> 免得非利士的女子歡樂，
>
> 免得未受割禮之人的女子矜誇
>
> ……
>
> 掃羅和約拿單，
>
> 活時相悅相愛，死時也不分離。
>
> 他們比鷹更快，比獅子還強。
>
> 以色列的女子啊，當為掃羅哭號。
>
> 他曾使你們穿朱紅色的美衣，
>
> 使你們衣服有黃金的妝飾。
>
> 英雄何竟在陣上仆倒！
>
> 約拿單何竟在山上被殺！

　　我兄約拿單哪，

　　我為你悲傷！

　　我甚喜悅你！

　　你向我發的愛情奇妙非常，

　　過於婦女的愛情。

　　英雄何竟仆倒！

　　戰具何竟滅沒！

　　掃羅是士師時代向君主政體轉變的過渡性人物，他在位時，王權僅在首都周圍發揮作用。掃羅死後，大衛久經波折，先成為猶大部落之王，然後征服了北方的部落，各部落派長老去希伯倫為大衛加冕，大衛成為希伯來王國的第二代國王。

　　大衛王是一位出色的軍事統帥和政治家，非利士人對他的登基甚為恐懼，趁大衛尚未穩固統治便提前發起進攻。起初非利士人的進攻頗為得手，很快就攻入猶大地區，並直逼首都希伯倫。這時，大衛王退居亞杜蘭，加緊補充兵力，整頓軍隊，待做好充分準備之後，便發起了大規模進攻。在大衛的領導下，非利士人節節敗退，很快就被趕出王國的版圖之外。隨着非利士人的戰敗和國內局勢的穩定，大衛便開始對外征服擴張，先後戰勝了阿蒙人、摩押人、亞瑪力人等等，幾乎使整個地中海東岸都成為向希伯來王國稱臣納貢的藩屬。

　　大衛王國的疆域北起黎巴嫩山，南至埃及邊界，西到地中海東岸，東達約旦河。大衛以聯姻、結盟的方式保護自己的佔領地，他還建立了一支名為「基伯爾」的常備軍，直屬國王指揮。20世紀90年代，考古學家曾在以色列北部發現了一個古碑殘片，碑文中

有「以色列王」「大衛之屋」「馬拉戰車」和「數千名騎兵」等字樣，從而成為大衛王朝確實在巴勒斯坦地區存在過的有力證據。

大衛為耶路撒冷的建設做出了巨大貢獻。公元前 1000 年左右，大衛王率軍攻佔耶布斯，奪取了這座連接王國南北且易守難攻的戰略要塞。由於當時的首都希伯倫是個比較封閉的南部城鎮，為了加強對北方部落的控制，大衛決定遷都於此，並將耶布斯命名為耶路撒冷，意為「和平之城」，又名「大衛之城」。從那時起，耶路撒冷就成了猶太民族的聖城。

大衛王是以色列歷史上一位出類拔萃的政治家，他抓住了中東大國埃及與亞述走向衰落的歷史機遇，充分發揮自己的才能，把以色列各部落真正統一起來，建立了一整套行政體制，並組織了一支強悍的部隊，此外還大力扶植猶太教來凝聚人心，因此大衛作為國家的真正締造者與出色的軍事統帥而載入史冊。大衛王國成為近東地區不可忽視的力量，也成為猶太史上最為輝煌的時期。為紀念大衛王，以色列建國後將大衛盾設計為國旗圖案。

然而，在《聖經》編纂者的筆下，大衛同樣有人性上的卑劣之處。《聖經‧撒母耳記》繪聲繪色地描述了這樣一個故事：

> 一天晚上，大衛王在宮殿屋頂上散步，遠遠看見一個容貌甚美的婦人正在沐浴，於是派人打聽婦人的身份，得知此人名叫拔示巴，她的丈夫是國王的一個軍事首領、赫梯人烏利亞。大衛召見了拔示巴，「她投入了王的懷裡」，並懷了孕。國王命令他的指揮官約押將烏利亞從約旦戰場上召回。烏利亞回來後，大衛命令他回家「洗腳」，以掩飾他妻子懷孕的事實。但是，烏利亞拒絕

從命，理由是他的士兵正激戰前線，他不能回家安息。於是大衛就命令約押：「把烏利亞安排到戰鬥最激烈的地方……以使他有可能被殺。」結果是烏利亞戰死沙場，拔示巴成了大衛王最寵愛的妻子。

這件事情發生以後，先知拿單來到國王面前，給他講了一個故事：一個擁有一切的富人偷走了窮人家裡唯一的一隻羊。大衛王極為譴責這個富人的做法，並說：「做下這種事的人理應去死！」拿單答道：「可那個人就是你。」國王這才意識到自己犯下了可怕的罪惡。

大衛王晚年立他最小的兒子所羅門為繼承人。相傳所羅門在繼位之初，曾虔誠地向上帝祈禱，希望上帝能賜予他當一個好國王所必需的東西——智慧，以便判別是非。上帝見所羅門並不貪取「長壽」「財富」「復仇」，就非常喜悅，於是便賜給了他智慧和尊榮，所羅門又被譽為「智慧之王」。

《聖經·列王紀》中記載了這樣一則故事來證明所羅門的智慧：有兩個女人為爭奪孩子來請所羅門斷案，兩人都聲稱是孩子的母親，雙方爭執不下，所羅門王就吩咐侍衛將這個孩子劈為兩半，兩個女人一人一半，這時候孩子的親生母親哀呼不已，請求把孩子送給另一個女人，以便保住孩子的性命，所羅門便據此將孩子判給了這個母親。

所羅門為了鞏固猶太教的地位，從遙遠的地方運來了建築材料，從腓尼基請來了建築師，按照他父親大衛王的遺願，費時七載，於公元前956年前後在耶路撒冷的摩利亞山上修建了一座金碧輝煌、雄偉壯觀的聖殿，史稱「所羅門聖殿」，也叫「第一聖殿」。

《聖經·列王紀》中對聖殿的規模、結構與建造過程有着非常詳細的描述。聖殿的基底由大石頭奠定，主體部分由大理石構造，殿長 60 肘（計量單位，指人小臂到中指指尖的長度，約為 55-65 厘米）、寬 20 肘，兩層高度；殿前有一長廊，把 30 個房間聯結在一起；殿頂由香柏木建成，牆的空隙也用香柏木填充，並貼上金子覆蓋。隨着聖殿的落成，耶路撒冷由此成為猶太教最重要的聖地和猶太民族的精神中心，聖殿中並沒有供奉任何神像，只將約櫃作為聖物放在其中，聖殿被譽為「上帝寶座之地」。

聖殿完工之後，所羅門開始為自己建造宮殿，整個工程持續了 13 年。宮殿也是用大理石、香柏木與金銀做原料，其中有一個專門用於宴會與盛典的大廳，所有器皿都以金子製成。他還把鄰近諸王送給他的禮物裝飾在宮殿裡。所羅門王還在耶路撒冷周圍的城牆上修建了城樓，用黑色的石子鋪平通往城市中心的道路。所羅門為自己的業績深感自豪，他常常坐上氣派的馬車，穿上潔白高雅的服裝，悠然自得地前往他最喜歡的地方 —— 艾旦，聆聽那潺潺流水之聲，陶醉於奇特的園林景觀。

所羅門晚年變得驕傲自大，奢侈腐化，揮金如土。據《聖經·列王紀》記載，所羅門用象牙為自己製作寶座，他在耶路撒冷的銀子多如石頭，一切飲器都是金子做的。由於揮霍無度，所羅門曾一度陷於拮据之中，為了 120 他連得（計量單位）的黃金，他竟然把加利利的 20 座城市割讓給了他的盟友推羅王。所羅門後宮擁有千名妃嬪，其中許多是外族女子，如摩押女子、亞捫女子、以東女子等，這些人把外來宗教帶入了希伯來王國，以巴力神、腓尼基神為代表的外族信仰迅速流傳，全國各地都在為這些神靈修建廟宇與祭壇，猶太教的正統地位遭到威脅。這一切為王國埋下了由盛

轉衰的因子。

公元前 1030—前 930 年的統一王國時期，是希伯來民族發展史上的重要階段，希伯來人不僅成功入主迦南，而且建立了一個連接美索不達米亞平原和埃及的小型帝國，國內政治穩定、商貿繁榮，一度成為西亞北非地區最有實力的王國之一。大衛王的軍事征服，所羅門的光榮富足，一直是猶太人回憶王國歷史的關鍵詞。統一王國時期也是猶太教歷史上最為重要的時期，特別是當猶太人亡國後流散於世界各地的時候，對統一王國時期的榮耀倍感懷念。大衛的後裔更是「拯救」的象徵，猶太人認為「彌賽亞」（救世主）出自大衛王的後裔，他將猶太人從苦難中解脫出來，從這也可以看出希伯來王國對猶太歷史的深遠影響。

希伯來王國在所羅門統治後期危機四伏。公元前 930 年，所羅門去世後，其子羅波安繼位（約前 930—前 913 年）。北方 10 個支派請求國王減輕所羅門時期的賦稅與徭役，使人民能夠休養生息，羅波安王的強硬態度使困苦不堪的百姓們極為失望，他們決定背叛國王。經過征戰，北部 10 個支派宣佈獨立，建立以色列王國（前930—前 722 年），定都撒瑪利亞。南部猶大和便雅憫兩個支派組成南部聯盟，建立猶大王國（前 930—前 586 年），仍定都耶路撒冷。

以色列王國版圖較大，經濟相對發達，存在了 200 餘年，經歷了 19 位國王。由於連續多年的對外征戰、內部的王位爭奪鬥爭、國王驕奢淫逸的腐化生活等原因，以色列王國內部日益動盪，紛爭四起，國力不斷衰弱。公元前 722 年，亞述王薩爾貢二世率軍攻佔撒瑪利亞，以色列亡國。以色列國王及其臣民約 2.7 萬人被押往亞述，亞述王把他們送到帝國的邊遠地帶，居住在亞述新征服的土地上，這些人很有可能被當地人所同化，從此再也沒有了他們的消

息，因此被稱為「遺失的以色列十個部落」。殘留下來的部分以色列人居住在撒瑪利亞等城市，被稱為撒瑪利亞人，他們始終未再建立自己的國家，長期與其他民族混居在一起，逐漸地被同化，少數人雖然信奉《托拉》[1]，但是在宗教傳統和文化上與南部的猶太人已有了較大的差別。

隨着猶太教的不斷發展，「遺失的以色列十個部落」的象徵意義不斷加強：一方面，由於他們離棄上帝，而被懲罰遭受流亡之苦；另一方面，在末日來臨時，上帝將派遣彌賽亞拯救他們，讓他們重返故土。因此，尋找「遺失的以色列十個部落」成為人們非常感興趣的話題。當新大陸被發現時，有人認為美洲人是「遺失的以色列十個部落」的後裔。17 世紀時，開封猶太人的發現震驚了世界，一些歐洲人歡欣地斷定他們找到了「遺失的以色列十個部落」。

猶大王國版圖較小，人口較少，但內部比較團結，並佔據有利於防守的地形，因此比以色列王國多存在了 100 多年。猶大王國一共經歷了 20 位國王，大都政績暗淡。特別是以色列王國滅亡之後，猶大王國「就像一棵枝葉枯萎的樹木」，在亞述、新巴比倫以及埃及帝國的夾縫中艱難求生。

約西亞（約前 640—前 609 年）統治時期，西亞地區的國際勢力重新組合，亞述衰落，但猶大王國的命運並沒有好轉，遭遇到埃及人的進攻，約西亞戰敗身亡。公元前 605 年，巴比倫軍隊在卡爾美什打敗埃及軍隊之後，長驅直入，攻入猶大版圖，雖然猶大軍

---

[1] 《托拉》又稱《摩西五經》，意為「教導」「指引」，包括《創世記》《出埃及記》《利未記》《民數記》《申命記》。猶太人認為《希伯來聖經》包括三部分：《托拉》《先知書》《聖文集》，《托拉》規定了猶太教的種種戒律，這些是猶太教最核心的內容，在《希伯來聖經》中佔有最重要的地位。

民頑強抵抗，但還是被新巴比倫征服。此後 10 年，猶大王西底家（約前 597－前 586 年）成了新巴比倫王國的傀儡，他曾經發動了一次起義，但被血腥鎮壓。公元前 586 年，在經過 18 個月的圍困之後，耶路撒冷被新巴比倫王尼布甲尼撒二世攻破。

根據《聖經·列王紀》記載：

> 巴比倫王將雅衛殿和王宮裡的寶物都拿去了，將以色列王所羅門所造雅衛殿裡的金器都毀壞了。又將耶路撒冷的民眾和眾首領，並所有大能的勇士共一萬人，連一切木匠、鐵匠都擄了去，除了國中極貧窮的人以外，沒有剩下的。並將約雅斤和王母、后妃、太監，與國中的大官，都從耶路撒冷擄到巴比倫去了。又將一切勇士七千人和木匠、鐵匠一千人，都是能上陣的勇士，全擄到巴比倫去了。西底家王棄城逃跑，迦勒底的軍隊追趕王，在耶利哥的平原上追上他。他的全軍都離開他四散了。迦勒底人就拿住王，帶他到巴比倫王那裡審判他。在西底家眼前殺了他的眾子，並且剜了西底家的眼睛，用銅鏈鎖住他，帶他到巴比倫去……（巴比倫人）用火焚燒雅衛殿和王宮，又焚燒耶路撒冷的房屋，拆耶路撒冷四周的城牆。

這一事件史稱「巴比倫之囚」，是猶太歷史上極其悲慘的一頁，宣告了猶大王國的終結，也標誌着第一聖殿時代的結束。

猶大王國滅亡及第一聖殿被毀在猶太民族的歷史上產生了重要的影響，巨大的傷痛長久烙刻在猶太民族的記憶之中。聖殿被毀後

有一首著名的哀歌——《耶利米哀歌》被傳唱至今，在阿布月九日即第一聖殿被毀的紀念日中，許多猶太人吟誦《耶利米哀歌》中的章節：

> 先前滿有人民的城，現在何竟獨坐；先前在列國中為大的，現在竟如寡婦；先前在諸省中為王后的，現在成為進貢的。她夜間痛哭、淚流滿腮……她的城門淒涼、她的祭司歎息、她的處女受艱難、自己也愁苦。……她的孩童被敵人擄去……錫安城的威榮全都失去……

為公義吶喊的先知

公元前 8 世紀至公元前 6 世紀是猶太民族風雲變幻、動盪不安的時期，內外矛盾特別尖銳。一方面，迦南地處埃及、亞述、巴比倫等大國爭霸的前沿地帶，國際環境複雜多變，北部的以色列和南部的猶大王國都十分屠弱，經常被捲入到地區衝突的漩渦之中，只能在大國強權縱橫捭闔的夾縫中苦苦掙扎，苟延殘喘地維護着自身統治；另一方面，王國內部貧富分化加劇，社會矛盾突出，國王、貴族、祭司階層過着醉生夢死般的生活，而生活在權力金字塔最底層的人們承受着重重的壓力，苦不堪言。在民族內憂外患的非常時期，一批被稱為「先知」的愛國志士登上了歷史舞台，一場轟轟烈烈且影響深遠的社會文化運動拉開了序幕，史稱「先知運動」。塞西爾·羅斯曾這樣評價猶太先知：猶太歷史與其他中斷的文明古國（如埃及、巴比倫、亞述等）的歷史並沒有太大的區別，所不同的就是希伯來先知的存在，是先知讓猶太歷史得以延續。希伯來先知

被譽為是「世界的良心」，他們為猶太歷史創造了一種新的道德理想和社會正義的準則。

在希伯來語中，先知意為「代言人」，指接受上帝委派、具有神聖的啟示天賦和超凡魅力的智者。公元前 8 世紀中葉以後，猶太歷史上湧現出一批宗教思想家和社會活動家，其代表人物有阿摩司、何西阿、以賽亞、彌迦、西番雅、那鴻、哈巴谷、耶利米、以西結、俄巴底亞、哈該、撒迦利亞、約珥、瑪拉基、第二以賽亞等，這些人被稱作「經典先知」。

不同的時代孕育不同的社會文化。希伯來王國的建立，標誌着希伯來民族已經初步實現了從遊牧社會向農耕社會的轉變。在這一轉型過程中，希伯來人所信守的傳統觀念遭到了巨大的衝擊，摩西猶太教已很難滿足希伯來人的精神需求，許多希伯來人越來越遠離摩西的戒律。其實，這種現象早在所羅門時期就曾出現過。希伯來王國分裂後，北方以色列王國的第一任國王耶羅波安，不僅接受了一些迦南人對巴力神的膜拜儀式，而且還鑄造了兩個頗具埃及宗教特色的「金牛犢」，並為其建造了殿宇。當然，耶羅波安的本意可能是「為了強化獨立國家的意識，阻止百姓去耶路撒冷敬拜異邦神，從而削弱耶路撒冷和約櫃在以色列王國的影響」，但這種行為嚴重違反了「摩西十誡」中禁止崇拜外邦神和偶像崇拜的規定，因此遭到了先知們的譴責與批評。

巴力神和牛都是農業文明的代表，對農業神推崇說明猶太人對迦南文化的認同，也體現了希伯來文明轉型時價值觀念的轉變。摩西猶太教是以遊牧社會為基礎的，當希伯來人在迦南定居並成為農耕民族之後，越來越發現猶太教中的某些規定脫離生活，很難解決一些實際問題，對宗教信條的茫然與無所適從勢必會削弱摩西猶太

教的傳統權威，宗教改革的需求呼之欲出。

　　與此同時，政治腐敗與道德淪喪，促發了改革現狀的強烈願望，先知思想反映了社會改革的呼聲。希伯來王國建立以後，隨着國際貿易的發展和國內經濟的繁榮，希伯來人的價值取向發生了變化，為追求利潤不擇手段的現象普遍存在，各種違背契約的行為如失信、欺詐等迅速氾濫。從所羅門時代開始，社會分化嚴重，貧富懸殊加大，社會動盪不安。統治階層利用手中的權力對百姓進行經濟剝削和人身控制，再加上揮霍財富、貪婪腐化，整個社會陷入了道德低下、規範缺失的混亂狀態。在這種情況下，下層民眾迫切希望改革現狀，重建平等、公正的社會。先知們響應了民眾的心聲，表現出極強的政治參與意識，以及改變現狀的使命感與責任感，他們以上帝的代言人和改革家的身份出現，為社會改革製造輿論。作為希伯來人的精神導師，先知們痛感潛在的亡國危機，出於對統一王國時代的美好懷念，感憤於危機四伏的困難處境，表現出了「先天下之憂而憂」的高尚品質與濃厚的愛國情懷。

　　先知思想的核心觀念是「上帝中心論」，開啟了「背棄—懲罰—救贖」的模式。先知的作品跨度達 300 年，儘管他們生活在不同的時代，身份也不盡相同，但他們都堅信雅衛的唯一性，堅信只有上帝才能使以色列社會再現希望之光。先知們極力傳達這樣的信息：上帝是「唯一的神、唯一的最高意志」，以色列所遭受的一切是上帝的安排，因為雅衛曾說，「以色列啊，我必興起一國攻擊你們；他們必欺壓你們」。而這源於上帝對世人貪圖享樂、背棄律法的憎惡，雅衛曾言：「我憎惡雅各的榮華，厭棄他的宮殿；因此我必須將城和城中所有的都交付敵人」。既然災難的本原在於希伯來人自己，那麼只有通過贖罪才可獲得上帝的佑護。

　　經典先知猛烈抨擊荒淫奢侈、腐敗墮落的統治階層，呼喚廉潔奉公與政治清明的風氣。先知們認為，以色列人之所以激怒上帝，與統治階層的罪惡是分不開的。先知阿摩司就曾犀利地揭露王公貴族的荒淫生活：

> 你們躺臥在象牙床上，
> 舒身在榻上，
> 吃群中的羊羔、棚裡的牛犢。
> 彈琴鼓瑟唱消閒的歌曲，
> 為自己製作樂器，如同大衛所造的。
> 以大碗喝酒，用上等的油抹身，
> 卻不為約瑟的苦惱擔憂。

　　阿摩司認為，正是這些人破壞了日常的社會道德：

> 他們為銀子賣了義人，為一雙鞋賣了窮人。他們見窮人頭上所蒙的灰，也都垂涎；阻礙謙卑人的道路；父子同一個女子行淫。

　　比阿摩司稍晚的先知彌迦，對撒瑪利亞與耶路撒冷的腐敗與邪惡深惡痛絕。他說：

> 你們厭善好惡，從人身上剝皮，從骨頭上剔肉。吃我民的肉，剝他們的皮，打折他們的骨頭，分成塊子像要下鍋，又像釜中的肉……所以因你們的緣故，錫安必

被耕種像一塊田，耶路撒冷必變為亂堆，這殿的山必像
叢林的高處。

為了挽救以色列，他發誓：

　　我必須大聲哀號，赤腳露體而行；又要呼號如野狗，
哀鳴如鴕鳥。

先知們還強烈譴責社會道德淪喪，追求人間正義。以賽亞詛咒
這污濁骯髒的世界是非顛倒：

　　稱惡為善，以暗為光，以光為暗，以苦為甜，以甜
為苦。

他號召人們：

　　洗濯、自潔、除掉惡行，學習行善，尋求公平。

阿摩司則呼喊道：

　　唯願公平如大水滾滾，使公義如江河滔滔！

此外，經典先知們還反對窮兵黷武，謳歌和平 ——

　　把刀打成犁頭，把槍打成鐮刀，這國不舉刀攻擊那

國，他們也不再學習戰事。

在抨擊社會問題的同時，多位先知還預測了猶太人必會得救，重建統一的希伯來王國。阿摩司曾預言：

> 到那日，我必建立大衛倒塌的帳幕，堵住其中的破口；把那破壞的建立起來，重新建造，像古時一樣……我必使我民以色列被擄的歸國，他們必修荒廢的城邑居住。

俄巴底亞也預言，被擄到巴比倫的猶太人也總有一天會重回耶路撒冷，重建王國。彌迦還預測，在末日的時候，所有流散各地的猶太人都會聚集到錫安山，聽候上帝的審判，重建耶路撒冷的輝煌。這些預言對猶太人的歷史產生了非常重大的影響，成為猶太人回歸故土與復國的精神依靠。

先知運動是一場披着神學外衣，以「上帝中心論」為前提，以提升猶太民族倫理道德水準、重建社會良知為目的的社會文化運動。希伯來先知是一批思想敏銳的社會活動家，他們與同時代的偉大哲人們——蘇格拉底、釋迦牟尼、孔子等人一起領導了世界文化的潮流。先知思想深刻地影響了後來的猶太民族與猶太文化，先知們對「公正」「正義」「悔悟」「判斷」等觀念的理解與闡釋，代表着社會的道德良知與正確的發展方向。

與異質文明的交往

「巴比倫之囚」對猶太歷史產生了重大影響，雖然從國家實體

上說，猶太人遭受深深的亡國之痛，但從精神層面上看，卻迎來了一次難得的宗教復興。猶太王國的滅亡，是繼公元前 722 年以色列王國滅亡後猶太民族面臨的又一次災難性事件。當他們看到以色列的十個支派被隔離分散，許多人丟棄了民族傳統，被異族文化所同化時，有先見的猶太人已經認識到只有通過宗教信仰才能維護民族的生存。

空前的民族危機，刺激了宗教意識的強化。在深刻的反省中，宗教在人們心目中的地位不斷上升，律法與先知的思想也越來越多地被接受。同時，先知們也安撫民眾，這次磨難僅僅是上帝對猶太民族的懲罰而不是災難性的毀滅，號召猶太人真誠懺悔、正視先祖們的罪惡，強調只有遵行神的律法，猶太民族才能被早日拯救並返回故土。這一時期，宗教回歸與故土懷念成為猶太思想界的主流話題，從當時的文學作品也可看出散居巴比倫的猶太人對於耶路撒冷的濃厚情懷，下面這首詩就是很好的例子：

> 我們曾在巴比倫的河邊坐下，
> 一追想錫安就哭了。
> 我們把琴掛在那裡的柳樹上。
> 因為在那裡，擄掠我們的要我們唱歌，
> 搶奪我們的要我們作樂，
> 說：「給我們唱一首錫安歌吧！」
> 我們怎能在外邦唱雅衛的歌呢？
> 耶路撒冷啊！我若忘記你，
> 情願我的右手忘記技巧。
> 我若不紀念你，

若不看耶路撒冷過於我所喜樂的，

情願我的舌頭貼於上膛。

……

在巴比倫期間，猶太教迎來了全面的復興。為了表達對故土和聖殿的思念、嚮往之情，猶太會堂應運而生，它不僅是巴比倫自由、寬容精神生活的一種體現，也是宗教復興的一種象徵，會堂成為猶太人追溯民族歷史、學習神聖律法、講解希伯來作品的場所。

公元前 538 年，迅速興起的波斯帝國攻陷了新巴比倫城，居魯士大帝宣佈釋放一切被擄之民，允許猶太人回歸故土並重建聖殿。在猶太早期歷史上，居魯士大帝是一個值得紀念的人物，因為在所有的異族國王中，他是最善待猶太人的。

當居魯士允許巴比倫猶太人返回故土的時候，他們在這裡已生活了半個世紀，大多數人適應了巴比倫優裕舒適的城市生活。他們分佈在社會各個階層，有的經商、務農、從事手工業；有的則潛心研究宗教；還有少數人躋身於統治階層。所以當政策允許他們回歸時，十幾萬猶太人選擇繼續留在巴比倫，僅有四萬左右的巴比倫猶太人踏上了返回故土的征程，這些人多為神職人員、虔誠的教徒以及在巴比倫沒有家業的窮人。

為了恢復心中的信仰，履行與上帝的約定，返回耶路撒冷的猶太人立即着手重建聖殿的工作，但進展並不順利。因為，從巴比倫返回的猶太人只有幾萬人，且多數人並不富足。而沒有被流放、一直生活在巴勒斯坦的猶太人政治、經濟地位都非常低下，再加上定居在這裡的非猶太人的反對和破壞，聖殿的修復工作延續了 20 多年之久，到公元前 515 年左右才完成。儘管新聖殿的規模與豪華程

度都難以與第一聖殿相比，但在猶太人的心目中還是喚起了極大的宗教熱情，當年的逾越節到來的時候，人們成群結隊從城市的四面八方以及周圍的村莊來到聖殿，大宴 7 天，盡顯歡樂，他們相信「新聖殿的榮耀必大於先前的殿」。

儘管聖殿建成了，但是猶太人的信仰體系卻沒有伴着聖殿的重現而成型，耶路撒冷的社會風氣和信仰依然混亂。在巴比倫的猶太大祭司以斯拉得知這樣的消息後，於公元前 457 年返回耶路撒冷，決心重樹猶太教的威嚴。

以斯拉發現，許多猶太人娶外族的女子為妻，他們違背上帝的律法，不守安息日，甚至遺忘了希伯來語。在得到當地猶太社團領袖的支持之後，以斯拉採取了兩項措施：一是命令所有娶外族女子為妻的人必須休掉他們的妻子，丟棄混血的孩子，以此來淨化民族血統，凝聚民族信仰和打擊異教崇拜；二是向所有的人們宣讀《律法書》，使他們回憶起猶太人與上帝的契約，重新遵守摩西的律法。

住棚節那天，在聖殿外聚集了許多傾聽律法的人，當眾人想起自己對律法的背叛時，不少人痛哭起來，與住棚節歡樂的氣氛大相徑庭。以斯拉是猶太教歷史上極為重要的一個人物，他在以《托拉》為基礎的猶太生活的重建方面起到了非常關鍵的作用。以斯拉死在耶路撒冷，百姓們為他舉行了隆重的葬禮，以懷念這位偉大的先知，以斯拉被猶太人尊稱為「第二律法贈予者」或「第二摩西」。

公元前 444 年，另一位非常重要的人物尼希米回到了耶路撒冷。尼希米曾在波斯王國擔任要職，巴勒斯坦猶太人的困難處境，使他毅然決定放棄在巴比倫的優越生活。尼希米回到耶路撒冷之後，巡視了全城，發現城牆損壞、城門缺失，決定立即加以修復，

為加快工期並充分調動積極性，尼希米將工程分段到各家各戶。工程進展得非常艱難，因為當地的外族人見猶太人修建城牆，害怕猶太人的勢力增強之後壓迫自己，便時不時地來騷擾破壞，猶太人只能在一手拿劍一手拿工具的情況下修建城牆。城牆修繕完畢，猶太人舉行了盛大的慶祝儀式。為了加強城市的守衛，尼希米鼓勵周圍村莊的猶太人移居耶路撒冷，擴大人口比例，以保證能有效地防禦異族人的侵犯。

尼希米繼續貫徹以斯拉的宗教政策，用律法來重建猶太社會，積極在百姓中推廣律法知識。他延續了以斯拉禁止異族通婚的規定，以維護種族的純潔。這一舉措，對維護猶太人的身份認同起到了重要的作用。

在第二聖殿時期，猶地亞（又稱「耶路撒冷山地」，籠統指猶太人控制的地區）作為在波斯帝國統治下的一個小省份，度過了平靜的歲月。波斯帝國的寬鬆政策，使他們保持了相對的自治權，民族意識與宗教思想都有很大的發展，尤其是在巴比倫猶太社團的幫助下，他們的宗教律法體系初步形成。

當猶太人還在波斯王朝的統治下過着平靜生活的時候，年輕氣盛的馬其頓國王亞歷山大按照他父親腓力二世所設想的藍圖，開始了他席捲亞歐大陸的東征活動。公元前 331 年，亞歷山大佔領波斯，建立起地跨歐亞非三洲的亞歷山大帝國。公元前 323 年，在巴比倫的一場盛宴之後，亞歷山大大帝突然病倒。10 天後，這位年僅 33 歲的鐵腕人物結束了他的生命歷程。雖然亞歷山大帝國存在的時間很短，但通過前所未有的東征活動為近東與地中海地區埋下了希臘文明的因子，拉開了「希臘化時期」的序幕。

亞歷山大死後，他的帝國被 3 位將軍瓜分，安條克・古納塔斯

建立了安條克王朝，控制了希臘—馬其頓本土；塞琉古‧尼卡托建立了塞琉古王朝，控制了敘利亞等地；托勒密‧索特建立了以亞歷山大里亞城為中心的托勒密王朝，佔領了埃及等地。

　　托勒密王朝統治巴勒斯坦時期，承襲了波斯帝國的宗教寬容政策，給猶太人以較大的文化自主權，從而使他們獲得了充分的自由。在這時，猶太世界與非猶太世界有了廣泛的接觸，相互之間產生了深刻的影響，尤其是希臘文化對猶太文化產生了巨大的衝擊力，希臘的語言、哲學、宗教、文學及風俗習慣已滲透到猶太人的日常生活之中，巴勒斯坦的猶太社會明顯地分裂為兩大陣營——親希臘派與反希臘派，前者多為受過教育的社會上層與知識分子，後者多為堅守古老宗教傳統的下層民眾。

　　希臘化時期，托勒密王朝的首都亞歷山大里亞城成為各種文化交融匯合之所。希伯來文明和希臘文明在這裡相匯，碰撞出了激烈的火花，對古代哲學和基督教的發展產生了重要影響。

　　散居的猶太人，無法迴避希臘思想的侵襲，希臘語成了他們的主要語言之一。在猶太文化史上，亞歷山大里亞城最為引人注目的成就是完成了《七十子希臘譯本》[1] 的翻譯。據說，托勒密王朝建了一座宏大的圖書館，號稱要囊括天下的圖書，於是國王派人拿着金子、寶石與信件，送給耶路撒冷的大祭司以利亞撒，希望他選派通曉律法、精通翻譯的賢人到亞歷山大里亞去，其任務是將猶太人的《托拉》翻譯成希臘文，存放在圖書館裡。於是，以利亞撒從各部落中精心挑選出 72 位賢人前往。據說他們兩人一組，經過 72 天

---

[1]　繼《托拉》之後，《希伯來聖經》全書在之後的一段時間內陸續翻譯成希臘文，被稱之為《七十子希臘譯本》。

的努力，順利完成了任務。

《七十子希臘譯本》雖然在今天看來並非十分完善的譯本，但它卻發揮了任何《聖經》版本都無法比擬的作用，它是希臘人了解早期希伯來思想的橋樑與工具，也是希伯來文化跨越民族界限影響西方世界的關鍵一步。後人常把希伯來文化與希臘文化比作現代西方文化的兩大源頭，而《七十子希臘譯本》則是「兩希」文化交匯的源頭。早期基督教就是藉助《七十子希臘譯本》向希臘世界傳播教義的。正如阿巴·埃班所説，希臘文本的《聖經》在基督教歷史上是一件劃時代的事情，如果沒有《七十子希臘譯本》，早期的基督教傳教士就沒有辦法使講希臘語的異教徒皈依，那麼基督教就不會成為世界性宗教。

塞琉古王朝與托勒密王朝之間的戰爭打斷了巴勒斯坦猶太人的安定生活，塞琉古國王想從托勒密王朝手中奪得對巴勒斯坦的控制權，經過反覆較量，公元前198年巴勒斯坦易主。

塞琉古國王安條克四世是一個狂熱的希臘文化推行者。他派人拆除了耶路撒冷城牆，搶劫了聖殿中的財物，並在聖殿附近駐紮了軍隊。聖殿裡擠滿了一群群希臘士兵和他們的情婦。為了削弱巴勒斯坦猶太人的凝聚力，安條克四世大力推行希臘習俗，把聖殿用來改拜希臘神，為了羞辱猶太人，豬肉被搬上了祭壇，國王還命令銷毀《托拉》，凡是私藏經書者將遭受處罰，甚至處死，禁止猶太人行割禮、守安息日。

猶太人的起義終因宗教原因而爆發。公元前167年，塞琉古王朝的一名軍官帶着士兵來到耶路撒冷附近一個名叫摩丁的小村莊裡，他們的任務是迫使猶太人打破自己的宗教戒律，用豬肉祭拜宙斯。當地的猶太人被聚集在一起，軍官對猶太祭司馬塔蒂亞説：

你是一位領袖，在這座城裡，你很偉大，受人尊敬，又有兒子和兄弟的支持。來吧，帶個頭，按照過往的要求，祭拜宙斯吧，就像所有的非猶太人、所有的猶太王國的人們、所有留在耶路撒冷的人們那樣。然後，你和你的兒子就可以成為塞琉古王國的朋友，得到金銀珠寶，享受榮華富貴。

祭司馬塔蒂亞答道：

我們不會隨風左右搖擺，更不會背離我們的宗教而服從國王的命令。

馬塔蒂亞帶領他的 5 個兒子猶大、西門、約哈南、伊利阿撒爾、約拿單及眾人趕走了軍隊，走上了武裝起義的道路。馬塔蒂亞號召猶太人參加鬥爭，呼籲：「所有熱愛猶太律法、忠於《希伯來聖經》的人，跟我來呀！」很快就有許多堅信猶太教的民眾團結在他的周圍。公元前 166 年，馬塔蒂亞不幸去世，其子猶大（綽號「馬卡比」，意為「揮錘者」）繼續領導起義，史稱「馬卡比起義」。

在鬥爭的關鍵時刻，一些猶太士兵對前景感到憂慮和渺茫，為了鼓舞士氣，馬卡比講道：

進犯我們的敵人非常強大，他們要掠奪我們的財產，殺害我們的妻子和子女。我們是在為捍衛自己的生命與神聖的宗教而戰鬥！當我們發起進攻的時候，全能的上帝就會粉碎我們的敵人，因此用不着害怕他們。

　　深受鼓舞的士兵在馬卡比的帶領下，對敵軍發起猛攻，他們利用有利地形，開展遊擊戰爭，多次重創安條克的軍隊。公元前164年，馬卡比在控制了猶大地區之後，收復了耶路撒冷，清潔了聖殿，消除異教痕跡，重建猶太聖壇。「猶太人彎腰躬背，頂禮膜拜，讚美上帝賜給他們的勝利。」

　　猶太起義者將聖殿打掃得乾乾淨淨，恢復聖殿的神聖，慶祝活動持續了八天，這就是猶太傳統節日 —— 淨殿節的來歷。淨殿節也被稱為光明節、燭光節，在這一節日，猶太人會點燃「九枝燈台」，其中一枝較高，先將其點燃，以供點燃其他燈盞，八盞燈依次點燃，到第八日時全部點燃完畢。「九枝燈台」是淨殿節的聖物，也逐漸成為馬卡比精神的象徵，以色列建國後為弘揚「民族團結，共禦外敵」的精神，經常在公共場所點燃「九枝燈台」。

　　公元前160年馬卡比戰死疆場，他的兄弟約拿單與西門繼續領導抵抗運動，經過曲折與反覆的抗爭，終於建立了以耶路撒冷為中心的哈斯蒙尼王朝（前142–前63年），又稱馬卡比王國。在希伯來王國滅亡之後，猶太民族又出現了一個短暫的中興時期。哈斯蒙尼王朝艱難周旋於大國勢力之間，並重修耶路撒冷城牆，建築堅固的瞭望塔，重修了聖殿山，還修建了通向耶路撒冷的引水渠。

　　希臘化時期是猶太歷史上非常重要的一個時期，一方面，馬卡比起義掀開了第二聖殿時期猶太英雄主義史冊的第一頁；另一方面，希臘化時期為猶太文化的發展提供了一個新的平台。希臘帝國的巨大版圖，加強了不同群體與文化間的交往，造就了一種包含多種因子的世界性文化，促進了文化的大交流、大發展，特別是哲學與神學取得了令人矚目的成就。這一時期猶太教被各種思潮所影響，並產生了具有特色的猶太哲學。希臘化時期湧現出一些融合猶太文化

與希臘文化的思想家，亞歷山大里亞城的斐洛（前 20–40 年）是兩種文化的集大成者。斐洛在猶太一神教與希臘哲學之間建立起一座橋樑，用「邏各斯」思想將這兩種文化結合在了一起。斐洛的思想被基督教學者廣泛借鑒，為基督教在希臘化時代興起、傳播起到了積極的作用，因而斐洛被尊為早期基督教思想的奠基人之一。

「馬薩達精神」

在希臘逐漸沒落的同時，羅馬在短期之內發展成為一個世界性帝國，逐漸將地中海變為自己的內湖。公元前 63 年，羅馬統帥龐培率軍兵臨耶路撒冷城下，3 個月後攻下了這座城市，並進行了血腥的屠殺，上千名猶太人被處死，一部分猶太人被俘虜到羅馬淪為奴隸。

為了便於控制，羅馬人任命哈斯蒙尼家族的赫爾卡諾斯（前 63–前 40 年）主持巴勒斯坦的事務。赫爾卡諾斯只是一個傀儡王，實際權力操縱在老臣安提帕特的手中。公元前 40 年，安提帕特的兒子希律被任命為猶地亞地區的王，希律與哈斯蒙尼家族爭奪權力的鬥爭延續到公元前 37 年，最終以希律的勝利而告終。希律兇狠殘暴，雖然與哈斯蒙尼家族的公主聯姻，成為王室成員與合法繼承人，但他仍然把哈斯蒙尼家族視作敵人。在確定王位之後，希律因擔心王室背叛他，殺死了大祭司以及許多王室成員，包括他的岳母、妻子及兩個親生兒子。羅馬皇帝奧古斯都曾說過這樣一句話——「寧願做希律的豬，也不做希律的兒子」，希律的殘忍由此可見一斑。

儘管希律殘暴成性、獨裁專橫，但他在位 30 多年卻政績斐

然。希律擴大了馬卡比王國的領土，佔領了一些沿海城市、戈蘭高地以及南敍利亞的一些鄉村。他在北部地區還建立了新的城市，模仿希臘人的風格，在城市中修建了極其豪華的建築。希律還對耶路撒冷的發展做出了重大貢獻，他重修了聖殿山和聖殿，擴大了耶路撒冷的範圍，增修了第二城牆，並為自己建立了一座以金子與寶石裝飾的宮殿。這些工程進一步鞏固了耶路撒冷政治、經濟與宗教中心的地位。當時曾流行一種說法：上蒼賦予世界十分美，而耶路撒冷獨佔九分。

希律時代的聖經學院匯集了許多著名賢哲，希勒爾就是一位影響深遠的代表人物。關於希勒爾曾經流傳着許多故事與傳說，拉比 [1] 作品中把他描繪成最偉大的猶太教首席拉比與哲學家，負責最重要的律法裁決。據說，耶穌的許多言論也借鑒自希勒爾之口。

《塔木德》上講了這樣一個故事：有一天，一位異教徒來到希勒爾面前，帶有挑釁性地要求希勒爾在他單腳站立的時間裡把《托拉》的真諦告訴他。希勒爾這樣回答道：「有害於己的，勿施於同胞，這就是《托拉》的真諦，其餘的皆為評註，去研讀吧。」「有害於己的，勿施於同胞」，以極其簡潔的言辭闡明了猶太思想的精髓，希勒爾的名言與中國儒家學說崇尚的「己所不欲，勿施於人」的倫理信條不謀而合、如出一轍。

公元前 4 年，希律死後，羅馬廢除了猶地亞的君主政體，使之成為羅馬統治下的一個行省，由總督主持政務。為了降低耶路撒冷的政治地位，羅馬人把總督府設在地中海沿岸的愷撒利亞。儘管

---

① 「拉比」意為「老師」，原為猶太人對師長的尊稱，後指研究《聖經》《塔木德》，負責執行教規、律法及宗教儀式的人。

羅馬方面為了節制總督的權勢與貪慾，從不讓他們的任期過長，但總督們還是極盡敲詐勒索之能事，他們比國王更為苛刻，一邊極力搜刮民財，中飽私囊；一邊嚴格推行羅馬帝國的宗教歧視與壓迫政策。猶太人中的一些上層人物為了自己的利益，與羅馬統治者狼狽為奸，普通民眾因此承受着羅馬帝國和民族敗類——部分祭司、貴族的雙重壓迫，矛盾逐漸升級，暴力衝突一觸即發，終於釀成了反羅馬的大起義，史稱羅馬—猶太戰爭。

猶太起義軍很快就消滅了耶路撒冷的羅馬軍隊，收復了一些城池。為了鎮壓猶太人的反抗，羅馬皇帝尼祿派出最有才幹的軍事將領——韋斯巴薌擔任統帥，出動了約 6 萬人的裝備精良的帝國軍團。韋斯巴薌採取了由北向南的進攻路線，戰爭首先在加利利爆發，在該地區擔當抵抗重任的猶太將領是提圖斯・弗拉維奧・約瑟福斯，由於敵我力量懸殊，猶太人在戰爭一開始就處於極為不利的地位。韋斯巴薌封鎖城市，固守工事，使四面被圍的起義者由於缺乏武器和糧食而無力進行反擊。

加利利的抵抗運動很快就失敗了，約瑟福斯等一小部分人躲進山洞。大家決定用自殺的方式向敵人展示他們的尊嚴和骨氣，通過抽籤的方式決定誰先誰後，最終就剩下了約瑟福斯和另一個人。這時，約瑟福斯成功地說服了他放下武器，兩人向羅馬投降。後來，數學上有一個著名的命題即約瑟福斯問題，一些人圍成一圈，隔一人殺一人，最後剩一個人能活，問這個人站在甚麼位置能活下來。投降後的約瑟福斯承受着巨大的精神壓力，被苟且偷生的恥辱感所籠罩，或許是為了救贖自己，他歷經多年寫成了《猶太古史》和《猶太戰爭》，成為羅馬時期著名的歷史學家。

勢如破竹的韋斯巴薌很快就兵臨耶路撒冷城下。此時，羅馬

發生了動亂，尼祿皇帝被殺，掌握重兵的韋斯巴薌趁機登上了皇帝寶座。公元 69 年，韋斯巴薌的兒子提圖斯在其父稱帝後，接過了圍攻耶路撒冷的任務。為了保住耶路撒冷，猶太人進行了英勇的反抗，最終由於武器、糧食緊缺，起義者失去了戰鬥力。公元 70 年，提圖斯率兵攻入耶路撒冷，並放火焚毀了第二聖殿。約瑟福斯在他的《猶太戰爭》中做了這樣的記述：

> 當聖殿仍在燃燒的時候，他們開始搶劫能夠到手的一切物品，然後便大肆屠殺身邊所有的猶太人，沒有任何憐憫之心，無論年長年幼、無論地位尊卑、無論是平民百姓還是祭司，無人倖免。這場戰爭捲入了各種各樣的人，結果導致了毀滅，那些乞求活命的人也是同樣的下場……聖殿位於小山上，因為火勢兇猛，好像整座城市都在燃燒，人們想像不出比這更巨大、更可怕的聲音：勝利者的喊殺聲、反叛者的號啕聲混雜在一起，橫七豎八的屍體覆蓋了地面，羅馬士兵必須越過屍體去追趕逃命的人群……

聖殿被毀以後，羅馬軍隊繼續追殺起義者，並很快佔領了整個耶路撒冷，他們為自己的成就而驕傲。為了慶祝勝利，羅馬人把自己的軍旗插在城牆上，羅馬士兵擁入街區，展開了瘋狂的屠殺，殺死能見到的任何人，並燒毀住宅，燒死躲藏在裡邊的人。耶路撒冷血流成河，被淹沒在火海之中，被釘死在十字架上的起義者不計其數，耶路撒冷出現了「無處不立十字架，無十字架不釘人」的慘狀。

耶路撒冷陷落以後，一部分猶太起義者退守馬薩達。馬薩達

位於死海西邊的一座花崗岩山上，周圍峽谷環繞，四面陡峭，東面的懸崖高達 400 餘米，西面最低處也有 100 餘米。馬薩達頂部呈菱形，南北長約 600 米，東西寬約 300 米。山頂建有城堡，只有兩條狹窄的小路通往堡壘。堡壘最初是由大祭司約拿單修建的，後來成了歷代統治者的行宮，希律在要塞頂部修建了高牆、哨所、宮殿與蓄水池。馬薩達是猶太人控制的最後一個據點，堡壘中有足夠的糧食與物資供應。據記載，當時固守馬薩達的起義者有 900 多人（包括一些婦女和兒童），而圍攻要塞的羅馬人達萬人之多，在山下設立了 8 個兵營。羅馬軍隊白天進攻，晚上則嚴加防守，不讓猶太人逃走。猶太人在失去外援的情況下，擊退了羅馬人的一次次進攻。在要塞上面的圍牆已經坍塌、羅馬人即將攻入之際，英勇的起義者寧願自殺也不甘淪為奴隸。起義領袖以利亞撒·本·亞爾決定帶領起義者集體自殺，他先把最勇敢的戰士召集起來，發表了震撼人心的演說：

　　　勇敢的朋友們，我們就下決心，決不做羅馬人的奴隸，除了人類真正的主宰上帝之外，我們不屈從於任何人！現在，把這一決心付諸行動的時刻到了，我們不能在這個時候因為自食其言而玷污了我們的英名。……我們是最先起來反抗羅馬的，也是堅持到最後一刻的人。感謝上帝給了我們這個機會，當我們從容就義時，我們是自由人……明天拂曉，我們的抵抗將終止，不論敵人多麼希望把我們生俘，但是他們沒有辦法阻止我們自由地選擇與相愛的人一起去死。可惜！我們沒有能打敗他們。讓我們的妻子不受蹂躪而死，孩子們不做奴隸而死

吧……讓我們把所有財物連同城堡一起燒毀，但是要
留下各種供應，要告訴敵人：我們選擇死並不是由於缺
糧，而是自始至終，我們寧可為自由而死，不作奴隸而
生……不要讓羅馬人為他們的勝利而歡樂，要讓他們為
我們勇敢的行為而震驚！

接着，壯烈的自殺行動開始了，每家的男子先殺死自己的妻子
和兒女，再通過抽籤的方式留下 10 名男子將其他男子殺死，最後
一位在殺死其他 9 名男子之後，放火燒毀他們曾經戰鬥過的城堡，
然後自殺。這一天是公元 73 年 4 月 15 日，即逾越節的前一天。當
時只有兩位婦女和 5 個孩子躲在地下水道裡得以逃生。

第二天早晨，當羅馬人攻上來時，可怕的寂靜籠罩着整個要
塞，羅馬人大聲喊叫，但並沒有回應。過了一會，兩位婦女走了出
來，把這裡所發生的一切描述給了羅馬人，其中一位還清晰地複述
出了以利亞撒・本・亞爾的演講。當羅馬人看到大批屍體的時候，
他們相信了這一事實，他們不再歡呼，而是對死者充滿了敬意。約
瑟福斯把這震撼人心的一幕記在了他的《猶太戰爭》一書中，後人
才得以了解馬薩達戰士的悲壯事跡。

從此以後，馬薩達即成為寧死不屈、反抗強敵的象徵。猶太
起義者所表現出的那種追求自由、捍衛正義、英勇無畏、視死如歸
的精神，被稱為「馬薩達精神」。以色列建國後，還在馬薩達城堡
遺址上修建了馬薩達國家公園，使之成為對國民進行傳統教育的絕
佳課堂。在以色列建國後的一段時期，馬薩達城堡成為以色列軍人
入伍宣誓的場所，他們莊嚴宣誓──「馬薩達永不再陷落！」為紀
念馬薩達威武不屈的精神，以色列的部分武器也以「馬薩達」來

命名。2001 年，馬薩達遺址被聯合國教科文組織認定為世界文化遺產。

馬薩達抵抗失敗之後，猶太人對羅馬帝國的怨恨與日俱增，鬥爭的決心也越來越堅定，時隔不久，更大規模的反羅馬起義再度發生。哈德良皇帝執政時期（117–138 年），繼續採取宗教壓迫政策，如禁止猶太人行割禮，不許他們守安息日，處死收藏《托拉》的人等。這些行為極大地傷害了猶太人的宗教與民族感情，成為公元 132–135 年大起義的導火線。

這次起義的領導者是巴爾·科赫巴（意為「星辰之子」），起義爆發之初，有許許多多的志願者前來追隨，並成功地奪回了耶路撒冷，幾乎把羅馬人趕出了整個猶地亞地區。起義者還發行了鑄有「拯救錫安」「為了以色列的自由」等字樣的錢幣。

起義軍勢力的壯大，讓哈德良感到恐慌，他從歐洲調集了 7 個軍團的兵力，準備發起最後的進攻。公元 134 年夏天，在羅馬軍團兇猛的攻擊下，耶路撒冷再度陷落。巴爾·科赫巴率領部隊轉移到耶路撒冷東南的貝塔爾要塞。不久，要塞陷落，敵人大批湧入，展開了大屠殺，巴爾·科赫巴壯烈犧牲。

剩下的起義軍退居到穆拉巴特河谷，困守在一個洞穴裡，他們修好蓄水池，堅守防禦工事，並在夜間成功地偷襲了羅馬軍營。由於坡高陡滑、易守難攻，羅馬軍隊不得不改變策略，切斷了起義軍的水源，封鎖了通往山上的通道，企圖將起義者圍困致死。大約在公元 135 年 8 月，起義者佔據的山洞被羅馬人攻陷了，羅馬人進行了血腥的報復，「小孩們是用他們學習的課本 —— 紙草抄本 —— 圍起來活活燒死的」。

殘忍的羅馬統治者為了從精神上徹底摧毀猶太人，以消除他們

的抵抗意志，實行了慘無人道的焦土政策。據記載：當時有 985 個村莊遭到毀滅，50 多個城鎮化為焦土，58 萬百姓遭殺害。在猶太人的幾次反羅馬的鬥爭中，大約共有 100 多萬人被殺，有幾十萬人被俘虜到羅馬做奴隸或角鬥士，大部分猶太人被驅逐出巴勒斯坦。

　　為了徹底毀滅猶太人的希望，哈德良皇帝下令摧毀所有的建築，把耶路撒冷夷為平地，在城中扶犁翻耕。聖殿山的廢墟上被撒滿了鹽，羅馬人嚴加防守，不准猶太人前往祈禱。當年輝煌絕倫的聖殿所留下的唯一遺跡就是一堵西外牆，猶太人稱之為「西牆」。哈德良嚴禁民眾信仰猶太教，凡守安息日、割禮、授予拉比職位或者接受拉比頭銜的人都要被處死。然而，仍有許多猶太人蔑視羅馬皇帝的禁教令，心甘情願地做猶太教的殉道者，許多有關猶太聖徒的傳說由此產生。如關於「十聖賢的殉道」如今已成為贖罪日祈禱文的主要內容之一：

> 恐怖的國王
> 命令將這十個聖賢殘酷地殺死，
> 啊！我年復一年，始終看到他們；
> 他們超越時代，他們走着，
> 他們不朽的靈魂渴望為上帝奉獻。
> 兩個最偉大的猶太人被帶了上來，
> 大祭司伊斯梅爾和以色列王子
> 拉本·西蒙·本·格姆利爾，
> 他們將被殺死；
> 王子懇求道：「先殺死我吧，
> 以免我看到輔佐上帝的他被殺……」

　　巴爾‧科赫巴起義失敗之後，儘管巴勒斯坦的加利利等地區仍有一些猶太人居住，但猶太人作為一個民族定居在巴勒斯坦的歷史已宣告結束，從此猶太歷史進入了「大流散」時期。巴爾‧科赫巴起義失敗之後的幾個世紀中，猶太歷史上再也沒有出現過能與第二聖殿時期相媲美的英雄人物，但這並不意味着猶太人已放棄了抗爭而甘願聽從命運的擺佈。面對着敵意多於友情的生存環境，猶太人的抗爭首先體現於千方百計地抵禦外界的誘惑，維護本民族的歷史、宗教及文化傳統。猶太教作為一種民族宗教已成為猶太人團結統一的象徵和文化精神的支柱。愈是面臨滅亡的威脅，猶太人愈是堅持民族的傳統，猶太教是他們共同的財富。即使在中世紀，猶太英雄主義精神也並沒有喪失，在經歷外部勢力瘋狂的迫害之後仍能存活下來這一事實本身，就極大地證明了猶太人的意志和勇氣。

第 二 章

世界性大流散

命運帶給他們的長期壓迫使猶太人成為一個英勇的民族、一個精明的民族、一個成功的民族。

—— 傑克‧羅森《猶太成功的秘密》

　　從公元 135 年開始，猶太歷史進入了大流散時期。形形色色的反猶主義與基督教歐洲的排異性，一次次重創了猶太民族，經濟上的壓力、政治上的無助、文化上的迷惑，使猶太人淪為了典型的「邊際性客民」。然而，來自主流社會的種種壓迫反而強化了猶太人的民族意識，他們不斷地在異質文化的夾縫中昇華自我價值、塑造群體認同，並以其卓越的貢獻在人類思想文化舞台上留下了閃亮的印記。因此，長達 1800 多年的猶太散居史既是一部充滿歧視與迫害的血淚斑斑的苦難史，也是猶太人為維護生存權、信仰權的可歌可泣的抗爭史，更是猶太民族走向世界舞台、融入現代化大潮的色彩斑斕的發展史。

拉比猶太教的由來

　　在人類文明的發展模式中，猶太文明獨樹一幟，特色鮮明。「（猶太民族之外）沒有哪個民族能在幾千年的流亡中如此頑強地維護自己民族和宗教的特性，從中汲取力量並重新站起來。」民族的共同地域空間消失後，處於散居狀態下的猶太人依靠共同的精神

生活維護着民族特性。猶太教是維繫猶太人民族特性的精神紐帶，
處於散居狀態之中的猶太人之所以創造了「流而不散、散而不亡」
的歷史神話，正是因為猶太教所樹立的文化藩籬有效抵禦了來自外
部世界的種種衝擊。宗教傳統對猶太人至關重要，遵守聖典與律法
是猶太人保持民族特性的原動力。正如阿巴‧埃班所說：

> 他們（猶太人）被驅散到世界各個角落，沒有自
> 己的政治故鄉，然而他們卻生存下來了。他們繼承了自
> 己珍貴的文化和宗教遺產，即使在異鄉的居住地他們也
> 是一個精神共同體。這個共同體追求共同目標，雖然沒
> 有主權仍能屹立於世界。猶太人不是忠於某個世俗統治
> 者，而是忠於一個理想、一種生活方式、一部聖書。

　　猶太教的發展變化與猶太民族的歷史遭遇息息相關，透過早期
猶太人多彩斑駁的歷史畫面，我們可以清晰地看出猶太宗教、民族
與歷史三者之間的互動關係。按照猶太傳統，猶太教成型於摩西時
期，摩西十誡及律法的制定是猶太教信仰體系形成的重要標誌。公
元前586年，第一聖殿被毀，猶太教的傳承方式、崇拜場所發生了
改變，猶太會堂應運而生。猶太人聚集在會堂裡，通過學習律法、
祈禱等方式來緬懷先祖，凝聚人心。公元前538年，居魯士佔領巴
比倫後，宣佈釋放被擄的猶太人，猶太人得以重建聖殿，史稱第二
聖殿。在這一時期，以以斯拉為代表的祭司階層將《托拉》等經書
編撰成冊並固定下來，樹立律法的權威，強化了以宗教為主體的民
族意識，祭司階層的權力逐步增大。哈斯蒙尼王朝時期，戰爭與貧
困使社會各階層的矛盾凸顯，生存危機、信仰危機等困擾着猶太

人，再加上受強勢的希臘文化的影響，猶太教內部發生了分化，形成了幾大派別：以祭司、貴族等上層人士為主的撒都該派；以知識分子為主的法利賽派；以農民等貧困階層為主的艾賽尼派。

撒都該派掌控着聖殿和王國的宗教大權，享有較高的地位，在對待宗教傳統的態度上比較保守，主張嚴格遵循《托拉》本意行事，反對離經叛道。由於撒都該派的保守色彩，使其無法解決新形勢下的宗教及社會所面臨的突出難題。法利賽派以文士為主，主張從深層次解釋《托拉》，而不是僅從字面意思來理解，倡導文化革新，不拘泥於傳統，反對撒都該派所主張的聖殿才是唯一的崇拜場所。作為新形勢下的改革派，法利賽派的影響力逐漸增強，支持者也越來越多。艾賽尼派來自社會底層，該派別的悲觀色彩凝重，主張脫離喧嘩、清貧修行，嚴格遵守律法傳統，社會影響力較小。

公元 66 年，巴勒斯坦爆發了反羅馬的大起義，面對強大的羅馬軍團，耶路撒冷城內的猶太起義者也發生了分化，形成了主戰派和主和派。著名的鴿派領袖約哈南·本·撒凱認為，耶路撒冷很快就會被攻破，但即使國家滅亡了，猶太人只要保留文化傳統就能凝聚在一起。約哈南心生妙計，他假裝生病，隨後讓人散佈其得病身亡的消息。於是有了如下故事：

約哈南的弟子們將他裝進棺材裡面，並將棺材運出城去。圍困耶路撒冷的羅馬守軍要求開棺驗屍，約哈南的弟子們紛紛求情，問道：

「如果羅馬的皇帝死了，你們也要以刀驗屍嗎？我們完全沒有武裝，又能做出甚麼危害帝國的事呢？」

最終送葬隊伍躲過了守軍的檢查。約哈南認為他的

逃離並不能拯救危在旦夕的猶太民族，他決定去見韋斯巴薌並和他談判。約哈南見到韋斯巴薌後說道：

「我對您和羅馬皇帝懷有同樣的敬意。」

韋斯巴薌十分不解，以為這是約哈南在故意羞辱他。約哈南解釋道：

「您將很快成為羅馬的皇帝，請相信我。」

韋斯巴薌很快就明白了約哈南的意思，並對他說：

「如要預言成真，你要甚麼回報？」

「只要能給我一個學校，能容納十多個拉比，並永遠不要破壞。」

韋斯巴薌表示同意。

不久，羅馬帝國發生了動亂，尼祿皇帝被殺。通過一系列的權力鬥爭，韋斯巴薌登上了皇帝寶座，他也兌現了對約哈南的承諾，允許猶太人在雅布內建立一所宗教學院。這所學院聚集了許多有學識的宗教人士，成了猶太人的精神王國，為猶太教及猶太文明的存續留下了火種。

公元 70 年，聖城耶路撒冷被羅馬攻陷，為徹底摧毀猶太人的民族精神與抵抗意志，羅馬軍隊焚毀了第二聖殿。聖殿被毀，一方面導致猶太人的崇拜場所發生了改變；另一方面也沉重打擊了祭司階層，破壞了其賴以存在的物質基礎，為文士階層的發展掃清了障礙。在國家實體滅亡及聖殿被毀致使猶太民族生存危機凸顯的歷史時期，一大批以法利賽派為主的文士們深刻地認識到，唯有強化宗教信仰才能保持民族的凝聚力與同一性，從而避免被同化和滅亡的命運。他們聚集在雅布內學院裡，將流傳於世的宗教經書彙編成

冊，並最終完成了《希伯來聖經》全書的正典化過程，即制定出了
《希伯來聖經》彙編的標準與規範，並最終聖化這些經卷，規定任
何人不得增刪、修改。

　　《希伯來聖經》正典化的完成，使猶太人成功地實現了從聖殿
崇拜到聖書崇拜的轉型，成為真正意義上的「聖書之民」。在猶太
民族共同的地域空間消失後，分佈在世界各地的猶太人在《希伯來
聖經》文化藩籬的保護下堅守着民族的特性，在時常出現的迫害與
苦難面前展現出巨大的勇氣與韌性。宗教人士聲稱，猶太民族遭遇
的一切災難都是因為背棄上帝的律法所造成的，猶太人只有深刻
地反省自身的錯誤，認真地贖罪並學習《托拉》，當他們的誠心感
動上帝的時候，上帝就會派彌賽亞（救世主）來拯救他們。猶太
教依靠其影響力，將這些價值觀念牢固地植入到了民眾思想之中。
「《希伯來聖經》既為流亡的猶太民族提供了文化藩籬和虛構的最
高領袖，又為他們提供了應付日常具體環境的技能的文化百科全
書。」因此，對《希伯來聖經》的正典化完成及法利賽派文士地位
的確立，有些學者稱之為是「雅布內革命」。

　　在《希伯來聖經》正典化完成後，宗教人士便立刻着手編撰
《塔木德》。按照猶太傳統，上帝在西奈山上共頒給摩西兩套律法：
一套是成文律法，另一套是口傳律法。成文律法即是《托拉》，它
規範了猶太人生活的方方面面，但《托拉》所記載的內容言簡意
賅，對很多情況並沒有完全解釋清楚，例如律法規定每七天中有
一天為安息日，猶太人應當守安息日，在這天不從事勞作，但律法
並沒有過多地解釋安息日當天的習俗、禮儀與禁忌，如果當安息日
與其他宗教節日是同一天的時候應該遵守甚麼習俗？同時，《托拉》
正典化於公元前 444 年前後完成，有些律法是否適應當前社會，是

否需要調整或增加新的內容，這些情況，都需要宗教人士對律法進行重新審視，對律法發展提供新的解釋，以適應新形勢的需求。

因此，為更好地教育民眾，宗教人士決定將流行於世的口傳律法彙編成書，作為對《托拉》的補充，它從各個方面盡最大可能地對律法進行分析闡釋，這些口傳律法被彙編成《塔木德》。《塔木德》也被稱為「口傳托拉」，詳細地規範了一個真正的猶太人必須做甚麼和不能做甚麼。

在《塔木德》編撰的過程中，出現了「拉比」這一職務。「拉比」本意是「老師」，指鑽研並精通《托拉》的人，主要以法利賽派為主。拉比給自己編撰《塔木德》所定的標準是：

> 「慎於判斷；廣樹門生；設屏障以護《托拉》。」「慎於判斷」指的是對需要裁決的問題要謹慎，不盲目作決定。「廣樹門生」指的是要將《托拉》精神傳播給更多的猶太人，並延續後世。「設屏障以護《托拉》」指，一方面要以《托拉》為核心，不違背《托拉》；另一方面延伸擴展《托拉》精神，制定出更加詳細的條例，維護律法的神聖性。

《塔木德》分為《密釋納》和《革馬拉》兩部分，編撰於公元1世紀至5世紀，歷時400年左右，主要是對《托拉》律法進行評註與闡釋，涉及農事、賜福、祈禱、節日、慶典、婚姻、民事、刑事、賠償、繼承等方面的內容。《塔木德》被視為是猶太人的第二法典。

《塔木德》被稱為「猶太人的生活伴侶」，它不僅是一部法典，

更是一種文化傳統，它規範了猶太人生活的方方面面。每個守教的猶太人都會在拉比的帶領下學習《塔木德》，通過它來了解上帝、認識世界，並通過自己的懺悔來得到上帝的寬恕與恩澤。著名的拉比施坦澤茲曾說：「如果說《希伯來聖經》是猶太教的基石，那麼《塔木德》則是聳立在這座基石上支撐猶太教的中心支柱。」《塔木德》更是一部「智慧寶典」。《塔木德》行文風趣、簡潔，收錄了約 2000 名賢哲達士的言論，着力於討論事情的多種可能性。《塔木德》收入了很多有爭論的案例，各方據理力爭，引經據典，互不相讓，編撰者將多種有依據的結論都一一列舉，讓讀者自己去思考評價。「每一場討論都是各抒己見，眾說紛紜，歧義迭出，但又毫不專斷。每一頁都在尋找矛盾，期盼讀者的自由、創新和膽識。」這就凸顯了《塔木德》的思辨性與開放性，它並不是一本枯燥呆板、充滿說教的律法書，培養了猶太人善於思考、不迷信權威的民族精神氣質，因此被譽為是猶太人的智慧之書。

《塔木德》的編撰完成標誌着拉比猶太教的確立，猶太教也完成了從經典猶太教向拉比猶太教的過渡，奠定了拉比猶太教長達千年的輝煌歷史。當聖殿被毀，猶太人向世界各地分散的時候，猶太人內部的凝聚力卻逐漸加強，處於分散狀態中的他們組建了很多社團，社團獨立於散居地主體民族之外，外部環境的排異性迫使猶太人向社團內部聚集。社團內部生活帶着強烈的宗教色彩，幾乎每個猶太人都是猶太教徒，每週都要去會堂參加宗教活動。拉比掌管會堂，成為社團的宗教領袖和領導者，負責講解宗教律法，執行宗教儀式、訴訟裁決等工作，具有較高的權威。

猶太人的歷史是一部流散的歷史，所以猶太民族身份的界定貫穿於猶太人生活之中。猶太人的散居是相對於民族主體集聚地或民

族國家而言的，在分散的狀態下為了彌補沒有一個共同的民族集聚地所帶來的缺陷，拉比在管理猶太社區日常生活過程中，不斷地強化猶太教信仰，猶太人必須按照《希伯來聖經》和《塔木德》所規定的律法規範自己，這就促進了猶太民族認同感的強化。「猶太人被融為了一個整體，無論他們在哪裡，被分成了多少政治派別，他們都已經無法分開了……他們已經有了區別於他人的明顯印記。」

亞伯拉罕的精神遺產

現代學者把世界宗教分為三大體系，即亞伯拉罕系、儒釋道體系、婆羅門系。這三大體系代表了世界幾大主流文化，幾乎覆蓋了世界主要人口，對人類歷史發展產生了重大影響。亞伯拉罕系三大宗教指的是猶太教、基督教和伊斯蘭教，之所以用亞伯拉罕命名，是因為這三大宗教都承認亞伯拉罕的宗教地位，尊奉亞伯拉罕為先知。

猶太教是世界上最古老的一神教，一神教是亞伯拉罕系三大宗教的共有特徵。從《聖經》的記載來看，亞伯拉罕與上帝關係的演變開創了一種新的宗教模式，即一神崇拜，之後經過幾百年的發展，《托拉》的出現代表着猶太一神教走向了成熟。

基督教被稱作是猶太教的女兒。公元 1 世紀前後，巴勒斯坦地區的政治環境非常惡劣，名義上主持巴勒斯坦事務的哈斯蒙尼家族與希律王爭權奪利，再加上外部勢力的介入，民不聊生，哀鴻遍野。現實生活的苦難使人們看不到希望，許多人開始將熱情與期望寄託到宗教關懷上，期盼救世主儘快降臨來拯救他們。在這樣的背景下，耶穌應運而生。

　　耶穌出生於何時，《聖經》中沒有確切的記載，後來基督教把耶穌降生的那一年定為公元元年，意為新紀元的開始。耶穌出生於耶路撒冷以南的伯利恆，母親是瑪利亞，父親是木匠約瑟。相傳瑪利亞是約瑟的未婚妻，瑪利亞因聖靈感孕，神曾託夢給約瑟說：你不要害怕，瑪利亞所懷的孕是從聖靈來的，祂要將百姓從罪惡中拯救出來。約瑟就迎娶了瑪利亞，但沒有與她同房，10 個月後孩子出生了，起名字叫「耶穌」。

　　耶穌被稱為基督，即救世主，被看做是道成肉身。《聖經》中有許多的例子暗示着耶穌的特殊身份。以賽亞先知曾預言說：神要給我們一個兆頭，必有童女懷孕生子，神會差遣祂的靈來拯救猶太人。耶穌的出生被視為是以賽亞預言得到了印證。耶穌 12 歲時，曾隨他的父母到聖殿去守逾越節，他進了聖殿後就不願離開，連回家都忘了。他母親來找他，並責備他的行為讓父母擔心，他反問道：「為甚麼找我呢？你們不知道我應在我父親的家裡嗎？」

　　由於在下層社會環境中成長，耶穌心地善良，品德高尚，關心民間疾苦，許多人被他的人格所感化，因此耶穌得到社會多個階層特別是下層人民的擁護。耶穌宣揚上帝是仁慈的，抨擊富人對窮人的壓迫，宣傳人人平等、死後復生、精神在來世的延續、天國的幸福、天使和惡魔的存在、救世主的降臨等理念，勸人悔過自新、棄惡從善。耶穌見解獨特、善用比喻、長於辯論，講解的東西很容易被人理解和接受，除此之外，他還用實際行動改革傳統猶太教。

　　據《聖經・馬可福音》記載，耶穌來到耶路撒冷，看到聖殿裡烏煙瘴氣，到處都是做買賣的人，這與聖殿的神聖性嚴重不符，於是耶穌就訓斥掌管聖殿的祭司長和眾人，因此這些人便懷恨在心，想要加害他。耶穌還詛咒偽善的宗教人士必遭上帝的懲罰，他還預

言聖殿會再次被拆毀，連一塊石頭也不會被留下。這些言論遭到了猶太祭司的聲討，尤其是耶穌自稱為救世主，這在當時引起巨大的震盪，因為這危害到了祭司集團的主導地位，對猶太神權政治構成了致命威脅。

相傳，耶穌在逾越節的晚宴上預言有人會出賣他。

於是，耶穌說：「我實在地告訴你們，你們中間有一個人要賣我了」。

眾人面面相覷，紛紛地問：「是我嗎？」

耶穌回答道：「同我蘸手在盤子裡的，就是要賣我的人。」

耶穌所指的人就是猶大。耶穌將餅分開遞給他的門徒，說：「你們拿着吃，這是我的身體」。

又拿着杯子倒上了葡萄汁，說：「你們都喝這個，因為這是我立約的血，為多人流出來，使罪得赦」。

猶太祭司們以「假先知」「煽動反叛情緒」等罪名在喀西馬尼花園將耶穌抓捕，然後將其送到了羅馬總督彼拉多那裡。《聖經·馬太福音》這樣記述了耶穌受審的場景：

彼拉多問道：「你是猶太人的王嗎？」

耶穌回答：「是。」

當彼拉多再問其他問題時，耶穌就閉口不答，以沉默來反擊。按照當時的慣例，每到這一天時，就會恩釋一個囚犯，當時有一個惡貫滿盈的囚犯叫巴拉巴，彼拉

多就問眾人：「你們要我釋放哪一個給你們？是巴拉巴還是耶穌？」

彼拉多知道猶太祭司們是對耶穌充滿仇恨的，所以他才故意這麼問。

猶太長老、祭司們要求釋放巴拉巴，彼拉多又問：「那耶穌怎麼辦？」

眾人回答道：「把他釘在十字架上。」

彼拉多說：「流這義人的血，罪不在我，你們承擔吧。」

眾人回答道：「把他的血歸到我們和我們的子孫身上。」

彼拉多害怕眾人生亂，就下令將耶穌釘死在十字架上。

這一場景是由基督徒撰寫並記錄在《新約》上的，猶太人從此背上了殺害基督的千古罪名，「流這義人的血，罪不在我」，「把他的血歸到我們和我們的子孫身上」。這一問一答，就構成了猶太人應遭受懲罰的證詞，成為猶太人要世世代代背負弒主之罪的根源，也成了後世基督教會迫害猶太人的神學依據，這種「最長久的仇恨」延續了近 2000 年，一直到 20 世紀中期才發生了改變。

耶穌死後，信徒們開始宣傳他的教義，其中最有名的是保羅，他被稱為是「外邦人的使徒」。保羅深受希臘、羅馬文化的熏陶，繼承了耶穌的思想，把耶穌尊為「律法的化身」「救世主彌賽亞」「上帝與人類之間的中介」。保羅大力傳播耶穌是為替世人贖罪而在十字架上蒙難的。隨着基督教的發展，信徒也越來越多，耶路撒

冷及西亞地區都建立了教會。保羅對基督教的貢獻是巨大的，有人
說：「是保羅讓耶穌成為了教堂裡的基督」。耶穌時期的基督教在
本質上依然屬於猶太教的一個派別，就如耶穌所說：「我奉差遣，
不過是到以色列家迷失的羊那裡去」。但在保羅之後，基督教與猶
太教的界限更加明晰，成為一個獨立的宗教。

　　保羅曾把猶太教比作橄欖樹，把基督教比作嫁接在橄欖樹上的
野橄欖枝。這句話點明了基督教脱胎於猶太教，又暗示着兩者的不
同。羅素在其《西方哲學史》中將基督教裡最強烈的猶太教色彩歸
納為以下幾點：第一，接受聖史。基督教接受《希伯來聖經》中所
記載的自上帝創世以來的歷史；第二，選民觀的繼承。認為有一部
分人是上帝寵愛的對象；第三，律法。都遵從十誡等戒律；第四，
彌賽亞和天國。都相信彌賽亞的救世和末日審判，善人將進入天國。

　　繼承從某些方面來看也意味着變革和揚棄。隨着時代的發展，
基督教與猶太教的差異日漸明顯。兩種宗教最大的分歧在於是否認
同耶穌即是彌賽亞。基督教認為耶穌雖然是血肉之軀，但卻是上帝
在塵世的化身，耶穌就是彌賽亞，他的肉身被釘在十字架上就是在
為世人贖罪，凡是信仰他的人都會蒙恩得救。耶穌的誕生標誌着彌
賽亞的第一次降臨，到世界末日時，彌賽亞還會第二次降臨，行末
日審判，使義人上天堂，惡人下地獄。基督教還強調，公元 70 年
以後猶太民族的一切苦難，如聖殿被毀、被迫流散等正是由於否定
基督的存在而遭受的懲罰。猶太教則徹底否認耶穌的救世主身份，
認為彌賽亞的降臨是非常遙遠的事情，如果耶穌是救世主的話，世
界就應該會充滿和平與正義。耶穌既然連自己都拯救不了，他怎麼
去拯救猶太人？在當時的許多猶太人看來，耶穌只是一個凡人，猶
太正統派認為耶穌傳播的教義就是異端邪説，所以為了純潔宗教信

仰，必須堅決抵制耶穌即是彌賽亞這一理論。

　　基督教和猶太教在選民觀念上也存在着較大的差異。作為世界上最古老的一神教，特選子民的觀念一直是猶太神學中極其重要的一部分。據《聖經‧申命記》記載：「雅衛從地上的萬民中揀選你，作自己的子民。雅衛專愛你們，揀選你們，並非你們的人數多於別民，原來你們的人數在萬民中是最少的……」上帝的特選子民觀念使猶太人帶有天生的自豪感，也暗示了猶太民族享有神的特殊恩寵。

　　基督教並不完全否定猶太人的選民地位，但認為由於猶太人不守承諾、褻瀆上帝、違背契約、罪惡纍纍，已經被上帝剝奪了特選子民的身份，聖殿的被毀和猶太人被迫流散就是最有力的證據。基督教強調上帝與猶太人所立的舊約已經被上帝與基督徒所立的新約所取代，凡是信仰耶穌的人都是上帝的子民，都會得到蒙恩，因此基督教把已廣泛流行的《希伯來聖經》稱之為《舊約》，把耶穌以後的經典稱之為《新約》，代表着上帝與基督徒的約定。為了確保基督教義的完整和達到警示教徒的目的，基督教把《舊約》和《新約》都奉為經典，稱之為《聖經》。舊約與新約的界定，表明了特選子民觀念的演變。

　　基督教對猶太教的宗教禮儀也做了大量的改動。基督教在其興起時就有意衝破猶太教古板且嚴苛的禮儀。耶穌不顧在安息日不准勞作的禁忌給病人治病；保羅為了方便在希臘語世界傳教，放棄了猶太人的割禮及其他飲食禁忌；猶太教把週六作為安息日，用來祭拜上帝，而基督教刻意將週日定為禮拜日，以示區別；基督教還取消了部分猶太教的傳統節日如逾越節，發展了復活節等新的節日。

　　基督教發展迅速，到公元 3 世紀時，基督徒已經遍佈於地中海世界。公元 313 年，在基督教史上發生了劃時代的事件，君士坦丁

大帝頒佈了著名的《米蘭敕令》，承認基督教的合法性，他本人也宣佈皈依基督教，從此奠定了基督教在西方世界長達上千年的統治地位。

　　猶太教不僅孕育了基督教，而且也影響了產生於阿拉伯半島的伊斯蘭教。在公元 1 世紀前後，許多猶太人遷移到阿拉伯半島居住，這裡出土的墓誌銘，是猶太人在阿拉伯半島存在過的最好證明。猶太人分佈於半島的多個地區，最著名的就是麥地那的猶太部落。麥地那在前伊斯蘭時代叫雅特里布，是商路上的一塊綠洲，地下水源豐富，戰略位置非常重要。在雅特里布居住着三個猶太部落，即奈迪爾、蓋努嘎爾及古賴茲，人口約為 2 萬人，他們一面務農一面經商，在當地具有較大的影響力。

　　在伊斯蘭教產生之前，遍佈阿拉伯半島的猶太人已把希伯來神話故事傳到了阿拉伯人中，並在他們的思想中注入了一神教、創世、救贖、魔鬼、撒旦等觀念。在當時拜物教非常盛行的阿拉伯半島，猶太教比較獨特，具有很大的吸引力，以至於許多土著人改信了猶太教。相傳 6 世紀左右，猶太教在也門地區非常盛行，希木葉爾王朝的國王杜・努瓦斯信仰了猶太教，並給自己起了一個猶太名字——約瑟夫。公元 523 年，杜・努瓦斯襲擊了阿拉伯半島上納季蘭地區的基督徒，要求他們改變信仰，由於基督徒堅決抵制，杜・努瓦斯燒死了許多人，後來有一人死裡逃生之後，向拜占庭帝國求救。拜占庭帝國組織基督教勢力發起了進攻，公元 525 年，杜・努瓦斯戰敗，他的國土、都城、妻子、財產全部落入敵人之手，他自己則騎着馬衝進了波濤洶湧的大海。

　　麥加是阿拉伯半島的一處綠洲，地處交通要道，是一個重要的商業中心。在麥加有一口著名的泉水即滲滲泉，供應當地人和過往

行人的飲水，滲滲泉有專人負責管理，被視為當地的一大象徵。當時的阿拉伯半島流行多神崇拜，麥加克爾白天房中供奉着許多神，阿拉伯半島的許多部落都會定期到克爾白天房朝拜，並飲用滲滲泉的泉水，因此麥加的經濟與宗教地位十分重要。

在麥加的多神崇拜中逐漸產生了一神教的萌芽，穆罕默德認為安拉是唯一的神，在麥加積極傳播獨尊安拉的思想，他的行為遭到了當地人的反對，於公元 622 年被逐出了麥加，穆罕默德向北逃到了麥地那。由於麥地那各部落間經常發生衝突，持久的流血戰爭讓雙方感到厭惡，穆罕默德正好充當了調停人，並制定出停戰和約，在當地獲得了很高的聲譽。在穆罕默德的組織下，麥地那的部落制定了聯合一致對外的盟約，勢力越來越壯大，穆罕默德逐漸成為麥地那的領袖。穆罕默德學習、借鑒麥地那猶太人的教義，並不斷總結自己的理論，終於形成了完備的體系。公元 630 年，穆罕默德率領麥地那的部落征服了麥加，清除了克爾白天房中的偶像崇拜，宣佈麥加為伊斯蘭教的中心，克爾白天房是伊斯蘭教最神聖的地方。

伊斯蘭教在許多方面繼承、發展了猶太教的經典。《古蘭經》所敘述的傳說與故事，與《舊約》內容有許多類似的地方。阿拉伯人被稱為是亞伯拉罕的大兒子以實瑪利的後代。《古蘭經》承認了《聖經》所載自創世以來的歷史，沿用了《聖經》中部分重要人物，如亞當（阿丹）、挪亞（努海）、亞伯拉罕（易卜拉欣）、他拉（阿宰爾）、以實瑪利（易司瑪儀）、以撒（易司哈格）、羅得（魯脫）、雅各（葉爾弧白）、約瑟（優素夫）、摩西（穆薩）、掃羅（塔魯特）、大衛（達伍德）、所羅門（蘇萊曼）、以利亞（易勒雅斯）、約伯（艾優卜）、約拿（優努斯）等。這反映了伊斯蘭教與猶太教

的繼承關係。

伊斯蘭教同樣將耶路撒冷視為聖城，因為那曾是先主穆罕默德「夜行登霄」之地。長期以來，在全世界穆斯林中流傳着這樣一個典故：公元 621 年，穆罕默德受天使的召喚，騎着飛馬布拉格一夜之間從麥加的禁寺來到了耶路撒冷的遠寺（阿克薩清真寺），這就是著名的「夜行」。到了耶路撒冷後，穆罕默德踩着一個巨大的石板登上了 7 重天。據說，當穆罕默德登上第 6 層天時，看到了摩西在那裡哭泣，問其原因，摩西回答說：「我之所以哭是因為在我之後的這位年輕先知（即穆罕默德），他的教民進樂園的多於我的教民」。來到第 7 層天時，真主指示穆斯林每天行 50 次禮拜，穆罕默德得到教諭後便離開了。等穆罕默德回到第 6 層天時，摩西問他從真主那裡得到了甚麼啟示，穆罕默德如實地回答，摩西便說：「教民做不到每日禮拜 50 次，我考驗過你以前的人們。我為以色列人花費了許多精力，都無濟於事，你應回到真主面前，求減少禮拜次數」。穆罕默德便返回第 7 層天請求真主減少禮拜次數，最終被定為一天 5 次。

穆罕默德飛天所踩的大石頭，被稱為登霄石，這塊石頭南北長17.7 米、東西寬 13.5 米、高約 1.2 米，被穆斯林尊為聖物。為紀念穆罕默德夜行登霄，穆斯林在耶路撒冷建造了岩石圓頂清真寺（又名金頂清真寺），登霄石被置於清真寺圓頂的下方。

伊斯蘭教興起之初，有些穆斯林仍然誦讀猶太教經典。伊本‧賽阿德在《人物傳記》中引述了麥依姆奈的一段話，她說：我父親每 7 天讀一遍《古蘭經》，每 6 天讀一遍《聖經》，誦讀的最後一天，許多人都來聽經。我父親說：誦經結束時，將有天恩降世。伊斯蘭教早期，猶太人與穆斯林經常進行爭論，都為自己的宗教辯

護，伊斯蘭古籍中有許多這樣的記載。居住在麥地那的古來扎猶太部落的奧斯曾寫過這樣一首詩：

> 吾妻邀我奉真主，
> 我請我妻信雅衛；
> 我有摩西的經典，
> 她有穆罕默德的教導；
> 各自都說自己的宗教好，
> 都認為自己找到了正道。

　　伊斯蘭教在教義與習俗上對猶太教有很大的繼承性。伊斯蘭教與猶太教一樣，崇尚絕對意義上的一神教，認為安拉是唯一的真主，凡人不需要通過中間力量就可以接近他、感悟他；伊斯蘭教反對偶像崇拜，把偶像崇拜者稱為「以物配主者」，他們不能逃避真主的譴責，真主是要凌辱不信道者的；伊斯蘭教接受了猶太教的安息日，稱之為聚禮日，所不同的是用星期五代替了星期六；伊斯蘭教承襲了猶太教割禮這一聖行；穆斯林和猶太人一樣有嚴格的飲食法，例如禁食豬肉和動物的血等。

　　由此可見，猶太教對穆罕默德一神思想的形成以及伊斯蘭教基本教義的建構都產生了很大的影響。當然，猶太教與伊斯蘭教之間的分歧也是顯而易見的，比如猶太教徒指責穆斯林歪曲《聖經》，而穆斯林則指責猶太人篡改神的本意。

　　如上所述，猶太教、基督教、伊斯蘭教有着天然的淵源，都是閃族生活的產物。在當今世界，這三大宗教的信徒已超過世界總人口的一半以上。

以智慧立天的民族

猶太民族是一個高度崇尚智慧的民族。古希伯來人把智慧解釋為：敏銳的觀察力、準確的思辨能力、精明的發現或設計能力以及靈巧的發明能力。在《聖經》中有許多關於智慧的內容，散見於《傳道書》《詩篇》《以西結書》中的寓言、謎語、警句、格言等，無不反映出以色列人對智慧的讚揚與追求。但是，最能體現以色列人崇智觀念的經典當數《箴言》，它積累了以色列人長達幾個世紀的生活智慧，以警句及宣諭的方式表達了他們富有哲理與思辨的智慧觀。希伯來人的智慧觀主要體現為以下幾點：

第一，智慧是一個無所不包的廣泛概念。在《聖經》中常常把智慧與能力或機敏等同起來，有時把手藝人及音樂家的靈巧也稱作智慧。如果説上述智慧屬於個體智慧的話，那麼《箴言》中則更多地體現出一種社會事務中的智慧（可以理解為群體智慧），它強調的是對所有權的尊重、社會秩序的維持及對美好生活的追求。它勸告人們：勤勉勞作、不斷創造方為智慧；克己忍耐、尊重他人方為智慧；聽取善言、克服魯莽方為智慧；尊敬長者、管教子女方為智慧；誠實經商、施捨窮人方為智慧；渴求富裕但不貪婪方為智慧；節制自我、謙卑待人方為智慧；恪守神道而又享受生活方為智慧……

第二，智慧是上帝神性的一種流溢，尊崇智慧即尊崇上帝。猶太人認為，智慧與上帝同在，具有一種神聖的力量。如《所羅門的智慧》中説，智慧「具有非凡的活力，它是上帝之能的一口氣，一股來自全能者的純潔而閃光的榮耀之流……它是無限光明的一個映像，是上帝之活動與善性的一面完美而無缺的鏡子」。《聖經後典·

便西拉智訓》更以精練的語言描述了智慧與上帝的不可分性：

> 博大精深，
>
> 來自天主，
>
> 智慧與祂，
>
> 永世相隨。
>
> ……
>
> 智慧先於萬物，
>
> 知識永世長存。

　　著名思想家斐洛進一步闡釋了《聖經》中的智慧概念，把智慧譽為「上帝的長子」「上帝的形象」、神聖的「斟酒者」「上帝的主要信使」「上帝的最高天使」等。總之，智慧是一種無形的媒介，正是通過它，上帝的活動才顯現於世間。可以説，尊崇智慧就是敬奉上帝。

　　第三，智慧是世間的秩序要素，在萬事萬物中排於最先序列。這一思想最早反映在《箴言》中，第 8 章第 23—29 節説：

> 　　從亙古、從太初，未有世界以前，我（即智慧）已被立。
>
> 　　沒有深淵，沒有大水的泉源，我已出生。
>
> 　　大山未曾奠定，小山未有之先，我已出生。
>
> 　　雅衛還沒有創造大地和田野，並世上的土質，我已出生。

《箴言》第 8 章第 32—33 節說：

> 眾子啊！現在要聽從我，因為謹守我道的，便為
> 有福。
> ……
> 因為尋得我的，就尋得生命，也必蒙雅衛的恩賜。

可見，在以色列人的觀念中，早在宇宙被創立之時智慧即已存在，智慧是世界的立足點，是雅衛「立地」「定天」的準則；智慧又是「上帝與人類聯繫的紐帶，它深深地扎根於一致的具有道德秩序的世界」，因而具有道德上、理性上的重要性。

第四，智慧是生活的導師。《聖經》告訴人們，智慧是上帝的賜福，它能指導正直的人們遠離罪惡與愚昧。智慧不僅使人聰明、機敏，而且還可引導人們達到人生的理想境界，《便西拉智訓》這樣教導人們：

> 兒呀，你在年輕的時候要學會珍惜智慧，那麼當你年老的時候，便仍然能夠找到她。要像農民耕種田地那樣努力尋求智慧，而後你才能指望豐收。你得先工作一段時間，不過你很快就會享受到勞動成果……把智慧的鎖鏈纏到你的腳上，把她的項圈套在你的脖子上。把她扛在你的肩膀上，不要怨恨她的羈絆。追隨智慧，全心全意跟她走。

在不同的時期，希伯來人的智慧觀念不斷地豐富、發展。後

來成書的《塔木德》又從不同的角度，以不同的方式發展、弘揚了崇智觀念。《塔木德》最主要的特徵就是打破了一般宗教教條那種說一不二、神聖不可變更的姿態，它常常羅列一大片截然不同的觀點，不下權威性的結論，讓人有爭論、探討、各抒己見的餘地，因此被譽為是猶太人的「智慧書」。《塔木德》指出：真理是無止境的，誰也不敢妄稱自己發現了上帝的聲音，把握了終極的真理。所以，當摩西懇求上帝將教義和律法中每個問題的終極真理賜給人們時，上帝的回答是：教義和律法中沒有先期存在的終極真理。真理是多數人思考得出的判斷。

《塔木德》中有這樣一則故事：

以利以謝拉比與一些拉比們在律法問題上爭論不休，雙方僵持不下，難以定論。其中以利以謝拉比想通過上帝來決定誰是正確的，於是他說道：「如果律法與我的觀點一致，就讓這棵角豆樹來作證。」

然而剛說完，這棵樹就移動了 400 尺。

但拉比們卻說：「樹不足以為證。」

以利以謝拉比又說：「要是律法與我一致，就讓這溪水為我作證。」

溪水開始倒流。

眾拉比還是說道：「河水無權作證。」

以利以謝拉比又說：「假如律法與我一致，就讓這間屋子的牆倒塌。」

瞬間牆壁開始傾斜有倒塌之勢，如果倒塌的話所有人都會被砸死在裡面。

這時，拉比約書亞站了起來，對着牆壁大聲訓斥說：「賢哲們討論律法，關你這牆甚麼事？」

結果這牆沒有再繼續倒，就這麼斜立着。

以利以謝又說：「假如律法與我一致，就讓神來決定吧。」

話音剛落，就有聲音從天上傳來：「你們為甚麼要和以利以謝爭論呢，律法與他一致。」

這時候，旁邊的約書亞拉比又站了起來，他引用了《希伯來聖經》裡的一句話，對着上天大聲說道：「這律法不是在天上！」

時隔不久，有人專門找到以利亞問他那天的情形，以利亞說：上帝聞言開懷大笑，說：「我的孩子們駁倒了我，我的孩子們駁倒了我。」

猶太傳統高度注重道德建構，在分析「己與人」「善與惡」等倫理命題時，猶太智慧得到了極好的體現與明證。猶太人認為，人既然是按照上帝的形象所造，那麼，人的尊嚴自然要得以維護，任何人的生命都無比重要。《塔木德》上說，任何人招致一個靈魂消亡，上帝便把這罪歸咎於他，好像他引起了整個世界消亡；如果任何人拯救一個靈魂，上帝便把這業歸功於他，好像他拯救了整個世界。在這一普世觀念的影響下，別人與自己一樣是構成社會的要素，「人」與「己」的價值同等重要。猶太人的平等觀是一種超然的信念，強調人在本體上的平等性與等價性，而且這種平等觀不把自己的生活要求、生命價值置於他人之上，同時也不把他人置於自身之上而抑制自我。希勒爾在強調「己所不欲，勿施於人」的同

時，還留下了另外一段名言——「如果我不為我，那麼誰會為我？如果我只為我，那我成了甚麼？如果不是現在，更待何時？」這正是對「人」與「己」這個雙向命題的最好詮釋。

《塔木德》中有個案例可以作為對希勒爾名言的回應：有兩個人同時出遊，進入了一個遠離人群的乾涸地帶。其中一個人身上已沒有水，另外一個人僅剩下一點點水。這點水如果兩個人分着喝，其結果是兩人都渴死；如果讓一個人喝下，這個人即可活命。按照猶太律法，能保全性命方為善，那麼，在這種情況下，該讓誰喝水呢？人們該如何做出生與死的抉擇呢？本·派圖拉比的裁決是：「擁有水的人應該喝水。」其理由是：一個人沒有權利把死亡強加給別人，也同樣不可把死亡強加給自己，因為你自己的生命和別人的一樣重要！假如死亡必須由其中一人承受，那還是讓每個人所擁有的客觀條件來決定，而不是讓某個人來做人為的干預與決斷。如果把水讓給對方，這是輕視自己的生命，同樣是褻瀆生命的表現，所以仍然是不道德的。

猶太教對善與惡的解讀同樣體現了思辨的智慧。猶太教不像二元論宗教那樣，把善惡分成兩個不同的本源，即神是善的化身，魔鬼是惡的化身。相反，它認為善與惡是人類共有的雙重屬性，凡人都有「惡衝動」和「善衝動」。「惡衝動」是人類受到所禁之事的誘惑一時失去自控而產生的罪惡，如瀆神、憤怒、不忠誠、私通、奸詐、懶惰等等；而「善衝動」的含義則是敬神、公義、仁愛、誠實、貞潔、謙卑、勤勉、慷慨等等。善與惡是同時存在的，它是上帝樹立的一對偉大的衡量標準。據《塔木德》上說，當年惱怒的上帝用滔天的洪水淹沒整個世界之時，挪亞全家承蒙神恩，避難於船上，並把所有的動物都按一公一母配齊，各帶一對。這時，善匆匆跑來

要求避難，挪亞告訴它：「只有成雙成對的才能上船」。於是，善無奈地跑回森林，急於尋找可與自己配對的，結果找到了惡，便一起回來登上了挪亞的方舟。從此，善與惡同行，有善的地方必有惡。

總之，智慧觀是猶太文化中非常重要的方面，正是對智慧的讚賞與推崇衍生了猶太人尊知重教的優良傳統，培養了猶太人革新求變、勇於創新的精神品質。

「黃金時代」

公元 135 年，猶太人反抗羅馬的起義失敗後，大批猶太人被迫逃離巴勒斯坦向各地遷移，一部分人移居小亞細亞、阿拉伯半島、兩河流域及北非地區，也有不少人流向歐洲各國，從此猶太歷史進入了長達 1800 年的「大流散」時期。

猶太人的流散是以地中海世界為中心，向東方和西方蔓延，逐漸散佈於全世界的一個歷史過程。由於分佈地域的不同，文化差異也逐漸形成，猶太人被分為「塞法爾迪猶太人」和「阿什肯納茲猶太人」。由於希伯來語中把西班牙稱呼為塞法爾迪，所以人們把西班牙、葡萄牙的猶太人及其後裔稱為「塞法爾迪猶太人」；阿什肯納茲猶太人原是對居住在萊茵河及日耳曼地區猶太人的稱謂，後來擴展到對整個歐洲猶太人及其後裔的指稱。

公元 476 年羅馬滅亡，西哥特人佔領了西班牙。為了維護統治，這些進入西班牙的蠻族統治者積極地利用宗教來控制民眾思想，基督教得到了統治者的青睞。公元 700 年，西哥特王國制定了帶有宗族迫害性質的法律，凡私下進行猶太教活動的人一經發現即被賣作奴隸，如果小孩被懷疑是猶太人的話就要被帶走，讓基督教

牧師收養。大量的猶太人被迫出走，西哥特王國的商業也因此受到很大影響。

隨着伊斯蘭教的興起，阿拉伯半島迅速完成了統一。之後，阿拉伯人走上向外擴張的道路，於公元 711 年征服了西班牙。由於西班牙猶太人將阿拉伯人當作解放者來歡迎，並幫助他們佔領了一些城池，因此阿拉伯人對猶太人非常有好感。倭馬亞王朝的哈里發阿卜杜·拉赫曼一世於公元 756 年當政後，西班牙進入了寬容時代。從公元 8 世紀到 13 世紀，猶太文化在這裡出現了一個「黃金時代」。

在穆斯林的溫和政策統治下，西班牙地區的猶太人口逐漸增多，影響力越來越大。猶太人被允許擁有地產，許多人成為農場主，但是多數猶太人還是從事商業活動，成為當地或國際上的大商販，對半島地區的經濟發展做出了巨大的貢獻。同時，穆斯林遼闊的統治區域，使整個地中海世界都成為猶太人商業活動的舞台，對猶太商業發展起到了積極的影響。在文化的交融碰撞中，西班牙很快成為歐洲文化最繁榮的地區之一。

公元 11 世紀以後，穆斯林統治下的西班牙分裂出許多諸侯國，其統治者紛紛聘用學養較高的猶太人做政治、經濟顧問，猶太人在王國中的地位進一步提升。與此同時，在科爾多瓦、格拉納達、托萊多等城市的猶太社團中，一系列《塔木德》學院相繼建立，這些學院不僅擁有藏書豐富的圖書館、博學多才的學者，而且還是處理猶太人事務的權威機構。特別是巴比倫猶太中心逐漸衰落後，西班牙的《塔木德》學院就成為散居猶太人的宗教文化中心。猶太學者熱衷於研究希伯來語、《希伯來聖經》及《塔木德》，一批宗教、哲學、語言、文學及自然科學領域的學者脫穎而出。其中

最負盛名的學者為猶大‧哈列維與摩西‧邁蒙尼德。

猶大‧哈列維被認為是 12 世紀上半葉最傑出的詩人與哲學家。他的詩歌以深厚而濃烈的阿拉伯藝術風格來展現猶太人的內心感受與思想境界，從而在猶太人的心目中激起了強烈的振奮與共鳴。他的詩歌分為兩類：一類是生活詩，描述智慧、奔放的猶太人以巨大的熱情融入當地社會生活的情景；一類是宗教詩，表達對宗教的敬畏與虔誠、對聖地的懷念，尤其是對上帝的讚美。他在一首詩歌中寫道：

> 上帝的聖山成了我的門檻，
> 我的大門面對着天國的殿。
> 我要在約旦播下橘黃色的香料，
> 我要讓希羅亞河邊伸出嫩枝。
> 我還怕甚麼？
> 上帝與我同在！
> 祂的愛就是護衛我的天使，
> 只要我還活着，
> 我就要讚美祂的榮耀，
> 直到生命的終點，
> 直到地老天荒……

作為一位民族思想家，猶大‧哈列維深切關懷猶太人的命運，他強烈主張猶太人回歸巴勒斯坦，他有一句被猶太人廣泛引用的名言：「我的心在東方，我身卻在西方」。猶大‧哈列維在一首讚美耶路撒冷的詩中寫道：

美麗的高地，

時間的樂園，

偉大國王的城池，

是你讓我心馳神往，

雖然我在遙遠的西方。

當我想起過去，

你那流亡的故事，

你那被毀的聖殿，

我心中的遺憾油然而生。

我將珍惜你的每一塊石頭，

我要將它們親吻，

你的泥土芳香無比，

要比蜂蜜更加甜蜜。

　　猶大・哈列維在他晚年的時候，為實現回歸故土的夢想，隻身前往巴勒斯坦。據說，當他像石人一樣呆呆地立在西牆前哭泣的時候，被一位阿拉伯騎士策馬從身上踏過，但他那感人至深、懷念故鄉的優美詩句卻代代留傳：

啊，世界之城（耶路撒冷），

您曾有輝煌而神聖的昨天，

我從遙遠的西方，

用心靈寄託對您的懷念。

每當回想起往昔的日子，

愛意就像溪流一樣湧現。

現在聖殿已經荒蕪，

榮耀已經逝去。

但願我有一雙鷹的翅膀，

直接飛向您的懷抱，

用我漣漣的淚水，

去打濕那聖地上的塵埃。

　　摩西‧邁蒙尼德被認為是中世紀最偉大的猶太思想家之一。邁蒙尼德的出生地科爾多瓦，是當時西歐最大的城市和文化中心之一。他的父親是一位《塔木德》學者。邁蒙尼德是一位百科全書式的人物，他精通數學、天文學、物理學，又是一位著名的律法學家、哲學家、倫理學家。除此之外、他還是一名非常出色的醫生，寫過許多醫學論文，做過王宮的御醫，一位穆斯林醫生曾用這樣的詩句來讚美邁蒙尼德的醫術：

蓋倫（著名的醫生）的醫術只能治癒人的身體，

而阿布伊爾曼（邁蒙尼德）卻能治癒身體與靈魂。

他的學識，使他成為一代名醫，

他的智慧，驅散了無知的傷痛。

如果月亮向他求診，

他會在滿月的時分消除她的斑痕，

解除她每月的病痛，

使她以後不再缺損。

　　邁蒙尼德的最大成就在於哲學方面，他給後世留下了一本用阿

拉伯文寫成的、包羅萬象的巨著——《迷途指津》。該書匯集了中世紀阿拉伯哲學的研究成果，邁蒙尼德的主要意圖之一是以亞里士多德哲學中的理性主義來解釋傳統的猶太教，為猶太教尋找哲學依據，從而豐富猶太思想的內涵。邁蒙尼德的思想不僅為以後的猶太哲學奠定了基礎，也為中世紀的基督教徒提供了哲學啟迪。

　　邁蒙尼德對猶太教的神學教義進行了前所未有的深入研究。由於猶太教一直強調的是實際生活中的恭行踐履，而不是教義與學說，所以在相當長的時間裡一直沒有成文的正式信仰。長久以來，一直有一個問題在困擾着猶太人，這就是：「猶太教中最重要的信條是甚麼？」對此一直有許多的答案，但是沒有一個答案能夠讓人信服。到中世紀，許多猶太人與基督徒、穆斯林生活在一起，為了與其他宗教相區分，猶太人有必要對自己的宗教進行教義上的表述。邁蒙尼德一直試圖去回答這個問題，公元 1160 年，摩西‧邁蒙尼德總結了自己對猶太教信仰的研究成果，提出了十三條信仰條款，即：

　　　　一、上帝之存在；

　　　　二、上帝是獨一無二的，全能的；

　　　　三、上帝是無形無相的，不可比擬的；

　　　　四、上帝是永恆的；

　　　　五、上帝是唯一可崇拜的主；

　　　　六、先知向世人所傳達的話語皆真實無誤；

　　　　七、摩西是最偉大的先知；

　　　　八、《托拉》有神聖的起源，是上帝所傳；

　　　　九、《托拉》是不可改變的，也不會被取代；

十、上帝洞察人的一切行為和思想；

十一、相信上帝獎賞遵守律法的人而處罰踐踏律法的人；

十二、彌賽亞必將降臨；

十三、相信死後復生。

此後，大多數猶太人接受了摩西‧邁蒙尼德提出的這些內容，視它們為猶太教最基本的信仰條款。邁蒙尼德死後，人們常這樣稱讚他：「從摩西到摩西，他是最偉大的摩西」。由於他的博學多才、深思遠見，對猶太教發展做出了巨大的貢獻，以至於人們只要一提起「黃金時代」，就立刻會想起邁蒙尼德。

西班牙猶太人的另一貢獻是直接推動了東西方文化的交流。猶太學者們把希臘、羅馬文化中的經典作品翻譯成阿拉伯語、希伯來語，同時，又把阿拉伯人的著作翻譯成拉丁語，從而在東西方世界架起了文化交流的橋樑。著名的西班牙猶太翻譯家有喬哈涅斯‧黑斯帕倫西斯和傑蘭德。喬哈涅斯把阿拉伯數學的傑出成就介紹給拉丁語世界，推動了西方近代數學的發展。傑蘭德翻譯了 70餘種著作，其中包括阿拉伯著名學者伊本‧西拿（阿維森納）的《醫典》。

公元 11 世紀以後，隨着西班牙穆斯林王國的分裂，伊比利亞半島的阿拉伯勢力逐漸走向了衰落。與此同時，基督教勢力慢慢發展壯大，並開始驅逐阿拉伯人，光復基督教在西班牙的統治，由此爆發了長達幾個世紀的「收復失地運動」。到 14 世紀以後，隨着基督教政權在西班牙的建立，反猶勢力甚囂塵上。一些猶太社區被搗毀，猶太人有的被打死，有的被強行洗禮，有的被賣身為奴，

由此出現了「馬蘭諾」①一詞。反猶活動很快蔓延到許多城市。公元 1492 年，由於收復失地運動的成功，西班牙的反猶行為達到頂峰，大約 20 萬猶太人被驅逐出境。3 月 31 日，為了在全國統一天主教信仰，西班牙以斐迪南國王和伊莎貝拉王后的名義頒佈了驅逐令，要求猶太人必須在三個月內離開西班牙。

驅逐令頒佈之後，有 5 萬左右的猶太人接受洗禮成為基督徒，大約有 20 萬人離開了西班牙。被驅逐者當中有許多學者、教師、金融家、商業家，還有許多葡萄酒製作商與手藝人，西班牙的中產階級被嚴重削弱，經濟受到嚴重影響。同年 8 月，最後一批猶太人不得不離開曾給他們留下輝煌記憶的西班牙。西班牙猶太人主要流散到葡萄牙、意大利、土耳其及北非等地，西班牙「黃金時代」從此成為猶太人心中的美好回憶。

繼西班牙之後，葡萄牙也如法炮製。公元 1496 年 12 月 25 日，葡萄牙出台了驅逐猶太人的法令，要求所有的猶太人，包括從西班牙逃來的難民在十個月之內離開葡萄牙。公元 1498 年以後，除了改宗者以外，葡萄牙幾乎再無猶太人居住。

西班牙與葡萄牙的大規模驅逐浪潮，使大約 30 萬猶太人被迫遷移，流浪到地中海沿岸的國家 —— 摩洛哥、埃及、敘利亞、意大利等。15 世紀中葉以後，奧斯曼蘇丹政權為猶太人打開了大門，大約有 10 萬猶太人在君士坦丁堡、薩洛尼卡等城找到了避難所。

---

① 迫於外部的壓力，很多猶太人表面上皈依基督教，但卻秘密信仰猶太教，他們遵守傳統禮儀，不與非猶太人通婚。西班牙語中稱這些人為馬蘭諾，意為「豬」，用它來表達對這些假改宗者的厭惡、鄙視之情。

基督教世界的悲慘遭遇

幾次反羅馬戰爭的失敗，致使許多猶太戰俘和平民被驅趕到了羅馬，這些人構成了早期猶太人向歐洲流散的主要人群。在移居歐洲的最初年代裡，猶太人沒有受到特別的歧視。但隨着經濟地位的穩固和勢力的增長，猶太人與當地主體民族的矛盾日益顯露，特別是基督教逐步統治歐洲後，猶太人的處境更為艱難。

中世紀猶太人最大的苦痛之一來自於基督教會的敵視與迫害。十字軍東征是中世紀最大規模的、以宗教名義發起的征服戰爭，幾乎所有西歐國家都捲入其中。這場持續了近兩個世紀的戰爭，對東西方世界的發展產生了巨大的影響，對生活在東西方的猶太人同樣產生了前所未有的衝擊。

起初，十字軍東征是以消滅佔領聖地的穆斯林為目的，但是一些貪圖猶太人的財產、又被宗教狂熱情緒所籠罩的基督教徒突然意識到，「上帝的敵人」──異教徒就在自己的身邊，猶太人隨即成了替罪羊與犧牲品。公元 1095 年，第一次十字軍東征開始後，就出現了「殺一個猶太人，以拯救你的靈魂」的宣傳口號，襲擊猶太人的活動在法國與德國居多。在諾曼第，十字軍戰士把猶太人抓進教堂，凡拒絕洗禮者格殺勿論。同年 5 月，施佩耶爾、沃爾姆斯、美因茨、拉蒂斯本、特魯瓦等地的大批猶太人被搶劫或者殺害，猶太區被摧毀，一些人被強行洗禮，一些人選擇了自殺。在施佩耶爾，5 月 20 日這一天，許多猶太人躲到教堂附近，當十字軍進逼的時候，主教要求猶太人接受洗禮以挽救生命，猶太人提出給他們考慮的時間。當時間一到，主教看到十分悽慘的場面：沒有一個人活着，他們選擇了集體自殺。十字軍連死者也不放過，剝光他們的

衣服並蹂躪他們的屍體。在這一地區，兩天之內大約有近 800 名猶太人死去，而且是被赤身裸體地扔進墳墓。

公元 1096 年的 5 月到 7 月間，僅在萊茵地區，約有 1.2 萬名猶太人被殺。1099 年 6 月，十字軍抵達耶路撒冷。穆斯林的抵抗堅持了 5 個星期，7 月 15 日耶路撒冷淪陷。在十字軍慶祝勝利的 3 天時間裡，耶路撒冷的穆斯林與猶太人大批被屠殺。據記載，「遍地都在流血，染紅了騎士的膝蓋，染紅了馬的韁繩，被殺者的屍體高高地堆在街上」。基督徒完全佔領了這座聖城，部分幸存下來的穆斯林與猶太人被賣為奴隸。

十字軍東征以後，病態的反猶主義籠罩着歐洲大陸。人們對猶太人的偏見、憎恨之情在民間傳說、民俗文化、藝術圖像之中隨處可見，猶太人通常被描述為魔鬼或魔鬼的追隨者、策劃陰謀的人、製造災難者、散播病毒者。中世紀時對猶太人進行誣陷的典型案例有褻瀆聖餅、血祭誹謗、傳播黑死病。

按照《新約》記載，在耶穌受難前一天的逾越節晚宴上，耶穌曾對門徒說，無酵餅是他的身體，葡萄酒是他的血。經過演變，聖餅和葡萄酒在基督教神學和儀式中逐漸具有重要意義，成為基督徒心中的聖物。當時流行這樣一種說法：為了折磨耶穌，阻止耶穌復活，猶太人用針扎、碾碎等手段來褻瀆聖餅，甚至還有傳言說親眼看見有血從聖餅中流出……這就是所謂的「褻瀆聖餅案」。公元 1243 年，德國發生了第一起有史記載的褻瀆聖餅案，許多猶太人被活活燒死。褻瀆聖餅案在歐洲多個地區都曾上演，成千上萬的猶太人被處死。

血祭誹謗最早發生在英國。公元 1255 年，林肯郡有一個 8 歲的小男孩（基督徒）失蹤了，經過多天的尋找，人們在一個猶太人

家的枯井裡發現了他的屍體，男孩有可能是因為失足摔入井中致死的，但是卻有人說：猶太人故意殺害了男孩，用他的血來為逾越節獻祭。經過嚴刑逼供，那個猶太人被屈打成招，審判結果是幾十人被絞死，上百人被關進了監獄，更重要的是全歐洲都相信了這樣一個謠言——猶太人用基督徒的血來進行血祭，猶太人是魔鬼的化身。

甚至到了近代血祭誹謗仍然發生，公元 1911 年，俄國的一個小男孩被蓄意殺死，為了轉嫁矛盾，曾有人散發這樣的傳單，從而掀起新一輪的反猶排猶浪潮：

> 東正教的信徒們：
>
> 　安德烈‧尤辛斯基是被猶太人殺害的！為了獲取製造無酵餅所用的血水，猶太人都會在逾越節前殺害數十名基督兒童。……猶太人用尖刀扎他的主動脈，以最大限度地得到尤辛斯基的血水。猶太人在他身上共扎了 50 刀之多。俄羅斯的同胞們，倘若你還愛你的孩子們的話，就該起來痛擊這些猶太人！……直到所有的猶太人一個不剩地離開俄國！可憐可憐你們的孩子吧！一定要為這個不幸的聖徒報仇！

當黑死病肆虐歐洲的時候，猶太人又被強加了新的罪名，認為是他們把毒藥投到井裡造成鼠疫的傳播而致使大量的基督徒死亡。黑死病是一種鼠疫，藉助空氣傳播，傳染力極強，感染者發病很快，幾天就會死亡，屍體上佈滿了黑斑，因此被稱為「黑死病」。公元 1347－1353 年間，歐洲大規模地爆發了黑死病，造成了

約 2500 萬人死亡，約佔歐洲總人口的 1/3。許多歐洲人發現身邊的猶太人感染黑死病的病例相對較少，便懷疑是猶太人搞的鬼。其實真正的原因是猶太人居住比較集中，往往跟基督徒的居住區劃開界限並有一定的距離，而且猶太人的飲食禁忌比較多，飲食衛生習慣較好，再加上猶太人中的醫生比例較高，醫療條件相對較好等。

公元 1348 年，指控猶太人散播黑死病的事件首先在瑞士發生。在嚴刑逼供之下，猶太人被屈打成招。瑞士當局的判決結果是，7 歲以上的猶太人統統處死，7 歲以下的猶太兒童改宗並由基督徒撫養。隨後，在西班牙、德國、波蘭等地相繼發生了針對猶太人的指控，漸漸地全歐洲都掀起了對猶太人的報復行動，大量的猶太人被殺害，許多猶太社區被夷為平地。

總之，十字軍東征以後的歐洲大陸，猶太人成了名副其實的替罪羊。在德國，人們把蹂躪德意志的蒙古人說成是猶太人；在捷克，猶太人被看做是胡司戰爭的支持者；在俄國，猶太人被指控為沙皇的謀殺者。正如薩特在《反猶太者的畫像》中所描述的那樣：

　　（猶太人）根本是壞的，他的長處，假如有，也因為是他的長處而變為短處，他的手所完成的工作必然帶有他的污跡：如果他造橋，這橋是壞的，因為它從頭到尾每一寸都是猶太的。猶太人和基督徒所做的同樣的事情，無論如何絕不相同。猶太人使得他觸摸過的每件事物都成為可惡的東西。德國人所做的第一件事就是禁止猶太人進游泳池。對他們來講，一個猶太人的身體投入水中就會把水根本弄髒。正確地說，猶太人因為他們的呼吸而污染了空氣。

　　基督徒特別擔心「與惡魔為伍」的猶太人污染生存空間，於是強令猶太人必須限定在城市的某一區域集中居住。在公元1179年的拉特蘭公會上，基督教會第一次用法律條文的形式禁止猶太人與基督教徒混居，但並沒有嚴格的實施。公元1516年，威尼斯共和國通過一個法令，強迫猶太人住進一個特別區域，從而誕生了「隔都」[①]。繼威尼斯之後，隔都在意大利、德國、奧地利、波希米亞等地陸續建立起來。

　　統治者對隔都面積以及隔都內的生活嚴加限制，猶太人居住得非常擁擠，不得不建造高樓。在法蘭克福的隔都裡，4000名猶太人擠住在190座房屋裡。各地的統治者為了防止隔都內人口增長過快，嚴格限制猶太人結婚，例如在德國的一些地方規定：在一個猶太家庭中，只允許其中年齡最大的孩子為自己娶一位妻子，建立起自己的家庭；除這一情況外，婚姻許可證將嚴格按照死亡人數的比率發放。在任何時候，都不允許任何猶太人在沒有獲得官方特許證的情況下結婚。

猶太人的教育理念

　　猶太民族以尊重知識、注重教育而聞名於世。《聖經》曾指出：「棄絕管教的必致貧受辱，領受責備的必行尊榮」。早在上古時代，猶太人就熱衷於教育，並已開始形成自成一體、獨具特色的教育思想。流散時期的猶太人，面對艱難的生存環境，始終把教育視作一

[①]　隔都是指中世紀時基督徒在城市中的某個地方為猶太人所劃定的居住區，以圍牆與大門為標誌把猶太區與非猶太區隔離開來，只留一個或幾個供出入的大門，由基督徒負責看守，晚上則要關閉大門。

種至高無上的神聖事業，高度重視提高自身的文化素養。正是猶太人這種尊師重教的優良傳統，培養造就了一大批傑出的優秀人才，為人類的思想、文化寶庫做出了引人注目的貢獻。

猶太民族是一個流散性的民族，以《希伯來聖經》《塔木德》等為主線的猶太教育具有很大程度的閉合性，但這卻使民族特性得以延續。一旦失去了這種閉合性，猶太民族很可能同其他許許多多被征服的民族一樣，走上一條由同化到消亡的道路。長期以來，猶太人把教育作為保全這種閉合性的重要手段。考察一下猶太民族的教育傳統就不難發現，以宗教為主的猶太傳統知識是猶太教育的核心，這種傾向在近代之前表現得極為突出。正是這種傳統教育對延續民族文化、弘揚民族精神起到了不可低估的作用。正如美國著名的教育學家 S.E. 弗羅斯特所說：

> 他們逐漸形成了一種傳統、一本書（聖經）和一個宗教；在若干世紀中，他們能把散佈在世界各地的猶太人組成一個群體；他們塑造了一種教育，能把這個傳統、這本書和這個宗教傳授給世界各地的青年人。

猶太人重視教育的傳統與其民族歷史密切相關，教育被視為傳承民族文化的重要途徑。猶太教育帶有強烈的宗教色彩。《申命記》中極為強調通過教育子女來傳承宗教律法：

> 這是耶和華你們神所吩咐教訓你們誡命、律例、典章，使你們在所要過去得為業的地上遵行。好叫你和你子子孫孫一生敬畏耶和華你的神，謹守祂的一切律例、誡

命，就是我所吩咐你的，使你的日子得以長久。

《箴言》中也提到：教育孩童，使之走當行的道，就是到老也不偏離。猶太經典《塔木德》的字面意思就是「鑽研或研習」。《塔木德》認為，學習是一種至善的行為，是一切美德的本源。《塔木德》強調說：無論誰為鑽研《托拉》而鑽研《托拉》，都值得受到種種褒獎……整個世界都受惠於他……他將變得溫順謙恭，他將變得公正、虔誠、正直、富有信仰；他將能遠離罪惡，接近美德；通過《托拉》世界享有了聰慧、忠告、智性和力量。《塔木德》還告誡人們學習要持之以恆，不可半途而廢。

猶太人常常把追求知識與宗教信仰聯繫在一起，這種現象可以看做是猶太人「以文字和教育形式加強和延續『文化疆界』的努力」。著名學者博曼特曾說：

　　在猶太教中，勤奮好學不但僅次於敬神，而且也是敬神的一個組成部分。沒有一種宗教 —— 無疑，這裡是指主要宗教 —— 對學習和研究如此強調。

「巴比倫之囚」以後，猶太人逐漸形成了以會堂為中心的猶太學校。後來，學校逐漸脫離會堂成為獨立的教育場所。流散時期的猶太人極為注重學校教育，在每一處站穩腳跟後，立即創辦學校，使學校與會堂一樣成為猶太社團存在的標誌。猶太人之所以如此重視學校建設，是基於他們的文化傳統，基於他們對學校教育的不同尋常的認識。猶太人認為，學校不僅是培養人才的基地，而且更是「維護民族共同體的有效途徑」，通過正規的學校教育，才能保證

其子孫後代維護他們的民族身份，發揚他們的民族精神。

對於猶太社團成員而言，拉比象徵着智慧與權威。在遍佈各地的猶太社團中，拉比不僅是神職人員、律師、法官，而且更是一位教師。在現實生活中，拉比們是各地猶太學校的負責人與教師。他作為智慧的化身，不僅要向學生解答學業上的難題，而且還要指點生活中的迷津，為人們化解所遇到的各種困惑。

在猶太傳統中，教師享有極高的地位。在猶太人看來，教師的職業是一種神聖的職業，因此，「每一個人要像尊重上帝那樣尊重教師」。在猶太經典《密釋納》中就把有學問的教師稱為「聖賢的門徒」。猶太人對他們極為尊重，並明文規定：凡是侮辱了「聖賢的門徒」的人都必須罰以重金，情節嚴重者還有可能被逐出猶太區。在猶太人中曾長期流傳着這樣一個故事：有一個孩子，他的父親和老師同時被海盜綁架而去，必須以巨額的財產才能贖回他們的生命。當時，孩子所擁有的所有錢財只能贖回一個人，這位孩子的選擇是，先從強盜手中救出他的老師。

此外，猶太人在婚姻嫁娶問題上的態度也從側面反映出他們對學者的敬重。自中世紀以來，在歐洲尤其是中歐的猶太人中形成了這樣一種觀念：最理想的婚姻是有學問的教師、拉比或法學家同富翁的女兒結合。《塔木德》中說過：寧可失去所有的財產，也要把女兒嫁給學者。

《塔木德》還指出：如果學習是最高的善，那麼，創造有利於學習的機會與條件便是僅次於學習的善。因此，許多猶太社團都把教育投資視作一種責無旁貸的責任與義務。由於學習和研究需要花費大量的資金，單靠社團本身來籌措往往力不從心。為此，猶太人把教育事業與慈善傳統結合起來，具體來說，就是把「什一稅」作

為追求學問的經濟支柱。猶太人很早就接受了「什一稅」的觀念，關於「什一稅」的用途，猶太教律法上雖然有很多詳細的規定，但有一點極為明確，即什一稅首先要用在「那些把時間都花在研究經典的人身上」。

猶太史上一些名垂後世的文士、哲人都把鑽研經典、追求知識視為人生的一大責任與義務。猶太哲學家邁蒙尼德說過：每個以色列人，不管年輕還是年老，強健還是羸弱，都必須鑽研《托拉》。甚至一個靠施捨度日和不得不沿街乞討的叫花子，也必須擠出一段時間日夜鑽研。猶太人這一觀念「所產生的結果是形成了一種幾乎全民皆有文化的傳統」。當然，並不是說每個人都能具備研讀經典的能力，「但幾乎所有的人都認為，應該在這方面作一些努力」，從而使猶太民族的身份認同得以延續，文化素質得以提高。

在上述文化傳統的影響之下，猶太人養成了讀書學習的特殊愛好，被譽為是「聖書之民」。流散各地的猶太人不僅出於對宗教的虔誠而學習，同時將掌握知識視作謀生的資本與手段，讀書學習、擁有知識被視為是一種美德、一種高尚人格的象徵。

在重視傳遞民族宗教知識的同時，猶太教育時刻不忘與外部社會環境的變化相一致，並實時地做出調整。近代著名的波蘭籍猶太思想家格雷茲指出，整個流散時期的猶太歷史從外觀上看是一部災難史，但從內涵上說則是一部教育史、學術史，思考與忍耐、鑽研與受難、向所有的科學思潮開放，並吸取異域文化之長是構成這一歷史階段的基本因素。在長期的歷史發展過程中，猶太教育形成了適合自身的教育方法，主要有以下幾個特點：

第一，家庭教育、社會教育與學校教育相結合。猶太人很注重家庭教育，十分強調家庭環境及父母的言傳身教對子女的影響，

尤其強調父親對子女的教育。當兒童從學校教育中獲取了廣博的知識之後，能否把這些知識付諸實際並以此來約束自己的言行，家庭對此負有監督性的責任。在家庭內，父親承擔着教育子女的重任，他把「智慧之言」及為人處事之道傳授給自己的子女，在希伯來語中，「父親」一詞就具有「教師」的含義。

社會教育的方法主要有兩種：首先，在會堂、聚會等場所反覆宣傳某些聖賢之士的善言善行，為人們樹立一種學習的楷模。《申命記》中說：「他們要將你的典章教訓雅各、將你的律法教訓以色列。」根據這一告誡，猶太人形成了在公共場合講授律法的傳統，並要求婦女、兒童也應參加。在這種場合，拉比不僅講授律法知識及上帝的訓誡，還廣泛介紹某些先知的美名美德，在人們心目中喚起一種道德感染力。其次，通過宗教節日進行社會教育。每當宗教節日來臨之際，猶太人都要舉行盛大的紀念活動，在這些活動中很注意啟發性地引導孩子們提出一些問題，通過長者的解答與闡釋，使孩子了解更多的知識。如《聖經‧出埃及記》中就這樣描述在逾越節應該對子女所進行的教育：「當那日，你要告訴你的兒子說，這是雅衛在我出埃及的時候為我所行的事。」

每一個宗教節日，都是一次傳統教育，而且每次接受教育的內涵也不盡相同，如逾越節感受的是祖先的勇敢與機智；五旬節領悟的是祖先的虔誠與神恩的榮耀；住棚節體驗的是祖先的艱辛與意志。有人曾說：「猶太兒童整個生活環境就是他學習知識的大學校。」

第二，重視學與行的結合。猶太智慧書——《阿伯特》——在談及學習時，極為強調學與行的結合。它指出：「有四種上學的人：學而不行，到手的是學的報酬；行而不學，到手的是對行的報酬；

亦學亦行，是虔誠者；既不學也不行，是惡棍」。那麼，學習的目的到底何在？《阿伯特》中提出了「學以致教、學以致用」的至理名言。猶太教極為注重倫理道德方面的感化與教誨。猶太學生在接受這一方面的教育時，不僅要求掌握各種倫理準則、律法知識，而且必須躬行實踐，運用於自己的一言一行、一舉一動之中。

第三，知識教育與技能教育相結合。猶太人認為，接受教育是每一個人的責任與義務，但學習知識、鑽研律法不能代替勞動的技能。《塔木德》上說：「凡不教育子女學習職業的人，便是教育子女從事盜竊。」只有那些既學到了智慧又能維持生計的人，才算是選擇了人生的正道，「那是一條能給選擇者以榮耀和他人之讚譽的道路」。《阿伯特》上還引用拉比迦瑪列的話精闢地闡述了學習《托拉》與勞作之間的密切關係：

> 最好的是學習《托拉》能與一項腳踏實地的勞作一起進行。同時致力於這兩項，將使人摒除惡念。而任何不伴以勞作的《托拉》學業都終將被荒廢並引發犯罪。一切為公眾服務者，都應以上天的名義而工作——因為是你們祖先的業績在佑助你們，永恆的是他們的公義。至於你們，我將賜你們以豐厚的報償，就彷彿是你們自己完成了這些工作一樣。

在這一傳統觀念的影響之下，從古代開始，希伯來人就極為強調要掌握一門技藝，要求「兒童無論貧富貴賤、等級高低，到成年時都必須掌握一門手藝。部落所有的頭領也都有技術，甚至可以和街上的匠人媲美」。猶太人這種重視技藝的美德使兒童從小就接受

職業訓練，注重培養其求生的能力。

　　第四，記憶與思考相結合。背誦、記憶是古希伯來教育最通用的教學方法。在學者們當中，能一字不差地背誦《聖經》是最值得誇耀的事。教師們常常要求學生背熟內容，然後再逐段、逐句講解，其目的就是為了讓學生絲毫不漏地掌握聖典的內容。猶太人在強調機械性記憶的同時，還主張勤於思考。猶太聖哲講過：一個成功的學者要手腦並用，通過學習來引發思考。因此，當學生熟背了所學的內容之後，老師常常引導學生提出問題，並對這些問題進行討論。在討論過程中，使學生把所學的知識上升到一定的高度。

　　第五，正規教育與自教自學相結合。猶太人認為，學校固然是獲取知識的主要場所，但學校教育並非萬能，仍有許多在學校中學不到的知識需要掌握。為了彌補學校教育的不足，每個人無論其年齡大小都應學會自教自學，具有獨立獲取知識的技能，並以此來指導自己的生活。

　　第六，合理的處罰措施是保證教育正常開展的必要條件。猶太人認為，兒童不接受教育就會固執、粗野、愚蠢，對不服從教育的孩子要給以嚴酷的懲罰。懲罰的目的是要把誤入歧途的孩子引上正道，通過無情的鞭笞使他們遠離罪惡。在他們的眼裡，鞭笞是獲取知識和增長智慧的有效方法。正如猶太格言所說的那樣：「馬不打會變野，兒子不打會變劣。」「鞭子是抽劣馬的；籠頭是套笨驢的；棍子是打蠢人的。」「愚蠢在小孩子心中，只有棍棒才能把它趕走。」在《聖經》中有很多有關體罰的字句，如「不忍用杖打兒子的，是憎惡他。疼愛兒子的，隨時管教。」「杖打和責備，能增加智慧。放縱的兒子，使母親羞愧。」

天造地設的商業民族

「有錢的地方就有猶太人。」在不少人的觀念中,「猶太人」幾乎是「金錢」的同義詞。不可否認,猶太人確實以善於經商、精於理財而著稱,作為人數較少、沒有國家的「邊際性客民」,猶太人從經商中找到了一種契機、一種力量、一種尊嚴、一種信念。他們憑藉這得天獨厚的優勢、爐火純青的技藝、別具一格的眼光和令人瞠目的財富,在世界商業領域中搏出了一片屬於自己的天地。

猶太人的經商傳統源遠流長。猶太人的祖先希伯來人是人類歷史上較早從事商業活動的民族之一,這與他們的生活環境密切相關。正是迦南地區獨特的客觀環境與社會氛圍孕育了希伯來人的商業意識。迦南位於地中海和阿拉伯沙漠之間,北鄰敘利亞、西接西奈半島,素有「肥沃的新月」之稱,《聖經》中更把迦南地描繪成「流奶與蜜之地」。其實,迦南的富饒僅僅是相對於乾燥荒涼的沙漠地帶而言的。從幅員上講,迦南並不遼闊,且地形複雜、水量不足,耕地與牧場極為有限。但從地理位置上看,迦南位於巴比倫、埃及等大國之間,是亞非歐三大洲的連接處,歷來是兵家必爭之地。內部生產不足與「往來輻輳之所」的客觀條件使迦南在西亞地區的貿易史上佔有重要地位,是來自巴比倫、希臘等地的商旅進入尼羅河三角洲的必經之路。當希伯來人進入迦南之時,迦南文化先進於希伯來文化,許多迦南人是遠近聞名的商人,長期在兩河流域和地中海沿岸販運貨物。商人的富足與自由吸引了尚未完全擺脫遊牧生活習慣的希伯來人,他們中有許多人便向迦南人學習經商,從事油、香料等手工產品的貿易,並積累了商業活動的最初經驗。此後,希伯來人的貿易活動日益發展,到所羅門時代,猶太人的貿易

已開展到阿拉伯、印度和非洲等地。

如果說遠古時期的猶太人還是以某塊固定地域為中心從事貿易活動的話，那麼大流散把他們趕入了真正意義上的世界市場，四處流散的生活有利於他們成為國際貿易的從事者。

伊斯蘭教的興起，使猶太商人獲得了千載難逢的發展機遇。由於基督教與伊斯蘭教的長期對峙，特別是由於在東西方貿易的核心地區地中海沿岸出現了兩大帝國——信仰基督教的加洛林帝國和信仰伊斯蘭教的阿拉伯帝國，雙方常常因商業利益而大動干戈，不同宗教身份的商人彼此都不敢進入對方的世界，歐亞之間的貿易幾乎中斷。這時，猶太人順理成章地扮演了東西方貿易的中介者，他們藉助於共同的語言——希伯來語，承擔起了世界商人的使命。「在 9 世紀，巴黎和巴格達或開羅之間的絕大部分商業事務已用希伯來語辦理。」當時的猶太人活躍於西班牙、法國、突尼斯等地，「他們在地中海及洲際貿易中起着極為活躍的作用，並作為國際商人而首次出現於西方的基督教國家」。他們在各大港口都設有自己的「代表」，組成了一個排除異己、自成體系的龐大商業網，保證了長途貿易的順利進行。

在中世紀的西歐、東歐及北歐等地，猶太人都程度不同地推動了當地貿易活動的開展。公元 10 世紀至公元 11 世紀，猶太人幾乎是北歐基督教世界的唯一商旅，壟斷了當地的對外貿易。公元 12 世紀前後，在法國和德國幾乎所有的貿易中心都居住着猶太人，他們經常組成大批商隊與其他地區進行交易活動。「當時，這兩個國家正在考慮發展自己的商業和手工業；許多城市日漸繁榮。宏偉的教堂參天而起。從某種程度上講，是猶太人促成了這種繁榮。」在基輔公國，猶太人為發展俄國與拜占庭帝國之間的貿易立下了汗馬

功勞；在波蘭，猶太商人「從其他國家運來多種商品……並把波蘭的各種商品出口到匈牙利等地」；在荷蘭與英國，猶太人「不僅促使了城市的興起」，而且「在兩國的資本主義發展中也起到了極為重要的作用」。近代以來，隨着資本主義經濟的迅速發展，歐洲猶太資本家的實力日益增強。猶太人憑藉其傳統的經商優勢，在工業、商業及交通運輸業中大量投資，並獲得巨額利潤。猶太人與現代資本主義精神的興起有着密切的聯繫。猶太人在股票、銀行、金融等新興經濟元素的興起中起到了積極的作用，世界上第一個永久性股份公司 —— 東印度公司是由猶太人參與組建的，猶太股東佔總數的 25%。世界上第一個正式的股票交易所 —— 阿姆斯特丹證券交易所，41 名委員中有 37 人是猶太人。

猶太人在商業領域中的成功與其商業精神的塑造、傳承與發展有密切的關係，概括起來主要有以下幾點：

第一，對金錢的特殊領悟與感知。在猶太人的經典《聖經》和《塔木德》中從不避諱追逐金錢的好處，認為貧窮絕不是甚麼美德，擁有財富並不是罪惡。《塔木德》中有許多關於錢的格言警句，如：「身體依靠心而生存，心則依靠錢包而生存。」「錢不是罪惡，不是詛咒，它在祝福着人們。」「擁有很多財產，憂愁可能會增加，但完全沒有財產的人，憂愁更多。」

在經典中也有很多關於貿易原則的規定，如《聖經・申命記》中強調了公平買賣：「你囊中不可有一大一小兩樣的砝碼，你家中不可有一大一小兩樣的升斗，當用公平的砝碼，公平的升斗。」《聖經・出埃及記》中對所有權及債務問題做了很多規定，如不可佔有別人的財產，「人若偷牛或偷羊，無論是宰了是賣了，他就要以五牛賠一牛，四羊賠一羊」。在《塔木德》中，對商業活動做了更加

系統的記述。《塔木德》強調誠實守信，提倡公平競爭。《塔木德》提到：不能在家畜身上塗上顏色以蒙騙顧客，不能把新鮮水果與腐爛水果一起出售，不能把舊工具翻新以獲取高額利潤等。在價格問題上，注重保護買方利益，當產品沒有統一的標價時，在買主不知行情的情況下，成交價格不能高於一般水平的 10%，否則的話《塔木德》會判處這筆交易無效。在計量器械上，砝碼的底部要經常保持清潔以保證重量的準確。猶太經典所灌輸的正當利潤、公平價格、合理競爭等現代商業法規的理念深入到了猶太人的心中，對他們的商業貿易起到了積極的指導作用。

不可否認，猶太人確實比其他民族具有更為強烈的經商意識和盈利觀念。然而，不可忽略的是，錢在他們的眼裡並非一般意義上的物質財富，而是他們的護身符與防身術，也是他們得以進入外邦生活舞台的入場券。在他們這裡，錢不僅僅是一個經濟概念，而且蘊藏着濃厚的宗教、社會、民族、歷史等豐富內涵，「錢之於猶太人或就如疆界之於其他的民族」，「錢之於他們的肉體存在，猶如上帝之於他們的精神存在」。

第二，地域分佈的離散性與城市化特徵，為猶太商業的發展創造了條件。地域分佈的離散性與城市化特徵促使猶太人成為地區貿易和國際貿易的領導者。猶太商人活躍於古絲綢之路上，不論是陸上絲綢之路還是海上絲綢之路都可以看到猶太人的身影，他們滿載着貨物往返於東西方世界之間，充當着東西方交流的使者。除了在絲綢之路上從事長途貿易之外，地中海世界也是猶太人展示商業技能的活躍舞台，他們在西班牙、意大利、拜占庭、巴勒斯坦、埃及、突尼斯等地從事跨國貿易。為保證貿易活動的正常運行，猶太商人組建了成熟的內部組織，在各大城市都設有代表，這些代表既

能承擔貿易調節人的工作，又負責存款、兌付業務，起到了銀行家的作用。此外，還負責保管存放事宜，並轉發來往信件，成為不同國家和地區貿易路線上的聯絡員，由此組建了龐大的猶太商業網，從而保證了貿易的正常開展。

由於地域分佈的離散性，商業成為最適合猶太人的職業，也只有這一職業才有可能使他們在極短的時間內從某種不利的環境中脫身，尋找新的安身立命之地。在民族離散的過程中，猶太人常常喜歡立足城市生活。他們往往定居於一些城市或城市附近，積極投身於商品貿易活動。城市化的居住特點又為猶太人從事商業活動提供了空間氛圍與便利條件。

第三，歐洲社會的排擠是激發猶太人商業潛能的外界促發力。中世紀初期，當大批猶太人進入歐洲的時候，當地的商品經濟極其微弱，許多人入鄉隨俗地從事農業生產。但由於基督教會禁止猶太人及其幫工在星期天從事生產勞動，而猶太人在自己的安息日亦不勞作，這樣，一週之內不得不停工兩天，從而嚴重影響了農業生產。再加上當時歐洲一些國家，特別是西哥特人統治地區的法律禁止猶太人擁有地產，猶太人漸漸放棄了處境艱難的農業生產而紛紛投入手工業生產領域。與中世紀初期歐洲大陸上的日耳曼人相比，進入歐洲的猶太人掌握了較高的手工技藝，他們把從亞非等地尤其是從阿拉伯帝國學來的手工業技術帶到了歐洲。絲織、刺繡、印染、金銀鍛造、玻璃工藝等成了他們的傳統行業，技藝精湛的猶太工匠深受王公貴族的喜愛。

由於在農業和手工業領域方面的諸多限制，猶太人被迫轉向當時遭基督徒鄙視的放債業，「西方國家的教會日益禁止基督教徒放債，於是基督教的歐洲便在這一方面出現了真空，人們只好放任猶

太人去填補」。由此可見，正是歐洲社會的排擠態度把猶太人推上了商業之路。

不可否認金錢是一把雙刃劍，它既給猶太人帶來了財富，也為猶太人帶來了災難。當猶太人獲得了經濟利潤之後，他們與主體民族之間的矛盾越來越尖銳。歐洲各地的世俗統治者採取種種手段掠奪猶太人的財產，不僅攤派各種名目的人頭稅、財產稅、屠宰稅、酒稅、珠寶稅、進口稅等等，而且每逢戰爭、國王加冕或巡守等事件，猶太人還必須交納「自由樂捐」。除了大肆掠奪他們的財產之外，國王們還往往把猶太人驅趕出境，而一旦經濟需要，又再次把他們招回，藉此來盤剝猶太人的財產。12–15 世紀，西歐大多數國家都發生過驅逐猶太人的事件。從 1182–1394 年，法國曾 6 次驅逐猶太人。公元 1290 年，英國頒佈法令驅逐猶太人，當猶太人離開英國時，他們的財產幾乎全部被國王沒收。出於對猶太人商業才能的嫉妒之情，猶太商人也往往被主流社會定義成陰險狡詐的吝嗇鬼、殘暴貪婪的吸血鬼等形象，例如莎士比亞的名著《威尼斯商人》中的夏洛克就是一個放高利貸的猶太商人，成為西方文藝作品中具有代表性的猶太人形象。

當統治者出於宗教、政治、經濟等目的驅逐或處罰猶太人時，金錢又往往成為猶太人的護身符，金錢被用來賄賂當地的官員以博取寬鬆的政策和保護。因此有人說：「金錢一直介於生和死之間，它是猶太人幸存的關鍵。」「我們依靠金錢，因為金錢成了我們唯一可靠之物。」

在獨特的文化背景和價值觀念的支配下，猶太人實現了民族特徵與商業精神的同構，並在多層次、多角度上弘揚了這種精神。同時，在長期的經商過程中，猶太人積累了很多理財經驗，如大膽

創新、敢於冒險、信守合同、講究信譽、重視情報、善用外語、精明大度、談判制勝、預測市場、隨機應變、善於促銷、獨衷厚利、苛求質量、樹立形象、投資政治、巧取利潤、活用商法、立足贏利等。多種因素交織在一起，共同孕育了猶太人的商業特長，使之成為天造地設的商業民族。

第 三 章

適應現代化

起來，我的人民，到了醒來的時候了！

看哪，黑暗已經過去，天已經破曉！

起來看看你周圍的世界，

時間和空間已發生了多麼巨大的變化！

——猶大‧萊布‧戈登

　　經歷了中世紀長達千年的漫長、沉寂的黑暗歲月，啟蒙運動把歐洲大陸帶入了一個心智洞開的時代，自由、民主、科學、理性等觀念深入人心，成為時代的主旋律。深受啟蒙運動影響的猶太知識分子，主張走出束縛猶太人身體與精神的隔都，以火熱的激情投身於歐洲大陸的解放運動之中，從內部對猶太思想、猶太文化、猶太宗教進行審視與改革，猶太歷史也從此進入了「現代化」時期。然而，現代性對於擁有幾千年傳統的猶太人而言是一把雙刃劍，在積極擁抱現代主義的同時，許多猶太人陷入了通婚與同化的困境，進而丟失了固守許多個世紀的猶太傳統，這種身份上的無所適從一直困擾着後解放時代的猶太社會。

猶太啟蒙之父孟德爾松

　　對西歐地區的猶太人來說，啟蒙運動以其特有的吸引力和衝擊波震顫着隔都的高牆，沉悶了數世紀的猶太人終於呼吸到了自由和平等的新鮮空氣。經過對自身文化的痛苦反思和艱難的思想洗禮之後，務實敏銳的猶太人便以極大的熱情投身於這場史無前例的思

想文化運動之中，從而掀開了猶太歷史的新篇章——啟蒙和解放時代。在這新舊交替的時刻，摩西·孟德爾松是一個指路人和先驅者。他大膽地否定傳統猶太教中的蒙昧成分，剔除不合時宜的教條，以理性主義的精神來解釋猶太教，力圖協調宗教文化和世俗文化之間的衝突，因此孟德爾松被視為是現代猶太史上一個劃時代的人物。

孟德爾松出生於德意志東部城市德紹，那是一個具有典型中世紀風格的小城市，安靜優美。孟德爾松的父親是一位《托拉》繕寫員，薪酬不高。雖然孟德爾松的家境並不富裕，但也算個書香門第，有着豐富的文化積澱。受父親的影響，孟德爾松聰明伶俐、敏而好學，從小就學習《塔木德》，13歲時就研讀邁蒙尼德那本令許多人望而卻步的哲學巨著——《迷途指津》。由於長久的伏案讀書，再加上體質較弱，孟德爾松落下了駝背的毛病，他笑言這是從邁蒙尼德那裡繼承下來的一份遺產。

1743年，孟德爾松的老師，著名的拉比大衛·弗蘭克爾被任命為柏林的首席拉比，弗蘭克爾的離開讓孟德爾松有了去柏林的衝動，並很快踏上了行程。當時的德意志還沒有統一，各邦國中歧視猶太人的現象比較嚴重，孟德爾松每過一個關卡都會受到嚴格的盤查，而且還須繳納專門針對猶太人的人頭稅。孟德爾松的出行經歷即是此地區猶太人生活的縮影，當他穿過層層的阻礙來到柏林時，一位海關官員的日誌所記載的內容從側面反映出猶太人的低賤地位，他寫道：「今天通過了六頭牛、七頭豬和一名猶太人」。

初來柏林，並沒有多好的機遇在等着他，孟德爾松的生活十分艱難。為了謀生，孟德爾松先後做過家教、簿記員等工作，這些也僅僅能維持他的基本生存。才識無疑是孟德爾松最大的財富。不

久他認識了猶太富商以撒‧伯恩哈特，成為後者的家庭教師、書籍管理員，後來出任公司經理。孟德爾松很快就認識到，在柏林這個大世界需要學習的東西很多，於是他開始自學德語、拉丁語、希臘語、法語、英語等，同時還學習哲學、數學等世俗文化。隨着不斷地學習，他的視野越來越開闊，思想也越來越具有前瞻性，他發表了論述邁蒙尼德邏輯思想的論文，在學者中引起了關注。1763 年是孟德爾松生活的一個轉折點，這一年，普魯士科學院舉行了一次論文大賽，孟德爾松獲得了最佳論文獎，並得到了學院的表彰。從此，孟德爾松一舉成名，柏林知識界對這位能熟練運用德語寫作的猶太青年充滿了好奇和敬意，德皇也授予他「有特權的猶太人」的稱號，享有不受驅逐的權利，這對多數猶太人來說是可遇而不可求的特權。

孟德爾松在柏林結識了影響他終生的著名思想家、戲劇家、文藝評論家戈特赫爾德‧埃弗拉姆‧萊辛。通過他的引薦，孟德爾松才得以進入柏林啟蒙運動的圈子之中。萊辛自稱從孟德爾松的身上看到了天使般的愛心與品質，並認為孟德爾松的言行是對當時社會上普遍流行的反猶偏見 —— 腐敗墮落、狂熱盲目、奸詐自私、愚昧無知 —— 的最好反證。

1779 年，萊辛以孟德爾松為原型創作了一部著名的劇作《智者納單》。萊辛以三個兄弟代表三大宗教即猶太教、基督教、伊斯蘭教，宣傳宗教寬容，認為沒有哪一種宗教能被斷言為真正的信仰，不必去爭議哪一種神學才是唯一正當的信仰，每一種宗教都有自身的優點，信仰者只有通過一種正當而高尚的行為，才能證實自己信仰的真實性。萊辛是一個基督徒，但他卻以一個啟蒙思想者所具有的包容、理性，展現出時代精英的責任感、使命感，他的思想

在當時的社會上引起了廣泛的反響。

　　孟德爾松與萊辛的友誼一直被傳為佳話，他們之間經常交流思想、切磋問題，孟德爾松的作品一經寫出，萊辛往往是第一位讀者，有人曾說：「在萊辛和孟德爾松下棋的時候，德國猶太人的解放就已經開始了」。

　　在萊辛的鼓勵和引導下，孟德爾松積極投身於啟蒙運動，翻譯了盧梭的作品，並大量地進行創作。1776年，孟德爾松模仿柏拉圖的古典對話體《斐多篇》出版了專著《斐頓篇》，以理性和邏輯為基礎來探討哲學問題，尤其是民族問題。該書出版後在德國思想界引起了巨大反響，很快被譯成了多種歐洲文字。此後，孟德爾松用德語發表了一系列美學與哲學論文，他那深邃的思想、優雅的文風、非凡的智力及謙遜的品格給學人們留下了深刻的印象，被稱為「德國的柏拉圖」「猶太人中的蘇格拉底」。

　　身為一個猶太人，孟德爾松時刻不忘自己的猶太身份。作為一個從傳統猶太家庭出來又接受啟蒙理性思想的猶太人，孟德爾松自然對猶太教有着獨特的感悟，這種複雜矛盾的情感使他一方面在現代社會面前為猶太教辯護；另一方面又對猶太教中不合時宜的部分進行改造，力圖使猶太人走出傳統，真正地成為現代的歐洲公民。

　　孟德爾松毫不掩飾自己對猶太教信仰的維護，他不止一次地聲明：「如果放棄祖先的律法是我們作為平等公民進入歐洲國家的唯一條件的話，那麼我們理應放棄這種解放。」在去世的前三年，孟德爾松出版了論述猶太教的代表作——《耶路撒冷：論宗教的權限與猶太教》，系統地闡述自己的宗教觀念和社會思想。孟德爾松傾其全力地溝通猶太陣營和非猶太陣營，他指出，寬容是理性的

本質，理性的任務就是以自身的溫和與仁慈來指導人們消除宗教歧視，並相信猶太教、基督教及一切宗教的和平共處必然隨着理性的最終勝利而實現。然而，在利用理性為猶太教辯護時，孟德爾松深刻地感受到猶太教中非理性的成分。傳統的猶太教中包含了太多的蒙昧習俗、迷信成分；對猶太教的研究過多地拘泥於細枝末節的辨析，而不關注實際的應用，這造成了猶太人的封閉性，與現代社會的發展潮流格格不入。

　　孟德爾松希望猶太民族通過世俗化之門而步入民族解放之途。他強調，猶太民族必須要從他們幾百年來生活着的猶太隔都中走出來，尋求自我解放，不要再認為自己是另外一個民族，德意志文化與自己無緣，而是要把自己融入德意志社會之中。為了溝通猶太與非猶太世界，首先要清除語言障礙；猶太人通過掌握德語，可以廣泛地接受歐洲禮儀，進而全面地接受歐洲文化。為此，孟德爾松用德語翻譯了《希伯來聖經》。從 1780 年開始，孟德爾松把希伯來文《托拉》翻譯成了德語，並在許多地方加上了親自撰寫的評註，實際上是以理性的觀點來重新解釋《托拉》。1783 年，這本名為《和平之路》的譯本一出版，立刻引起極大的關注，大大地提高了猶太人學習德語的熱情和積極性。此後，孟德爾松還對《希伯來聖經》中的《詩篇》《雅歌》《傳道書》等進行了翻譯和註釋。儘管他對《希伯來聖經》的翻譯和詮釋引起了保守派的攻擊，但是孟德爾松的德語版《希伯來聖經》在當時還是產生了深刻的社會影響，被認為是他一生最大的成就之一。歐洲知識界對孟德爾松給予了較高的評價，稱他為「猶太人中的馬丁‧路德」，稱其在猶太社會中掀起了一場思想革命。

　　孟德爾松積極提倡世俗教育，認為故步自封的猶太傳統教育是

令人窒息的。因此，孟德爾松主張學校在開設宗教課程的同時，必須開設世俗課程，如數學、物理、地理、歷史、美術、倫理、哲學等，還要學習農業、手工業、商業等技術科目。在孟德爾松的倡導下，一所猶太自由學校於 1781 年在柏林正式創辦，這在猶太教育史上是前所未有的。之後，這所世俗學校作為樣板在多個國家和地區實行。

孟德爾松主張與歐洲文化交流，必須要與非猶太人交往。為了宣傳自己的啟蒙主張，儘量地消除猶太人與德國人之間的心理隔閡，孟德爾松身體力行，把自己的家變成了知識分子、國外來訪者及德國社會名流會晤、交流的場所，想藉此來表明猶太人並非是長久以來所認為的異己分子，而是德國人中的一部分，對德國、對歐洲、對人類的文明與進步有着同樣的興趣和熱情。

孟德爾松是古老的猶太教步入現代化大潮的推動者，是千百年來飽受傳統思想禁錮的猶太人的啟蒙者，孟德爾松所做的點點滴滴在沉寂的猶太世界激起了層層波瀾，蕩滌了部分猶太人的心靈。無論在猶太世界還是非猶太世界，孟德爾松都得到了較高的評價。康德曾說：

> 你很成功地將你的宗教信仰與良知、自由結合在一起，並且達到了一種意想不到的境界……同時，你又明顯且完全地證實了良知和自由在任何一種宗教中的必要性，最終使我們的教會也考慮到該如何除去在我們中間影響與抑制良知和自由的一切事物。

孟德爾松是猶太近代史上最早突破猶太教藩籬並且被非猶太世

界接受的第一位思想家，他致力於在意第緒語（中東歐猶太人的語言）和德語之間、在隔都與歐洲沙龍之間架起橋樑，被譽為「從隔都走向現代化社會的第一人」。在孟德爾松的推動下，熱衷於啟蒙運動的猶太人日益增多，掀開了猶太民族現代化的第一頁。

哈斯卡拉的興起

哈斯卡拉是希伯來語 Haskalah 的音譯（意為「啟蒙」），哈斯卡拉運動是指 18 世紀中期至 19 世紀在中東歐猶太人中間興起的一場社會文化運動。許多猶太知識分子對理性推崇備至，把啟蒙同宗者、傳播新思想作為一項神聖的事業去積極推廣，這些人被稱為「馬斯基爾」（意為啟蒙運動的倡導者）。

18 世紀中葉，在孟德爾松及其弟子的倡導下，柏林率先成為哈斯卡拉的中心。19 世紀 20 年代，哈斯卡拉的中心轉到了奧地利，當時維也納出版了猶太年鑒——《時代的第一批成果》，作為宣傳哈斯卡拉的主要陣地。40 年代，哈斯卡拉又在俄國找到了新的歸宿，尤其是在具有自由主義思想的沙皇亞歷山大二世統治時期，哈斯卡拉運動達到了高潮。馬斯基爾們不僅宣傳哈斯卡拉，還廣泛介紹當時流行於歐洲的浪漫主義、實證主義、社會主義等思潮，對處於落後狀態的俄國猶太人的思想解放、走向復興起到了積極作用。

為了使猶太民族成為一個充滿活力的民族，使猶太文化成為一個可塑性強、適應力強的文化，馬斯基爾們不斷地吶喊，來喚醒自己的同胞們，抓住機遇，尋找出一條民族振興之路。許多膾炙人口、充滿力量的作品在當時十分盛行，例如俄國哈斯卡拉活動家亞

伯拉罕‧貝爾‧戈特羅貝爾寫道：

> 覺醒吧！猶太人站起來！
> 抖落身上的塵埃，睜大你的雙眼！
> 公平萌生，正義在此。
> 過失已被忘卻，你無所畏懼。

詩人猶大‧萊布‧戈登也積極地呼籲：

> 起來，我的人民，到了醒來的時候了！
> 看哪，黑暗已經過去，天已經破曉！
> 起來看看你周圍的世界，
> 時間和空間已發生了多麼巨大的變化！

在哈斯卡拉運動中教育被放在首要的位置，只有通過教育才能真正地改變人的思想，徹底地改變猶太人的地位。這一時期，一系列旨在推廣世俗文化的技術學校、醫藥學校等相繼建立。許多著作相繼出版，批判傳統教育對青少年的禁錮和危害，號召青年人不僅要學習《托拉》，還要學習外語及各類世俗文化。幾年之後，猶太學生在學校中所佔的比例遠遠超過了他們在總人口中所佔的比例。沃爾特‧拉克在論及這一時期的猶太教育時寫道：

> 這種情況勢必會導致大批猶太青年畢業後從事自由職業。第一次世界大戰後，普魯士每4名律師、6名內科醫生中就有1個猶太人，在大的中心區，像柏林和維也

納，這一百分比會更高。在 1850 年以前，幾乎沒有猶太
人在科學上獲得甚麼名望和地位，這時，從那些叫賣小
販和街頭零售商的子孫中出現了眾多光彩奪目的人物。
他們是化學家和物理學家、數學家和醫生，他們的名字
被用金色的字母刻在科學編年史上。

為了改變猶太傳統生活方式，馬斯基爾積極推崇現代化的生活
方式。在他們的影響下，一些猶太青年刮去了鬍鬚，脫去了長袍，
說起了多種歐洲語言，並極力反對早婚制；一些猶太人子女就讀於
職業學校，有的還上了大學，成為「歐洲化」的知識分子；有的家
庭主婦穿上了時髦的現代服飾，掌握了各種歐洲禮儀，出入於社交
場所。

這種現象曾遭到一些傳統人士的強烈反對。例如一位俄國拉比
以色列‧薩蘭特得知他的兒子要去柏林主攻醫學後，他脫了鞋，坐
在地上，就像親人死去了一樣，按照猶太傳統整整居喪七天。當一
位猶太學者發現自己的兒子從宗教學校逃學出來躲在家裡的閣樓上
做雕刻時，他痛苦萬分，因為他的兒子觸犯了摩西十誡中的第二條。

隨着時代的發展，不少猶太傳統人士也慢慢開始認同「離經叛
道」的新事物。雅各‧普里魯克的親身經歷非常具有代表性。當他
排除種種困難成為皇家學院的一名學生，並勇敢地穿上制服之後，
他的父母出乎意料地認可了他，不僅與他緩和了關係，而且以他為
榮。他那做拉比的爺爺也很樂意與他談論問題，甚至談起了知識和
科學。普里魯克說道：

一個拉比的孫子，身穿皇家學院制服出現在一個以

猶太居民為主要人口的城鎮上，產生了極大的轟動，當
時的我自然成了英雄。老一代為以色列人的生活方式即
神聖會堂的終結而惋惜，而年輕人則羨慕我，並且被鼓
舞起來模仿我。

哈斯卡拉作為一場理性主義運動，對猶太民族思想、文化、
價值觀念及生活方式等都產生了極為深刻的影響。它猶如漫漫長夜
中的一顆明星，給人們帶來了希望之光。一些馬斯基爾認為已經找
到了猶太民族的解放之路，即引導自己的同胞放下沉重的傳統和包
袱，輕裝步入現代化之列。一些熱血青年自稱是「新文化的見證
人」「新時代的迎接者」。儘管哈斯卡拉運動在解放思想、促進民
族文化的更新方面確實起到了有目共睹的作用，但是不可否認也留
下了消極、負面的影響，致使許多猶太人背離了自己的傳統，全然
放棄了猶太教。

哈斯卡拉的發起者本意並非要放棄民族的傳統，也無心瓦解宗
教虔誠，大多數馬斯基爾一直主張打破隔都與外界的障礙，融傳統
文化與現代思想於一體，最終建立起新的猶太民族文化。早期的馬
斯基爾是全然遵守禮儀的猶太人，但到後來形勢發生了逆轉，許多
人產生了強烈的自我憎恨並以自己的猶太身份為恥，從而認同了基
督教。海涅有句十分有名的改宗託詞：受洗是進入歐洲文明的入場
券。孟德爾松的 6 個子女，有 3 人改信基督教，在他逝世後不到一
個世紀內，幾乎所有的直系後裔都接受了基督教的洗禮。

孟德爾松或許預感到解放後的猶太人可能會完全拋棄傳統，故
而強調：你們要雙手托起兩個太陽，肩負起世俗文化和猶太文化兩
項重任，遵從所在國家的法律，但同時堅定地維護父輩的宗教，盡

你所能地挑起這副擔子。然而，孟德爾松及其追隨者們義無反顧地把猶太人領出了隔都，卻沒有給猶太人指明通往「應許之地」的道路，因此這些人陷入了一種無所適從的兩難境地。面對這一困境，相當一部分猶太人在基督教會中找到了自己的歸宿。在當時，無論中歐還是西歐，改宗的猶太人比比皆是。這種狀況也引起了人們的注意，曾經為哈斯卡拉歡呼雀躍、並提出「在家是猶太人，在外是當地人」這一信條的猶大·萊布·戈登也無可奈何地寫道：

> 我的孩子們，未來的一代，
>
> 從孩童時代起就疏遠了我們的民族，
>
> 啊，我的心在為他們泣血！
>
> 他們正在更遠更快地游離而去，
>
> 誰能知道他們會游離多遠？
>
> 也許直到不能再回歸的地方。

猶太民族作為「現代性的遲來者」，面對現代化這樣一張疑惑叢生的試卷，難免步履沉重。馬斯基爾們雖沒能實現民族文化的新生，但是畢竟引導着猶太同胞朝着現代社會邁出了艱難的一步。無論這一步換回的是成功還是教訓，對後世的猶太思想及猶太民族的現代化歷程而言，都是極其寶貴的精神財富。

尋求解放之路

在講「特權」的年代，經濟能力、家族成分等因素決定了一個人的社會地位。在民主自由觀念尚未流行開來的時候，大多數人

的命運都是被森嚴的社會等級所掌控，對於沒有公民權的猶太人來說更是如此。啟蒙運動對歐洲傳統特權堡壘形成了極大的衝擊，理性、平等、人本主義等一時間成為非常時髦的詞彙。許多思想家開始反思、批判主流社會對猶太人的偏激態度，呼籲改善猶太人的命運，德國思想家克里斯蒂安·威廉·馮·多姆就是一位具有代表性的人物，作為一個為猶太人利益積極辯護的非猶太人，多姆的影響力是巨大的。

1781 年，身為基督徒的多姆發表了一篇文章——《關於猶太人公民權的改善》，他認為猶太人身上具有很多值得稱頌的品質，如堅強的意志、極強的進取心、虔誠的宗教信仰、堪稱典範的家庭生活以及刻苦、誠實、團結互助、樂善好施的優良傳統等。不可否認，猶太人也有很多缺點，如欺詐、頑固、自私、無視國家利益等，但這並不源於他們的宗教，而是因為猶太人長期遭受外界的壓迫所導致的。多姆呼籲歐洲社會改善對猶太人的態度，擴大猶太人的政治、經濟自主權。多姆的主張，引起了一些思想家、政治家的共鳴。

神聖羅馬帝國皇帝約瑟夫二世就是一個典型的例子。1781 年，約瑟夫即位的第二年，就考慮關於猶太人公民權的提議，廢除了猶太人佩戴識別標誌及繳納特別人頭稅的規定。1782 年，他頒佈了《寬容特別權力法》，規定猶太人可以從事手工業、農業；可以做批發商、建立工廠；猶太子女可進入公立學校讀書，也可建立猶太人自己的教育機構；可以進入公共娛樂場所；少數被寬容的猶太人可居住在隔都之外，可雇用基督徒做傭人等。6 年後，約瑟夫二世又頒佈了一項法令，要求猶太人按歐洲人的習慣，選擇一個合體統、易識別的姓氏。約瑟夫的改革由於種種原因雖然沒有取得理想

的效果，但卻在猶太人解放的過程中起到了積極作用。

真正讓啟蒙思想深入人心的是法國大革命，這是一場真正的人權運動，它所標榜的是要建立一個平等、自由、博愛的社會。1789年 8 月 26 日，法國國民議會通過了以「人生而自由，並享有平等權利」為主旨的《人權宣言》。此後，國民議會通過一系列法令使自由、平等、博愛的觀念深入人心。《人權宣言》雖沒有直接賦予猶太人以公民權，但猶太人問題立刻引起各方面的關注。根據法國革命的理想，法律面前人人平等，任何人都有自己的宗教信仰權，那麼，猶太人沒有理由被剝奪本應屬於自己的權利。

因此，法國大革命對於改變猶太人長期以來受歧視的地位是一個千載難逢的機遇，4 萬名法國猶太人在看到這個史無前例的機遇後，便積極地投入到爭取公民權的運動之中。猶太人積極向國民議會提出公民權申訴，在多姆等自由主義思想家的多方支持與努力下，國民議會最終在 1791 年 9 月 27 日通過了這樣的決定：廢除以前法律條文中對猶太人的限制，他們將作為公民而宣誓。

法國猶太人獲得公民權是近代猶太史上的大事，法國猶太人的激動情緒與感恩之情難以抑制。傑出的法國馬斯基爾思想家貝爾·以薩·貝爾在給其教友的信中激動不已地寫道：

> 我們所能做的就是感謝上帝的恩惠，他選擇了尊貴的法蘭西民族恢復我們的權利，使我們重獲新生。
>
> 我們要為自己成為人、成為公民，尤其是成為法國公民而自豪。

猶太作家撒母耳·萊維寫道：

　　　　法蘭西啊！您是第一個把我們從做猶太人的屈辱中
　　解脫出來的國家，您就是我們的以色列；這裡的山巒，
　　就是我們的錫安；這裡的河流，就是我們的約旦河。讓
　　我們暢飲她的生命之水、這自由之源……讓我們這個最
　　飽受奴役、苦難深重的人民為這個砸碎了我們的奴隸腳
　　鐐的民族、為法蘭西這個受壓迫者的避風港祈禱吧！

　　法國大革命及法國猶太人公民權的獲得大大推進了歐洲猶太
人解放的進程，拿破崙的擴張又強制性地推動了革命成果的對外傳
播，進一步推動了猶太人的解放。隨着趾高氣揚的法國軍隊開進一
個個歐洲城市，隔都的壁壘紛紛倒塌。在荷蘭，法國公使力排眾
議，促使當地政府於 1796 年解放了猶太人；在意大利，拿破崙廢
除了對猶太人的種種限制，1797 年 7 月，威尼斯隔都的大門在群
眾的歡呼聲中被焚毀，羅馬隔都也於 1798 年開放；在葡萄牙、西
班牙，拿破崙關閉了宗教裁判所，許多馬蘭諾第一次公開了自己的
猶太教徒身份；在德國，當法國軍隊佔領萊因地區及一些省份之
後，立即迫使當地政府簽署了猶太人的解放令。

　　拿破崙的態度大大促進了歐洲猶太人的解放進程，但是也不
難看出，拿破崙對猶太人的態度充滿了矛盾。一方面，這位深受啟
蒙思想影響的叱咤風雲的人物確實想把法國革命所弘揚的平等原則
施惠到猶太人身上；但另一方面，拿破崙的個人目的也是顯而易見
的，即千方百計控制、限制猶太人，並利用猶太人問題在當時歐洲
所表現出的「國際性」特徵，來顯示自己的影響力。

　　然而，好景不長，1815 年，拿破崙在滑鐵盧的失敗宣告了其
政治生涯的結束，也標誌着歐洲歷史進入了一個政治倒退的時期，

反動勢力紛紛復辟。「猶太人的解放」與「民主」「自由」「立憲政府」一樣被保守主義者列為顛覆性的概念而加以批判。整個歐洲除了荷蘭猶太人還保持着不久前獲得的法律地位之外，各地的猶太人都相繼失去了公民權，隔都的大門又被重新樹立起來。然而，不管反動勢力如何來勢兇猛，也無法使猶太人完全重返隔都，回到中世紀那種與世隔絕的狀態之中，人們的思想與觀念已經發生了改變。

　　1848 年，歐洲發生了大規模的革命，其主旋律仍然是啟蒙思想及《人權宣言》所奠定的社會理想。這場席捲歐洲的資產階級革命雖然沒能推翻封建統治，但使更多的人接受了啟蒙與改革的思想。1848 年革命對猶太人的影響遠遠超過了法國大革命，它波及整個歐洲，受其影響的猶太人達 140 萬，接近當時世界猶太人口總數的三分之一。從 1789 年至 1848 年這 60 年間，新舊勢力雖反覆較量，但歐洲社會仍朝着統一、民主、開明的方向邁進，正是在這樣的背景之下，歐洲猶太人在尋求解放的道路上接連取勝，到 19 世紀末 20 世紀初時基本上完成了這一歷程。

歐洲主要國家或地區猶太人獲得解放時間表（1789—1919）

時間（年）	國家或地區	備註
1789	法國	
1790	波爾多	
1790	阿維尼翁	
1796	荷蘭	
1797	威尼斯	
1798	美因茨	
1811	法蘭克福	

〔接上表〕

時間（年）	國家或地區	備註
1830	比利時	
1833	卡塞爾	
1834	布倫瑞克	
1848	皮德蒙特高原	
1848	丹麥	
1850	普魯士	
1858	挪威	
1858－1870	意大利	
1862	巴登	
1865	瑞典	
1867	奧匈帝國	
1868	薩克森	
1870	羅馬	猶太區曾被拿破崙解散，但隨之又恢復
1871	德國	
1874	瑞士	
1878	塞爾維亞	猶太區在柏林會議上被俾斯麥和迪斯雷利強行解散
1878	保加利亞	
1898	英國	
1917	俄國	
1918	羅馬尼亞	
1919	葡萄牙	

　　猶太人的解放經歷了一個漫長的歷史過程。這一過程的完成，不僅取決於猶太社會在何種程度上接受外界的思想與文化，以及他們自身為尋求解放所做的種種努力，而且在很大程度上取決於西方

世界對他們的接納程度。猶太人的解放是歐洲現代化的產物，不論是對現代國家，還是對猶太人自身，都是一種歷史的需要。

「迷途的羔羊」

在啟蒙時代，許多猶太人（主要是處於上層社會的猶太人）滿懷浪漫主義的激情，急於尋求解放，在思想觀念上快速地西化，迫不及待地與主流社會相融合；但西方主流社會長期受反猶觀念的影響，並不樂於接納這些猶太人，從而導致他們在「希望與失望的兩極」之間徘徊，迷失在傳統與現代之間，身陷兩難的困境之中，被稱為「迷途的羔羊」。

當時活躍在柏林的猶太貴婦沙龍曾一度成為知識界的焦點。一些美貌動人、受過良好教育的猶太女性「被知識與理性的世界所陶醉」，出於對自由、平等新思想的渴望，在自己的家中辦起了最新潮的沙龍。拉赫爾・萊文是這些活躍的貴婦人中的一員。拉赫爾曾在自己的客廳裡，把歌德和萊恩克介紹給了文學界。拉赫爾深切地感受到當她滿懷熱情去擁抱德意志母親時，大多數人沒有也不願從內心去接納猶太人。根深蒂固的傳統觀念甚至使一些啟蒙運動的贊成者也在猶太人問題上表現出思想與行動的矛盾性。她痛心地說：

> 我的錯誤的出身所帶來的是永無窮盡和不斷重複的厄運。它們在我的一生中等於是一張弓，從這張弓上射出了最痛苦的毒箭。沒有任何技藝能使我逃避這些毒箭，沉思也不行，努力也不行，勤勞也不行，屈從也不行……我必須使我自己合法化，多麼悲慘啊！這就是為

甚麼說做一個猶太人是多麼令人嫌惡啊！

　　為了擺脫墮落和可惡的罵名，許多猶太人選擇了改宗，可改宗者很快便體會到，耶穌基督的普愛之光不會平等地沐浴他們，進退兩難才是他們真實的處境：如果猶太人仍堅持自己的信仰，就會被視為一個異己分子；當他們改宗時，卻又無法被傲慢的主流社會所接受。無所適從的痛苦籠罩着許多改宗者。與海涅同時代的猶太作家路德維希·伯爾納也說道：

　　　　真像一樁奇事，就因為我的猶太身份，有些人斥責我，有些人寬恕我，還有一些人稱讚我，猶太人的身份就是一個圈子，沒有人能跳出來。

　　亨利希·海涅是聞名於世的詩人、散文家和政論家。海涅出身於德國杜塞爾多夫猶太區一個接受了資產階級自由思想，但又保留了猶太傳統的家庭。海涅所接受的是混合式的教育，既有歐洲的基督教思想，又有近代法國的自由主義思想，當然也有傳統的猶太思想。1821年起，海涅先後在波恩和柏林學習法律，並獲得了法學博士學位，但僅僅由於他是猶太人而無法獲得律師資格。為此，海涅斥責「猶太教不是一種宗教，而是一種不幸」，並一氣之下於1825年接受了基督教的洗禮。
　　海涅對他所生活的德意志充滿了熱烈的愛，他那些讚美德意志的深情詩句曾經感染了許許多多的人：

　　　　夜晚思念德意志，

輾轉難入眠

德意志啊，我的遠方戀人

……

身在遠方我彷彿聽到

更夫柔和清澈的號角。

更夫歌兒般呼聲親切地在蕩漾，

還有遠處的夜鶯委婉地在歌唱。

　　作為繼歌德之後德國最偉大的抒情詩人，海涅在他所處的時代卻根本沒有得到認可。不管他的愛國情感多麼熱烈，他的詩作如何優美，但仍然被德國社會冠以「非日耳曼」的頭銜。他的猶太身份決定了他只能被列為「不純正的」「可懷疑的」對象。由於海涅的作品中常常表露出對法國自由主義思想的崇拜，所以一些保守主義者把他稱為「可怕的親法分子」，甚至還想證明他是「背叛德意志利益的人」，並以此為藉口來斷定海涅「不能成為德意志藝術家」，在他們眼裡，海涅首先是一個猶太人，然後才是詩人。海涅雖然改了宗，許多德國人並不想改變對他的看法，「不管受過洗禮與否都是一樣，他們民族的特性就是令人厭惡」。

　　其實，海涅是在一種十分矛盾的情況下走進了基督教的禮拜堂。受洗前，他曾對一位朋友說，做一個基督徒實在有失他的尊嚴與人格，可是為了職業的緣故他不得不這樣做。1826 年，在他改宗一年後，海涅寫道：

　　我現在既遭到基督徒的憎惡，又受到猶太人的怨恨；

　　我後悔接受了洗禮，因為自那天起我並未看到命運的絲

毫改善，反之，我所遭遇的只是不幸和災難。

海涅還用詩句來嘲笑改宗者的怯懦：

> 這麼説你懺悔了？
> 幾個星期以前你還在嘲笑這個十字架，
> 現在你卻匍匐在它前面！

在海涅心中對基督教始終是缺乏好感的，他曾把基督教説成是「最令人厭惡的宗教」。對於自己的猶太身份，海涅不像他同時代的許多人一樣，極力隱瞞並忌諱被提起。相反，海涅卻為此而慶幸。他曾説過：

> 《希伯來聖經》是猶太人的袖珍祖國。
> 如果為出生而自豪，並不同革命戰士相抵觸，不同我的民主信念相抵觸，那麼，我為我的祖國出生於高尚的以色列之家而自豪⋯⋯

晚年的海涅癱瘓病床達 8 年之久，生活淒苦不堪，但他對猶太文化及猶太民族的感情卻未減弱。他重新認識了猶太教，並創作了一本充滿深情的詩集，題為《希伯來之歌》。在詩中，他描繪了自己在父母親的住所裡所目睹的令人難忘的宗教儀式，沉迷於孩童時代的美妙記憶之中，傾訴了心靈深處對猶太教復蘇的情感，並把自己的痛苦與民族的災難相融在一起。臨終之前，海涅仍為自己的悲劇性角色而痛苦，因為自己既不是基督徒，也算不上猶太人，但他

又明確表示沒有必要再舉行回歸猶太教的儀式，因為在內心深處，他從未遠離自己的人民，也並未真正背離自己的宗教。

不可否認，在長期的流散過程中，種種主客觀因素曾把許多人推上了同化與改宗的十字路口，也確有不少人像海涅那樣游離出猶太教。可猶太屬性在他們身上所刻下的印跡是難以消失的。正如猶太思想家阿哈德‧哈姆所說：

> 沒有人在我們出生以前向我們發問：你想成為一個猶太人嗎？你喜歡猶太教的說教、猶太教的《托拉》嗎？猶太教在我們尚未意識並同意的情況下，將我們引入了約櫃，並給了我們一部先於我們自我塑造的完整的《托拉》……為甚麼我們是猶太人？這個問題多麼奇怪……詢問這棵樹，它為甚麼生長……它（猶太性）是我們的精神內核，它是我們的一項自然法則。它具有一種生存方式和它自己的恆久性，如同一個母親愛她的兒女，如同一個人愛他的故鄉。

啟蒙時代，以海涅為代表的一部分知識分子雖然接受了主流文化的洗禮，但其中的艱難與困惑始終與之相伴。當他們在沉重的傳統遺產與被玫瑰色的光環所籠罩的西方文明之間艱難地選擇了後者之時，主體民族的冷漠與無情使他們不知所措、進退無門，被遺棄的苦痛便油然而生。這種苦痛是發自心靈深處的、難以言表的苦痛，這種苦痛不僅僅屬於個人，也是整個族群的苦痛。這種苦痛提醒着人們：在奔向現代化的征途中，一味地追逐西方而失去了獨立的自我，即便在表面上能置身於「摩登」之中，但內在的失落與缺

憾卻始終是無法消除的。

猶太教的改革與調整

在啟蒙與解放的大潮面前，猶太人面臨着前所未有的信仰危機，由於猶太教煩瑣的宗教禮儀與主流價值觀格格不入，越來越多的人自覺不自覺地遠離了自己的宗教。在外部現代化的衝擊、內部哈斯卡拉的推動之下，19世紀初，猶太教開始了改革運動，企圖通過對猶太教進行自我調整來應對信仰危機。

與哈斯卡拉一樣，猶太教改革運動也興起於德國。當時德國的猶太人口並不多，大約有40萬，但卻是受現代化影響最大的猶太社群，他們長期生活在那片土地上，當濃厚的民族傳統在遭遇相對強烈的現代潮流之後，表現出了更為激烈的矛盾和衝突。但改革運動並不是被動地妥協，而是自身積極主動地調整，通過對宗教禮儀和傳統習俗的改革，有效地阻止猶太人拋棄傳統走向同化的浪潮，使那些「迷途的羔羊」重返猶太教的懷抱之中。

亞伯拉罕·蓋革是猶太教改革派非常著名的思想領袖。蓋革出生於法蘭克福的一個傳統猶太家庭，從小接受宗教教育。他幼時即負天才盛名，據說3歲能讀《聖經》，4歲能讀《密釋納》，6歲能讀《革馬拉》，19歲時進入海德堡大學學習東方語言，不久又轉入波恩大學，並撰寫出博士論文《穆罕默德從猶太教中汲取了甚麼？》，獲得了博士學位。1832–1837年，蓋革擔任威斯巴登城的拉比，並嘗試對禮拜儀式進行改革，他還編輯出版了《猶太神學科學雜誌》，一度成為猶太教改革派的理論陣地。1862年，蓋革創辦《猶太生活和書信雜誌》，積極地宣傳改革主張。蓋革還為建立德

國歷史上第一所現代拉比神學院付出了大量的心血。

　　蓋革是一位傑出的改革派思想家、歷史學家和語言學家，他一生著述頗豐，學術研究涵蓋了猶太學的各個領域，蓋革的改革理論主要體現在以下幾個方面：

　　第一，猶太教只是一種信仰體系，宗教禮儀應隨着現代主義精神而作相應的調整。和科羅赫馬爾一樣，蓋革也力圖把宗教與哲學協調起來，認為宗教如同人類社會一樣，要經歷一個發展演變的過程。在他看來，猶太教中的基本教義即它的一神教原則是恆久不變、具有強制約束力的。「然而，禮儀僅僅是展示宗教真理的方式而已，因而其本身不是永恆的、不可變更的，在一代人身上起到過促進與鼓勵作用的習俗，在另一代人看來或許是不可接受的。」在現代社會已成為多餘的、不合時宜的規約，不僅不能激起宗教神聖感，反而使現代人厭倦、排斥宗教，並使外部世界增添對猶太人的疏遠感，這樣的禮儀與程式自然要更改或廢除，如飲食法、割禮等都屬於這一類。

　　第二，否認猶太教中的民族特徵，力圖使猶太教成為一種普世主義宗教。蓋革認為，隨着時代的演化，猶太教僅僅是一種宗教，其中的民族和種族因素已經消失，「使猶太教成為一種世界宗教既是可能的，也是必須的」。蓋革承認，猶太教的民族性特徵在歷史上起到過重要作用，但在現代社會，民族性已成為猶太人融入現代社會的障礙。現代猶太教必須要放棄其民族性特徵，融於主體民族之中。

　　第三，通過對猶太教的歷史考察，分析宗教改革的目標與任務。蓋革強調，現代意義上的宗教改革已刻不容緩，改革的目的是，必須把猶太人從那種與時代精神格格不入的戒律和法規的桎梏

中解脱出來，並為其規定一條全新路線，對不合時宜的東西進行不斷地修正，將猶太教改造成可以為其教友提供一種適用於個體的、全新的理想和抱負，並廢止不盡如人意的律令和法規體系。

蓋革主張重築猶太教，使之適合現代主義與時代精神，他的理論與實踐活動直接推動了肇始於德國的猶太教改革運動，他因此成為改革派的先驅人物。

慈善家以色列‧雅各布森被稱為是德國猶太教改革派的重要代表人物。1801 年，雅各布森在希辛創辦了一所寄宿學校和一所被稱為「聖殿」的小聖堂，作為他的改革陣地。雅各布森簡化安息日的禮拜儀式，第一次使用德語讚美詩與合唱曲，並運用德語佈道。1808 年，雅各布森自費在希辛建了一所猶太會堂，他打破慣例，用男女合唱隊代替了單調的男聲合唱隊，並加上了管風琴伴奏，從而增添了禮拜式中的美學色彩，受到許多改革派人士的歡迎。

改革運動很快延伸到漢堡，以色列‧克雷為最主要的領導人之一。作為一位新成立的猶太學校的校長，他團結了一些改革派人士。他們所推行的改革主要有：無論男孩、女孩都可參加集體儀式 —— 堅信禮；用通用的語言重寫祈禱文，而不是僅限於希伯來語；把救世主降臨帶領希伯來人重返錫安的內容改為對人類公平、正義的新時代的嚮往。祈禱文的改變被傳統派視作最離經叛道、不可寬恕的做法。

19 世紀初期，柏林成為改革派的活動中心，也成為改革派與傳統派矛盾最突出的地方，雙方的論爭達到了白熱化的程度。1823 年 12 月 9 日，國王簽署了一道禁令，規定猶太宗教儀式必須按照傳統的模式進行，不得作任何變更，傳統派佔了上風，改革運動受到抑制。

　　德國猶太教改革是一場自發的社會運動，各地的改革團體各行其是，缺乏系統的理論綱領及行動指南。改革運動從 19 世紀 40 年代中期起已呈現衰敗之勢，究其原因，除了內部不統一、缺乏凝聚力之外，還有不可忽視的客觀原因。首先，1848 年歐洲革命之後，反動勢力復辟，歐洲出現政治倒退，這一現象對改革派打擊很大，許多人認識到他們曾極為推崇的「來自內部的改革」並不足以改變猶太人的處境，通過政治鬥爭爭取公民權才是當務之急。其次，德國的改革派團體多為不受社區資助的私人組織，在傳統勢力的強烈影響下，普魯士政府一直對改革派採取限制與反對政策，甚至下令禁止任何背離猶太傳統的宗教團體活動。與此同時，許多改革派領導人隨着移民潮移居美國，尋找更為自由的天地以實現自己的改革理想。這些因素導致了德國改革運動走向衰落。

　　從整體上看，德國的猶太教改革還處於比較溫和的「美學意義上的禮儀改革」，其深刻性無法與後來的美國改革派運動相比。但正是這種「溫和性」為德國改革派贏得了群眾。德國猶太教改革派在現代猶太教的形成及猶太文化走向現代化的歷程中起到不可忽視的領路人及推動者的作用，它不僅為美國猶太教改革派奠定了理論與實踐基礎，而且也促成了其他宗教與思想派別的形成。它的產生標誌着傳統猶太教在現代主義的強烈衝擊波下走向分裂，也象徵着猶太文化在現代社會中的新生。

　　19 世紀以來，傳統猶太教與現代科學、哲學、經濟學及政治學的矛盾日趨激烈，尤其是改革運動的興起，更促使了正統派對現代化潮流做出反應。「正統派」一詞在 1807 年被德國改革派首次使用，他們把反對改革的傳統主義者統稱正統派。面對解放運動所帶來的急劇變革，19 世紀後期，在改革派和正統派之間還形成了一

個新的派別 —— 保守派。保守派企圖調節改革派和正統派之間的差異，走一條相對中和的改革道路。無論是正統派、改革派還是保守派，都是要通過自身的方式來維護傳統，使其更適應現代社會。因此，從猶太文化自身來說三者之間並沒有絕對的對錯之分。

影響世界的猶太精英

作為一個流散於世界各地的民族，猶太人在多災多難的歷史環境中不僅得以生存下來，還創造了獨具特色的民族文化。在宗教領域中，猶太教對西方基督教社會的影響不言而喻；在世俗領域，猶太人同樣取得了令人歎服的成就，這與他們「邊際性客民」的身份形成了強烈反差。如果說猶太民族在中世紀時的成就主要體現在宗教方面時，在啟蒙運動之後，猶太人在經濟、科學等領域的作用日益凸顯，產生了一批足以影響世界的猶太精英。

哈斯卡拉為猶太世俗文化的興起推開了大門，擺脫傳統束縛被視為是猶太人適應現代社會的第一步。猶太人口數量的變化及城市化的加快顯示出猶太人對現代社會的適應過程。1800 年，世界上猶太人口的總數為 250 萬左右，1900 年已上升到 1050 萬左右，增長速度遠遠超過以往任何時期。19 世紀也是猶太人口從落後地區大規模向大城市遷移的高峰。在德國，大量東歐猶太人從以前屬於波蘭的東部地區向萊比錫、科羅涅、法蘭克福、柏林、漢堡等地遷移。到 19 世紀末，德國猶太人口總數有 50 多萬，其中半數集中在幾個大城市，僅柏林的猶太人就佔全國猶太總人口的 1/3；法國大批的猶太人向巴黎遷移，到 19 世紀中葉，巴黎已成為歐洲「猶太城市文化的主要中心」；在當時的奧地利，猶太人從摩拉維亞、加

利西亞等地紛紛向維也納遷移。

城市化是猶太民族現代化進程中的一個不可忽視的推動因素，進入大城市尤其是生活在國際大都市的猶太人，表現出極強的文化適應性，受周圍環境的影響，他們往往以更開放的心態接受新事物，認同充滿誘惑力的主體文化。尤其對於那些尋求世俗發展並急於擺脫猶太傳統的人來說，城市是更自由的世界，充滿了機遇與挑戰。

面對發達的歐洲文明，猶太人充滿熱情地投入到學習之中，並很快在歐洲文化領域嶄露頭角，一批批科學家、思想家、藝術家從德國、法國、英國、意大利等國家多個城市的猶太社團中脫穎而出。人們常常用「猶太人為世界貢獻了三個腦袋」這句話來概括猶太人在人文科學與自然科學領域中所取得的重大成就，三個腦袋指的是卡爾·馬克思、西格蒙德·弗洛伊德、阿爾伯特·愛因斯坦。

卡爾·馬克思被譽為是社會學的三大奠基人之一。馬克思於 1818 年出生於普魯士的一個猶太家庭，他曾在柏林大學學習法律，當時的柏林具有濃厚的哲學氛圍，馬克思深受影響，興趣愛好逐漸轉移到哲學、歷史、政治等領域。在歐洲社會由傳統的農業社會向工業社會轉變的過程中，很多社會矛盾凸顯，特別是無產階級被剝削壓榨的社會現實引起了馬克思的關注，他在《資本論》中詳細分析了貨幣形成、資本運轉方式、剩餘價值、擴大再生產等內容，這本書被譽為是研究資本主義經濟形態的巔峰之作。

西格蒙德·弗洛伊德於 1856 年出生於摩拉維亞，17 歲時考入維也納大學醫學院，後來成為臨床神經專科醫生。在工作期間，弗洛伊德想方設法排除患者的精神痛苦，曾嘗試多種療法對病人進行治療，這最終促使他成為一名心理學家，被譽為是精神分析大師。

弗洛伊德一生著作豐富，著名的有《性學三論》《夢的解析》《圖騰與禁忌》《日常生活的心理病理學》《精神分析引論》等。弗洛伊德所開創的精神分析方法被譽為是心理學研究上的一次重要革命。

阿爾伯特‧愛因斯坦，1879 年出生於德國烏爾姆市的一個猶太家庭。1905 年，26 歲的愛因斯坦提出了狹義相對性原理等，開創了物理學的新時代。1921 年，愛因斯坦憑藉光電效應獲得諾貝爾獎。愛因斯坦的主要成就有相對論、光電效應、能量守恆等，並為核能開發奠定了理論基礎，被譽為是人類歷史上最偉大的科學家之一。

在現代化的大背景下，很多猶太人進入政治領域，在多個國家當上了要員，英國首相本傑明‧迪斯雷利就是一名猶太人。迪斯雷利寫了許多文學和政治作品，是當時著名的政治評論家。迪斯雷利依靠自身的努力，在 40 歲前後就成為英國保守黨的領軍人物，他曾參與提出並促使議會通過了 1867 年議會改革法案，為英國民主化進程做出了積極貢獻。迪斯雷利於 1868 年和 1874 年兩次出任英國首相，政績顯赫，他被譽為英國歷史上最傑出的政治家之一。

積極融入現代社會也給猶太人帶來了豐厚的回報。在十八、九世紀西歐資本主義經濟大發展的時期，社會分工更加的明顯，剛剛獲得公民權的猶太人獲得了前所未有的機遇，他們作為企業家、製造商、發明家、銀行家等而引人注目。走鄉串戶的小販發展為具有各種國際聯繫的大商人；小金銀匠成了活躍的經紀人；手工裁縫成了製造批發商；廢品收購者成了金屬買賣中介人；舊衣經營者成了批量生產的服裝商；放債者從事股票交易，在各地的證券交易所成為中心人物，這些人構成了猶太資產階級的主體。

19 世紀的歐洲出現了一些猶太百萬富翁，建立了不少聞名遐

邇的大金融機構，如「布魯塞爾銀行」（由奧本海默創立）、「巴塞爾商業銀行」（由伊・德萊福斯等人創立）、「聖彼得堡銀行」（由岡茨伯格家族創立）、「華沙貼現銀行」（由 M. 愛潑斯坦創立）等。在這些實業家中最著名的是羅斯柴爾德家族，作為歐洲最著名的銀行世家，其創立者是梅耶・羅斯柴爾德及其 5 個兒子。他們起家於法蘭克福，並在維也納、倫敦、巴黎、那不勒斯建立了分支機構，擁有極其雄厚的實力。

梅耶・羅斯柴爾德早年的生活相當貧困，他將大量的精力與金錢投入到了古錢幣上面。當時古錢幣的購買者僅限於上流社會，產品市場相對狹小。針對這一點，梅耶別出心裁地把各種古錢幣印製成精美的目錄冊，為吸引顧客，他對目錄冊的印刷要求做到盡善盡美，既突出特色又要品位高雅，使之成為一種身份與地位的象徵。然後，梅耶將這些印刷品郵寄給各地的王公貴族，並附上一封熱情洋溢的信件，就這樣，梅耶憑藉着自己的專業知識與獨具匠心的推銷方式而聲名遠揚。

隨着業務的不斷擴展，梅耶・羅斯柴爾德逐漸成為當地著名的金融家，他決定讓兒子薩洛蒙去維也納拓展市場。薩洛蒙利用發行公債的機會獲得了巨額利潤，並被授予維也納「榮譽市民」稱號。隨着事業的發展，一個大膽的計劃在薩洛蒙心中開始醞釀，即打破以馬車為主要交通工具的局面，在奧地利承修鐵路。當時的奧地利是一個落後保守的國家，修建鐵路的消息傳出後，人們對火車這樣的龐然大物非常懼怕，很多反對的言論迅速散播開來：

人類的身體根本無法承受時速 24 公里以上的速度，
如果坐在火車上，乘客會七竅流血而死，另外當火車穿

越隧道的時候，人也會被窒息而死，火車就是一個巨大的棺材。

　　當今社會，人們的精神已經處於高度緊張、疲勞狀態，如果再加上乘火車造成的緊張感，人類必然會瘋掉。

　　由外國人投資鐵路將會給國家帶來危機。

　　薩洛蒙完全不理會這些言論，他派出了大批人員去英國考察學習，另一方面加緊與斐迪南皇帝、財政大臣、新聞記者等進行接洽磋商，並在全國發行股票，廣籌資金。最終，經過艱苦的努力，一條從維也納至巴伐利亞的長約 100 公里的鐵路修建完成，它是歐洲大陸上最早、最長的一條正規鐵路，沿途的車站以及車輛本身都以皇族的名字命名。鐵路的修建不僅帶來了巨大的財富，也使得羅斯柴爾德家族威名遠揚。

　　羅斯柴爾德家族作為一個金融大鱷，大量貸款給各國政府，對歐洲經濟、政治所產生的影響達 200 年之久。萊昂內爾‧羅斯柴爾德幫助英國政府購買蘇伊士運河股份的事就是一個典型的事例。

　　為方便對東方的控制，法國聯合埃及開鑿了蘇伊士運河，對於運河公司的股份，法國佔 52%，埃及佔 44%。1869 年，運河順利通航，這被視為是法國在中遠東地區勢力擴張的一個重要象徵，英國對此備感不安，試圖奪取運河的控制權。

　　1875 年 11 月的一天，英國首相本傑明‧迪斯雷利在萊昂內爾‧羅斯柴爾德家中做客。正巧從法國傳來情報稱，埃及由於財政困難，願意以 400 萬英鎊的價格把蘇伊士運河 44% 的股份轉讓出去，法國政府正在猶豫價格問題。這個消息如同天上掉下的餡餅，兩人認為這是一個絕佳的機會，英國必須第一時間出手，絕不能讓

其他國家捷足先登。迪斯雷利回去便召開了內閣會議，大家一致同意購買，但十分棘手的問題擺在面前 —— 去哪弄到 400 萬英鎊呢？如果向銀行借錢，煩瑣的借貸程序可能會讓英國錯失購買機會，而英國能在短期內支付這筆現金的只有萊昂內爾·羅斯柴爾德，最終迪斯雷利決定向萊昂內爾借錢。迪斯雷利派科雷去找萊昂內爾，二人之間發生了如下的對話：

> 「需要多少錢？」
>
> 「400 萬英鎊。」
>
> 「甚麼時間要？」
>
> 「明天。」
>
> 這時，萊昂內爾捏了一個葡萄，扔進嘴裡，「撲」地又吐出了皮，問道：「誰來擔保？」
>
> 「英國政府。」
>
> 「行！」

英國如願以償地買下了蘇伊士運河 44% 的股份。

在猶太歷史上，羅斯柴爾德家族一直被視為財富與榮耀的象徵，即便是在家族勢力已大為削減的 21 世紀，人們仍在樂此不疲地演繹着他們的金融神話。2009 年春天，羅斯柴爾德家族的第六代掌門人大衛·羅斯柴爾德接受了中央電視台《對話》欄目的採訪，在談到家族何以能在 250 多年中維持其聲望與影響力時，大衛·羅斯柴爾德有這樣的表述：

> 對我們家族而言，我們有自己的原則：團結、正

直和勤勞。所謂團結，就是家族成員之間要團結；勤勞就是要努力地工作；而正直，就是說你做的事情要對自己有好處，也要對別的人有好處，而不是僅僅為自己賺錢。這是我們的三詞真經。

在歷史上，猶太民族始終是一個少數族裔，但它卻是一個具有非凡創造力的民族，在經濟、科學、藝術等領域中取得了驚人的成就，以至於長久以來猶太人被稱為是「最聰明的民族」。猶太民族之所以人才輩出，並不是因為他們具有超乎常人的大腦，而是與其歷史與文化、族群的經歷有着密不可分的聯繫。猶太人成功的原因可總結為以下幾點：

1. 猶太教是促進猶太人取得成功的內在動力。《聖經》鼓勵猶太人要行公義、好憐憫、存謙卑之心，與人為善、樂於助人是猶太教鼓勵猶太人實現社會價值的黃金準則，它要求每個人都應該擔負起自己的責任，為自己、為家人、為社團以及猶太民族的發展做出貢獻。

2. 重視教育是猶太人取得成功的一大因素。猶太家庭和猶太社團的學習氛圍濃厚，尊重學者、崇尚知識是猶太人的生活準則。很多猶太人養成了善於鑽研、樂於質疑、反向思維的習慣，他們善於學習與總結，具有敏感的洞察力，這些特點都是猶太人的寶貴財富。

3. 反猶主義是猶太人不斷超越自我、走向成功的驅動力。反猶主義是猶太人最長久的敵人，也是促進猶太人不斷進步的動力，外界社會的種種限制與迫害錘煉了猶太民族的韌性，啟發了他們的創造力，猶太人有更多的理由並且需要付出更大的努力去爭取生存

與發展的權利，在這種情況下，猶太人展現出了強大的適應力和創造力。

4. 與異質文明交往是猶太民族不斷進步和成功的重要原因。猶太民族是一個遷移性的民族，他們跟隨着文明的步伐行走，始終生活在最先進文明的輻射圈內。在與異質文明的交往中，猶太文化不斷調整與革新，猶太人的思想觀念也發生了巨大的變化，他們不斷接受新思想，適應新環境，借鑒新知識。正如以撒·多伊奇所說：

> 他們的「超前」優勢在於作為猶太人他們生息在不同文明、宗教和民族文化的交界線上，他們誕生和成長在不同時代的交界線上。他們的思想成長在最為斑斕的相互溝通、相互滋養的文化影響之中，他們生活在他們各自國家的邊緣、隱蔽處或偏僻角落。他們中的每一位都既在其社會之中又超然其外，既屬於它又超然於它。正因為如此，才使得猶太人創造了超乎社會之上、超乎其國家之上、超乎其時代之上的思想，才使得他們的精神遨遊在寬闊的地平線上，遨遊向遙遠的未來。

第 四 章

追逐美國夢

猶太人是獨一無二的。他們作為世上最早的一神論者，早在《聖經》記述的年代裡就獨一無二；後來背井離鄉，被放逐而浪跡全球，也是獨一無二；接下來他們抵達美國，開始新的冒險征程，並最終獲得前所未有的成功，依然獨一無二。在美國，猶太人的崛起前所未見，從工人階級新移民一躍佔據法律、醫學、學術、金融、商業以及藝術等領域的顯赫位置。猶太人一時間成了美國成功故事裡不可或缺的部分。

—— 傑克·羅森

《猶太人的大夢想 —— 成功、繁榮和美國夢》

1500 年在世界歷史上是一個轉折點，勇於探險的航海家們駕駛着浩浩蕩蕩的船隊把人類歷史推進到地理大發現時代，從此，頻繁的交往活動打破了區域文明的種種局限，世界逐步成為相互聯繫、相互依存的一個整體。在這樣的宏觀背景下，美洲大陸吸引了大批「淘金者」。一批批散居於歐洲各地的猶太人紛紛落戶於紐約、芝加哥、費城等大都市，在遙遠的異國他鄉為自己找到了一方實現夢想的樂土。他們適應環境，把握機遇，創立了猶太文化的美國風格，建構了散居史上最為輝煌的猶太社團。如今約有 600 萬猶太人生活在美國，他們在政治、法律、金融、藝術、娛樂業等諸多領域顯示了自己的實力。用美國猶太領袖傑克·羅森的話來說：「簡而言之，猶太人的文化和傳統 —— 他們形成的內因和外因 —— 形成了一股強大的合力，促成了猶太人在美國的成功故事。」

踏上北美大地

當上帝關閉了一扇門時，他會為你開啟另一扇窗。當歐洲大陸反猶主義遍地肆虐的時候，北美這扇新的大門向猶太人敞開了。

猶太人很早就踏上了美洲大陸。1492年，猶太人路易斯‧德托雷斯作為哥倫布船隊中的一員抵達北美，這是猶太人到達美洲的最早記錄。1654年，有23位葡萄牙猶太人為躲避宗教法庭的迫害來到了當時屬於荷蘭殖民地的新阿姆斯特丹，成為移民美國的先驅。到1776年美國獨立時，北美土地上有2000－3000名猶太移民。美國的開國元勳們對猶太人頗為尊重，約翰‧亞當斯稱猶太人是「在這個世界上居住的最光榮的民族」。

19世紀中葉以來，猶太人在尋求解放的旅程中跋涉了很久，儘管他們的傳統職業及社團機構已經分化，在語言、服飾及觀念上與主體民族的差異越來越小，但傳統的反猶觀念依然存在，它以阻礙猶太人進入主流社會為主要目的。崇尚自由、平等的猶太啟蒙者一直對人類的進步懷有高度的自信，他們認為科學與理性的發展終將蕩滌一切反猶情緒。但隨着突如其來的反猶狂潮在歐洲大陸不斷上演，許多猶太人徹底失望，最終選擇到遙遠的美國去發展。

利奧波德‧科姆佩特是一位頗有影響的波希米亞猶太作家，他和許多人一樣把自由的希望寄託於1848年革命，當希望破滅之後，他寫了一篇題為《走向美國》的文章，呼籲猶太人移居美國以躲避新的災難。一些猶太領袖也開始組建移民團體，安排遷移事宜。1840－1860年，是美國社會給予猶太人以「廣泛自由及廣泛接納的時代」，大批中歐猶太人從德國、奧地利、匈牙利和波希米亞等地舉家遷往美國。這20年間，美國猶太人口增加了10倍，由原來的1.5萬人增至15萬人（1826年時僅有6000人），到1880年已達到25萬，他們的足跡遍及整個東部，並開始向西部蔓延。

1881年以後，俄國政府公開排猶，每一次暴力行動都把一批新的移民送出邊境。東歐猶太人把美國視為理想的避難所，在他們

的心目中，大洋彼岸的那片新土地，沒有暴力、沒有歧視、沒有眼淚，只有平等的機遇和成功的條件，似乎「那裡每一條街道都是用金子鋪成的」。據估計，19 世紀末葉，每 3 個東歐猶太人中就有一個定居美國。從 1881 年到 1924 年有大約 250 萬東歐猶太人移居美國。

　　來到美國的猶太移民，很快就認同了美國社會的主體精神，在他們眼中，新大陸成了自由、民主、平等的樂土。1883 年猶太裔作家埃瑪‧拉扎勒斯以非常深情而優美的詩句表明了猶太人的這種心態，她寫道：

　　　　都交給我吧──

　　　　那些疲憊貧窮、渴望自由的眾生

　　　　那些遭遇遺棄、苟且於彼岸的人群

　　　　那些無家可歸、掙扎於暴風雨之中的驚魂

　　　　都交給我吧！

　　　　我高舉燈盞佇立於金門！

　　埃瑪‧拉扎勒斯的這首《新巨人》，在美國文壇上影響深遠，它被刻在了自由女神像的座基上，成為人們世代傳誦的不朽之作。

思想裂變與心理適應

　　當早期的猶太人滿懷欣喜地踏上新大陸的時候，這裡的生存環境、文化習俗都讓猶太人備感陌生。比起故鄉，這裡是一片更加現代的熱土，一面是象徵工業發展的大煙囪，另一面是紙醉金迷、燈

火爛漫的喧囂世界。儘管猶太人特別是中西歐猶太人也曾受到啟蒙的影響，但 19 世紀 80 年代以前的大多數猶太社團基本上仍處於前現代狀態。

一踏上美洲大陸，猶太人立刻意識到他們常年固守的種種禮儀及行為規範在新大陸「不合時宜」。他們在入鄉隨俗的過程中，逐漸淡漠了自己的傳統。先期而來的德國猶太移民也以自己的親身經歷教育後來者要丟棄舊世界的傳統習慣，使自己脫胎換骨變成美國人。一個猶太年輕人曾比喻道：我們如同烈馬被馴服一般，不分青紅皂白地憎恨和蔑視傳統，因為它們是橫亙在我們所追求的目標前面一道不可逾越的障礙。因此，許多猶太移民在登上輪船那一刻，就決心與舊世界決裂，他們祈求嶄新的生活，要像嬰兒一樣重新去認識、重新去成長、重新去生活。

美國這個陌生的新環境，對大多數猶太移民來說都需要一個很長的適應階段，以至於相當一部分人的心情很快就從最初的欣喜轉為了失望。美國的客觀現實使不少猶太移民認識到，單單追求道德及理性意義上的學習遠遠不夠。他們驚歎眼前的世界是建立在這樣的基礎之上：金錢、金錢，還是金錢。這裡確實需要知識與學問，但人們學習的首要動機已變成了經濟與社會地位的提高，其次才是精神的昇華或靈魂的淨化。

民族文化與現實生活的衝突在家庭中體現得尤為明顯，在新舊觀念的衝突之下，家庭往往成為最先爆發衝突的地方。在傳統的猶太家庭中父親具有權威性，是家庭生活及履行宗教禮儀的核心。「父親就是一家之主，受到敬畏和尊重。不能輕易對他講話，也不能談論他。他代表一個古老的文明。」但在美國新生活的影響之下，傳統家庭的危機已經出現。有人曾將這時期的猶太家庭形容為

「受挫的愛情、破裂的家庭、痛苦的婚姻」。

沉重的生活壓力與外界社會的誘惑，使許多丈夫失去了責任感，遺棄家室成為一種普遍的現象。《前進報》作為當時世界上最大的意第緒語時報，專門開闢了「失蹤丈夫專欄」，刊登棄家不歸者的照片及其家人的聯絡方式。紐約希伯來慈善聯合會在 1903 年和 1904 年的財政支出報告顯示，該聯合會所受理的 10% 的救濟申請來自被丈夫遺棄的婦女。20 世紀初的許多意第緒語報刊發表了連篇累牘的文章來反映夫妻關係的緊張。造成許多猶太丈夫離家出走的原因是「沒有精神根基的青年人對美國生活缺乏抵抗力」。

許多家庭主婦也因為婚姻生活的期望值升高，從而對婚姻生活提出了新的要求。許多女子由原來的目不識丁變為可以看書寫字，脫離傳統的主婦角色進入工廠去掙錢，擔當起了養家糊口的重任。隨着經濟地位的改變，她們對婚姻生活的要求提高了，當丈夫的實際狀況與她們的期望值之間存在着很大差異的時候，造成家庭解體的不安定因素也隨之增加。當時的意第緒語報刊收到不少丈夫的來信，訴說自己的妻子如何與外人混在一起。

面對嘈雜的街道、擁擠的住房、你推我搡的匆忙人群，加上精神孤獨與生活重壓，許多人出現了心理錯位。從 19 世紀八、九十年代至 20 世紀初，不少猶太人出現了心理疾病，各種各樣的犯罪行為如匪徒打劫、少年墮胎等十分普遍。紐約下東區的貧困、擁擠狀況助長了許多青少年走上街頭，成為「浪子」，從事各種犯罪活動。1906 年，紐約希伯來青年會主席福爾克·楊格在一份報告中說：在紐約少管所接受教育的兒童中，猶太人佔 20%−30%。

造成猶太人思想裂變的因素是多種的，一方面美國都市的種種浮華、鋪張的生活氣氛對猶太傳統生活提出了挑戰；另一方面猶太

傳統道德標準和文化支柱在新世界並沒有牢固扎根；此外，大多數出來做工的猶太人，被迫忍受殘酷的剝削和高強度的工作，這讓他們的生活十分艱難。幾種因素交織混雜在一起，對猶太傳統生活和觀念產生了重大的衝擊。

社會學家冷納將這些來到美國艱難適應現代文化的猶太人稱為「過渡人」，他們處於「傳統者」與「現代人」之間，是傳統—現代的斷裂體。由於「過渡人」生活在雙重文化背景下，他們一隻腳留在傳統之中，另一隻腳已步入現代社會，對傳統既留戀又厭倦，對現代化時而貶棄、時而張揚，時而熱情奔放、時而又疑慮重重。對於那些剛剛走出傳統社會而步入現代美國的東歐猶太人而言，他們不僅經歷着「新」與「舊」交替所造成的「價值窘迫」，而且比其他族類的「過渡人」更多了一層濃厚的思鄉之情與漂泊異鄉的淒涼之感，他們的精神孤獨更為沉重。

作為「過渡人」固然是痛苦的、無可奈何的，甚至是不幸的，但現代新型人格恰恰是在痛苦與無奈之中孕育、成長的，在經歷了「轉型」與「過渡」的苦澀之後，到 20 世紀中葉，大多數猶太人逐漸在「猶太性」與「美國化」之間找到了一種平衡，這也是傳統與現代撞擊、兼容的產物。

猶太教在美國的多元化發展

「有時違背部分律法乃是為了保護整個律法。」為滿足多元社會中現代人的不同需求，美國猶太教也走向了分化，出現了四大派系 —— 正統派、保守派、改革派、重建派。移民美國的歐洲猶太人特別是德國猶太人，已深受猶太啟蒙與改革思想的影響，對自

由、世俗的生活方式十分嚮往，特別是面對美國多元文化的大環境，改革猶太教的意識非常強烈。在美國，即使是正統派、保守派，也或多或少地打上了世俗化、現代化的烙印。相比之下，改革派與重建派顯得更為活躍，他們積極用現代性因素來梳理本民族的傳統文化以建構自身。

有比喻說，對猶太教進行改革就如同在河堤上扒缺口，最好是謹慎、周密、有計劃、巧妙地去做，這樣才能控制住水流，不至於讓洪水淹沒了家園、田地及村莊。美國猶太人的心態和生存環境決定了他們要對傳統進行某種程度上的變革，在文化適應上改革派和重建派非常具有代表性，這兩派也被視為是猶太教在美國文化中的新生。

美國猶太教的改革先驅大多是德國移民，也可以說美國改革派是德國改革派的延伸。1842 年，美國成立了第一個改革派猶太教公會——西奈聯合會，拉開了改革運動的序幕，到 1877 年時，200多家猶太教公會幾乎都是改革派的，19 世紀末期也被稱為美國猶太教改革派的輝煌期。

以撒·邁耶·懷斯是美國猶太教改革運動最主要的設計師。這位出身於波希米亞的拉比，於 1846 年夏天到達美國後就立即推行了一些改革措施，如在會堂儀式上增加鋼琴伴奏、混合唱詩班等。在他看來，陳規陋習已經裹住了猶太教的內核與精髓，只有摩西十誡才是真正的神啟，其餘的律法都有一定的時效性及局限性。美國猶太教的出路就是要與美國精神相融合，只有衝破那些落後、陳舊的教條，猶太人、猶太教才會有希望。懷斯及其同仁們的改革主張對剛剛逃離迫害而來的移民們具有很大的吸引力，也符合他們追求自由的心態。

隨着猶太教改革運動的發展，迫切需要一個共同的綱領，1885年 11 月，改革派召開了特別會議，會議由懷斯主持，共 19 名拉比參加。這次會議通過了著名的《匹兹堡綱領》，系統闡述了改革派的 8 項主張。《匹兹堡綱領》宣稱：

> 今天，我們只尊之為具有道德約束力的律法，而且僅僅堅持那些昇華、聖化我們生活的各種禮儀，同時要拋棄那些與現代文明的思想及習慣不相適應的一切……摩西律法及拉比律法中那些關於飲食、潔淨及服飾的規定……妨礙了而不是推動了現代精神的昇華……我們不再把自己看做一個民族，而是看做一個宗教共同體。因此，我們既不期望重返巴勒斯坦，更不恢復任何有關猶太國的法律。

可以看出，改革派主張丟棄一些不合時宜的生活習慣，淡化宗教色彩，不支持猶太人在巴勒斯坦建立自己的國家，而是要做一個真正的美國人。這些激進的主張明顯帶有反傳統主義、反民族主義的傾向，標誌着猶太教改革派與傳統主義的決裂，在以後的半個世紀中，它一直代表了美國改革派的主流思想。

到 20 世紀前後，隨着猶太人特別是歐洲猶太人生存環境的變化，一些新的危機隨之而來，首當其衝的就是反猶主義的威脅。19世紀末，德國等地種族反猶主義盛極一時，猶太人被視為「歐洲的災難」，俄國也炮製了《錫安長老議事錄》，攻擊猶太人企圖控制整個世界。當外部的反猶勢頭愈加高漲時，猶太人內部的復國思潮也在快速發展。1897 年，第一次復國主義大會順利召開，與此同

時，巴勒斯坦在移民安置、經濟發展及文化建設方面所取得的成就讓世界各地的猶太人倍感鼓舞，也在改革派猶太人中獲得了良好的聲譽。改革派如繼續對猶太復國主義持排斥態度的話，只能使它失去越來越多的群眾基礎。不僅如此，美國移民的成分早已發生了變化。在 1900 年前後，來自東歐的正統派教徒遠遠超過了深受改革派思想影響的德國猶太人。面對這種情況，美國猶太教改革派如果不調整宗教主張就可能會被更多的人所拋棄。

1937 年，美國改革派拉比在俄亥俄州的哥倫布市召開會議，以 101 比 9 的壓倒性多數票通過了著名的《哥倫布綱領》，標誌着改革派立場的轉變。與《匹茲堡綱領》相比，《哥倫布綱領》主要在對待猶太復國主義和傳統習俗上面做出了重大改變。《哥倫布綱領》第 5 條指出：巴勒斯坦「不僅是受迫害的猶太難民的避難所，而且是猶太文化及精神生活的中心」，並號召世界猶太人以支持、援助的積極態度，「建設猶太人的家園 —— 巴勒斯坦」。

改革派對待傳統宗教禮儀的態度也發生了改變。廣大的東歐移民雖然認同改革，但在心理上並不能完全承受對傳統禮儀的放棄。在他們看來，沒有禮儀的宗教是空洞無物的。他們還認為，他們的子孫後代仍然需要宗教禮儀，禮儀給宗教賦予色彩，並使之更加充滿活力。隨着東歐猶太移民成員的增加和影響的擴大，他們成功地將許許多多習俗引進改革派宗教儀式中。

為了適應這些人的心態，《哥倫布綱領》又轉向肯定傳統的宗教儀式：

> 猶太教作為一種生活方式，加上其道德及精神需求，要求人們守安息日、各種節日和聖日，像珍藏神靈

的啟示一樣保留和發展相應的習俗、信條和儀式，開發
新穎的宗教藝術和音樂形式，在宗教禮拜和佈道時兼用
希伯來語和本國語。

正是由於及時轉變了策略，改革派贏得了更多的群眾支持，其影響
力很快超出了美國、加拿大，延伸到世界各地。

相比起改革派等教派的主張，重建派的代表摩迪凱‧開普蘭的
主張更具有創造性。開普蘭於 1881 年出生在立陶宛，9 歲時隨家
人移居美國。1934 年，開普蘭創辦了《重建派》雙月刊，積極宣
傳其理論主張。

開普蘭認為，改革運動的本意是調節現代與傳統之間的矛盾，
但改革運動導致了猶太教的分裂，不管是改革派、保守派還是正統
派都沒有給猶太人的現代生活提供一種新的精神動力，因而無法滿
足現代猶太人的內在需求。所以挽救猶太教的唯一辦法就是以現代
理性為基礎，從深層意義上重構猶太教的哲學根基。

開普蘭對猶太教的定義進行了新的解釋，認為它包括了歷史、
文學、語言、社會組織、民間規約、行為準則、社會及精神理想、
美學價值等等，所有這些從整體上構成了一種文明。開普蘭主張，
流散中的猶太人都應忠誠於所在國，但要在精神和宗教上認同自己
是一個猶太人，每個猶太人都要關注全世界猶太人的命運，支持巴
勒斯坦這個猶太民族精神家園的發展，因為這是猶太文化的根源和
再生發展之地。

開普蘭作為一位傑出的思想家，擴大了猶太教的思想基礎，把
猶太教中長期存在的理性主義、人文主義推向一個全新的階段。在
猶太教及整個猶太文化與現代主義的撞擊、角逐及兼容過程中，開

普蘭起到了積極的推動作用，他的理論協調了猶太文明與現代文明的關係，既是猶太文化美國化、現代化的結晶，又反過來大大推進了猶太文化的世俗化、民主化進程。重建派推進了猶太教與現代民主思想、平等觀念及科學理性的結合，也推進了猶太文化與美國文化的溝通與兼容，所以重建派被稱為「美國土生土長的猶太教」，與其他教派相比，更具有時代精神與現代風格。

開普蘭的重建主義思想大大豐富、發展了猶太教理論，但作為一種社會運動，它並沒有達到預期的目的，目前屬於重建派猶太教的人數仍然很少。一個重要的原因就是重建派的理論過於世俗化，對仍然需要宗教慰藉的現代猶太人來說激不起崇拜及聖化的熱情，在許多人看來，它更多的是一種哲學而不是宗教，雖然可以滿足一些知識分子的哲學疑惑，但對普通民眾卻沒有很大的感召力。

美國猶太人的成功之路

儘管早期移居美國的猶太人生活非常艱苦，外界對猶太人的偏見與仇視同樣存在，反猶的言論、行為及限制性措施也時常出現，但相對於歐洲大陸而言，這裡是自由的殿堂與機會的福祉。美國被視為一個遍地黃金、成就夢想的國度，造就了許多激人上進的成功案例，其中一些猶太成功人士的故事至今仍廣為流傳，李維·施特勞斯的發跡就非常具有代表性。

李維·施特勞斯出生在德國的一個猶太家庭，1853 年，他隨一批年輕人漂洋過海來到三藩市，投入到淘金的熱潮之中。當許多人將注意力集中在閃閃發光的金子上時，李維卻獨具慧眼，把發財夢寄託在經營牙膏、肥皂、香煙、餅乾、毛巾等小商品上。李維以

很少的資金辦起了自己的小店，與其一同而來的年輕人曾不斷地嘲諷他，認為他根本不可能發財，甚至連回家的路費都掙不回來。然而事實證明，李維的生意非常好，業務也在不斷擴大。一天，李維聽到一個淘金工人說：棉線所做的衣服很不耐磨，如果能用帆布做成褲子一定很耐穿。獨具眼光的李維從這句話中發現了商機，他製作了幾條帆布褲子，銷路果然很好，之後他將這種褲子批量生產，樣式也在不斷地改進，口袋由原來的縫製改為金屬釘製，在不同的部位縫製了一些口袋，方便攜帶物品。李維‧施特勞斯成為牛仔褲的創始人，也成就了他的淘金夢。牛仔褲由於簡單、帥氣的特點，流行於各行各業，現已成為全世界最流行的服飾之一。如今，Levi's牌牛仔褲依舊享譽全球。

當然，並不是每一個猶太人都像李維那樣幸運。由於文化差異較大，新來的猶太移民對美國社會了解甚少，很多人不懂英語，大多數人一貧如洗。初來乍到，只能依賴猶太組織及慈善機構的救濟生活，或者暫住同鄉家中成為寄宿者。

由於生活習慣的原因，這些來自歐洲的猶太人大都選擇了在城市定居，而且多追逐大城市，許多人選擇了紐約，因為這裡不僅是最主要的登陸港口，也是全國最大的工業中心。

1880年時，紐約猶太人佔城市居民總數的1/10，1915年時，猶太人口增至140萬，幾乎佔城市總人口的1/3，到20世紀20年代，紐約大概有175萬猶太人，成為世界上猶太人口最多的城市，紐約猶太社團被稱為是「有史以來規模最大、最自由、最發達的社群」，紐約市則被譽為「世界猶太人的母親城」。除紐約之外，猶太社團也在波士頓、芝加哥、華盛頓、費城等城市紛紛建立，並聚集了大批的猶太人口。

生活在底層的猶太移民深刻感受到了城市的冷酷與無情。他們找不到理想的工作，有的背起背包，開始了沿街叫賣的工作，所賣商品從魚、麵包、水果、牛奶到青銅器、小玩具等，無所不包；有的做起了搬運工、建築工、印刷工、玻璃工等；也有的涉足一些生產部門，尤其是製衣業、家具製造業、煙草生產、皮革加工等行業。19 世紀 80 年代，當大批猶太人移民而來時，正值美國資本主義經濟迅速發展時期，工業化發展很快的東部和中部各州出現了大批的「血汗工廠」，別無選擇的第一代東歐移民不得不充當「血汗工廠」的勞動力。在這些工廠裡，每週的工作時間是 60 小時，加班更是家常便飯，更可悲的是，辛苦工作換來的只是微薄的收入。

貧窮、飢餓及擁擠不堪的居住條件使猶太社會籠罩在一種失望沉悶的氣氛之中。猶太作家曾這樣描述當時紐約下東區猶太社團的生活情況：

> 一個由公寓樓房組成的灰暗的石頭世界，在那裡，即使是美妙的春日也見不到青青的草葉……街道被籠罩在一種難以名狀的氣氛之中。連空氣中也彷彿散發着歷經千年流亡的猶太人所特有的悲哀和痛苦……整個移民社區正受着血汗工廠的煎熬，奄奄一息。

在血汗工廠裡工作了整整 10 年的莫里斯·羅森菲爾德後來成了著名的詩人。他把自己親身經歷的苦難生活全都凝結在那膾炙人口的詩句中，他寫道：

> 晨鐘催上工，

夜晚回家走，

周身體麻木，

難辨血與肉，

……

工作，工作，不知為何，

生產，生產，永無終期。

為誰為何我不知，也不想知，

我不過是一台旋轉的機器。

　　值得慶幸的是，猶太人在血汗工廠停留的時間不算很長，到了
20 世紀初，大批人離開了這裡。從社會大背景看，這一時期是美
國經濟結構調整的重要階段，企業紛紛由勞動密集型向技術密集型
轉型，越來越多的體力勞動者流入服務、分配、流通、管理等領域
之中。從猶太人個人來說，大多數人已經適應了美國生活，掌握了
英語及其他的生產與生活知識，可供選擇的職業越來越多，特別是
他們尤為重視教育，教育被視為是猶太人擺脫貧困生活的一個重要
途徑。

　　不同時期來到美國的猶太移民都把教育放在了極高的位置。他
們認為，教育是猶太青年提高社會地位和職業地位的主要手段，是
通向成功的捷徑。猶太人求知的熱情在美國更加蔚然成風。根據美
國工業委員會所掌握的資料，在 20 世紀前後，美國猶太母親的就
業率低於其他民族，其原因就在於她們要操持家務，以便更好地供
孩子上學。「在小學裡，猶太兒童因為聰敏聽話和行為良好，很受
老師喜歡。」

　　20 世紀以來，美國猶太人對高等教育極為熱衷，儘管 20 年代

一些大學對包括猶太人在內的少數族裔的入學名額還有一定的限制，但猶太子女還是會千方百計地去爭取接受高等教育的機會。美國學者對 10 個城市中的醫學院進行調查發現，猶太學生的增長速度十分驚人：1881–1885 年為 25 人；1891–1895 年為 153 人；1901–1905 年為 460 人；1906–1910 年為 716 人；1916–1920 年為 1273 人，40 年間增長了 50 倍。1937–1938 年的《美國猶太年鑒》統計表明，猶太人只佔美國總人口的 3.5%，但在美國高等教育機構中的猶太學生卻佔到 9.1%。1970 年代時，常春藤聯盟中哈佛、耶魯、普林斯頓、哥倫比亞大學中猶太本科生的比例達到 25%。2001 年的一項調查顯示，58% 的猶太人擁有大學文憑，而其他族裔為 22%。

猶太知識分子的增多促使猶太人的社會地位發生了變化。隨着教育水平的提高，在各行各業的精英中，猶太人的比例逐漸上升，在新聞傳播和影視領域更是異軍突起，創造了一個傳媒帝國。美國現代新聞之父約瑟夫·普立茲是猶太人，他所設立的普立茲獎被譽為新聞界最高榮譽。世界上最大的跨國媒體集團——新聞集團——的總裁梅鐸也是猶太人，他旗下的《泰晤士報》、二十世紀福克斯公司等都是享譽全球的大品牌。《紐約時報》《時代周刊》《新聞周刊》《華爾街日報》以及美國的多家電視網中都有相當大的猶太股份，美國具有較大影響的精英媒體中約四分之一的員工是猶太人。在荷里活，華納兄弟的創始人是波蘭裔猶太人，美國第一部有聲電影《爵士歌王》就是華納兄弟公司於 1927 年拍攝的。夢工廠、美高梅等著名電影公司的大股東也是猶太人。20 世紀六、七十年代，荷里活幾乎半數的導演和演員都是猶太人。

在科技領域中，猶太人同樣如魚得水。愛因斯坦、馮·紐曼等

猶太科學家將美國帶入了核時代。截至 20 世紀 80 年代初，獲得諾貝爾獎的 100 多名美國學者中，有近半數具有猶太血統。

　　法律界中更是長期流傳這樣的名言：「不精通摩西律法的人不能成為一個地道的律師。」「去請一個猶太律師，他會幫你解決一切。」早在 20 世紀 70 年代中期，美國每 5 名律師中就有一個是猶太人。

　　實業方面，湧現出許多對美國社會做出極大貢獻的著名猶太企業家，如美國銅工業之父古根漢、美國銀行業奠基人約瑟夫・馬庫斯、谷歌創建人拉里・佩奇、英特爾創建人安迪・格魯夫、微軟首席執行官史蒂夫・鮑爾默、甲骨文公司創始人勞倫斯・埃里森、戴爾創建人米高・戴爾等。華爾街很多著名的金融公司都是猶太人創建的，如高盛、雷曼兄弟、所羅門兄弟。美國《福布斯》雜誌公佈的 2012 年美國富豪排行榜顯示，前 40 名富豪中有 21 名是猶太人。

　　在經濟地位提高的同時，猶太人還在政治領域中佔有了一席之地。社會地位的提升需要經濟能力的輔助，也需要政治權威的支持和保障。在歷史上，猶太人長期處於無權地位，這讓他們深刻認識到政治參與的重要性。美國是個移民國家，自由、多元的社會文化也促使各個群體敢於表達自己的訴求，在此大好機遇面前，猶太人積極參與政治活動，快速融入主流社會之中。

　　在第二次世界大戰中，大屠殺悲劇的發生讓更多的美國猶太人充分認識到參與政治是保障合法權益的有效途徑，也是避免反猶迫害的重要手段。

　　美國的總統選舉中，猶太人的影響力不可忽視。猶太人的政治參與程度非常高，其投票率高達 80% 以上，而美國選民的平均投票率約為 50%。美國猶太人聚集非常集中，主要分佈在紐約州、麻

薩諸塞州、新澤西州等，由於猶太社團的凝聚力，他們的選票投選目標相對集中，常常對選舉有舉足輕重的影響。猶太財團的政治捐款是美國共和、民主兩黨競選活動的重要資金來源。

同時，很多猶太人活躍在美國政治舞台上，在美國各級政府官員中隨處可見猶太人的身影，如著名的外交家基辛格、紐約市長布隆伯格等。

在美國，猶太人還成立了大量的民間組織，這些猶太民間組織以「為猶太人和以色列謀取利益」為宗旨，經常對政府進行遊說，施加壓力，導致很多議案或政策無法通過實施。這些組織被稱為是美國國會之外的院外集團，即「院外遊說集團」，在美國政治中具有較大的影響力，是美國政治中非常重要的一股制衡力量，他們還會出版印製一些材料，宣傳以色列的正面形象，再加上猶太人在輿論媒體中的控制力，以至於在涉及猶太人利益的時候，美國兩院常常要先諮詢或優先考慮猶太院外集團的意見。因此，美國猶太人通常被稱為是「關鍵的少數」。

長期以來，猶太人在流散世界的過程中飽受迫害與歧視，而在美國他們真正找到了一個屬於自己的樂土，儘管這條路很曲折同時充滿了坎坷，但猶太人卻取得了舉世矚目的成就，美國猶太人也被稱為是美國最成功的移民。正如阿瑟・赫茨伯格所說：

在 2000 年的歷程中，猶太人在世界各地與其他民族、宗教及種族群體共存。在美國，猶太人不僅僅是與其他民族一起在一塊陌生的土地上共存，相反，我們是締造者、是這塊土地的子孫。我們雖然可以寫一部關於倫敦猶太人的漫長歷史，但是沒有這些猶太人的內容，

倫敦的歷史完全可以照寫；然而，沒有猶太人這一筆，
就無法寫出紐約的歷史，是猶太人和其他許多民族一
起，鑄造了這個國家及其大城市的氣質與必要的品質。
只有當你接受了這樣的觀點，即紐約不僅僅是愛爾蘭人
的、意大利人的、波多黎各人的城市，同時也是一個偉
大的猶太城市，那麼你才能理解美國及紐約對猶太人來
說意味着甚麼。

認同與同化的張力

當歐洲猶太人踏上新大陸之前，他們就懷揣着自由平等的夢
想，因此一來到美國，許多人迫不及待地想要實現生活方式的「美
國化」。19 世紀末期，幾乎所有猶太領袖都鼓勵新移民採用新大陸
的生活方式，「做一個美國人，無論在會堂裡還是大街上」成為最
時髦的話語，猶太教改革派領袖懷斯甚至提出要為美國猶太人制定
一套美國式的宗教禮儀及規範，他指出：「我們首先是美國人，然
後是猶太人⋯⋯我是一個忠實的公民，因為我的國家並不妨礙我
根據自己的信仰而成為一個猶太人」。在美國，不僅是改革派猶太
人，保守派、正統派猶太人也都在很大程度上認同美國文化。

除了思想家的引導之外，新移民們一踏上美國大陸，從老移
民那裡得到的經驗之談也往往是 ——「像美國人那樣生活」。在當
時的紐約猶太社會中，人們最容易聽到的一句話就是「以我們為榜
樣」。正是在紐約社團的影響之下，移民們急於仿效美國文化及美
國生活方式，「如果願意的話，新移民會很快美國化，並且絕大多
數都願意如此」。為了儘快使自己成為一個美國人，學英語、穿西

裝等成為猶太青年最喜愛的生活方式。

　　進入 20 世紀後，大多數猶太人逐漸地適應了美國社會，同化的步伐更是大大加快。許多猶太會堂的禮儀已經非常的世俗化，英語佈道也非常普遍，會堂逐漸由宗教場所變為了社會、道德教育場地。由於英語在日常生活中的廣泛使用，到 20 年代，意第緒語的出版物減少了一半，一些意第緒語文化機構如圖書館、劇院等也倍受冷落。

　　猶太人融入美國的過程就是同化於美國文化的過程，也是許多猶太人喪失民族認同感的過程，即由原來的美國猶太人轉變為猶裔美國人。美國猶太人的同化主要表現在兩個方面：宗教意識的淡化和異族通婚的加劇。

　　據學者彌爾頓研究，20 世紀 80 年代初，有 20% 的美國猶太人虔誠信仰宗教，正常參加會堂的禮拜儀式；40% 的猶太人只在猶太節日時參與會堂活動，並以此作為猶太身份的象徵；30% 的猶太人對宗教禮儀持無所謂的態度；10% 的猶太人不信仰宗教。到 20 世紀末，美國猶太青年中已有一半左右的人公開宣稱不信仰猶太教，他們大多接受的是純粹美國式的西方教育。他們認為，自己之所以是猶太人，僅僅因為出身於猶太家庭或者習慣於某種傳統的生活方式，並非一定要嚴格遵守猶太教的清規戒律。他們聲稱：「我們是猶太人，但我們首先是美國人，美國是我們的祖國。」對美國文化的認可改變了猶太人的行為模式，促成了對美國思想及風俗習慣的模仿，許多猶太知識分子把繁榮世俗文化作為自己的社會理想與人生目標。

　　隨着人口的不斷流動，猶太人的分佈越來越分散，與外族通婚現象也就越來越普遍。據美國猶太人委員會的統計，1900 年前

後，98.92% 的猶太人不與外族通婚，1900-1920 年間，美國猶太人與外族通婚的比例僅為 2%，1940 年這一比例為 3%，1965 年為 17.4%，到 1970 年前後，上升到 31% 以上，如今，猶太人與外族通婚比例已超過 50%。

與外族通婚向來被認為是猶太社會最大的威脅，凡與外族通婚者不在猶太會堂舉行婚禮，拉比對新婚夫婦就失去了宗教意義上的指導權，其子女所接受的猶太傳統教育及熏染也就極為有限。一些猶太人士指出，這些與外族通婚的人除了還承認自己的猶太血統之外，正在一步步地失去文化與宗教特徵。不少美國猶太人如同行走在有去無回的單行道上，離自身的宗教傳統與民族歸屬漸行漸遠。

在與外族通婚現象越來越普遍的同時，美國猶太人口停止增長。埃利奧特・阿布拉莫斯在其 1997 年出版的《信仰與恐懼》一書中描述了美國猶太社團所遭到的「人口災難」：

> 美國猶太人口佔美國總人口的比例由最高點的 3.7% 降為 2%。1985 年後結婚的猶太人口與其他族裔的通婚比例高達 52%，而且非猶太配偶改宗猶太教的比例也在下降（20 世紀 40 年代為 20%，90 年代下降為 5%），通婚家庭出生的孩子中只有 28% 是按照猶太人的生活方式來撫養的。預計在今後兩代人的時間內，美國猶太人口將縮減 100 萬到 200 萬。

然而，樂觀主義者卻認為，認同與同化之間的緊張關係是美國猶太人歷史上的永恆主題。他們一方面渴望遵循美國標準而成為美國人；另一方面又擔心個性的消失，而這也是美國所有少數族群共

同的境遇。上自希臘羅馬，下抵今日的歐洲，猶太人始終都在主流文化與民族認同之間尋找折中與妥協，美國猶太社團在其 300 多年存在歷程中，創造了猶太人散居史上最輝煌的成就，它在美國的文化、經濟及社會生活中發揮了與自身人口不成比例的獨特貢獻。儘管做一個完整的猶太人還是一個完整的美國人有時候會導致一種迷茫與困頓的心理，但他們也會因這種共同的情感而團結、而凝聚、而激發創造力，美國當代著名猶太歷史學家喬納森‧薩納於 2010年 4 月在南京大學演講時這樣描述 520 萬美國猶太人的未來：

> 儘管美國的猶太歷史學家有時會對未來冷眼悲觀，但猶太歷史本身卻讓人有充分理由樂觀——更糟糕的情況猶太人都已經克服了。事實上，多年來猶太人熬過了一個又一個災難。我相信，他們之所以能熬過來，是因為他們每次都能仔細分析他們面對的問題，並能通過改變策略、創辦新機構及恢復古老的理想來着手解決問題。關於未來，我依據過去的經驗能告訴你們的是，它其實將由那些有願景和毅力去塑造未來的人決定。讓我們希望未來會塑造得更好！

第 五 章

空前的民族浩劫

大屠殺的記憶深刻地嵌入到猶太人的意識之中，所有或幾乎所有一切使他們感到，不管作為一個猶太人意味着甚麼，它都要求他們一定要儘量永久做猶太人。在某種程度上說，這是一件恐怖的事情，在更大程度上是一件重要的事情，在更大程度上是一件榮譽的事情。

—— 歐文・豪《父輩的世界》

德國所發動的第二次世界大戰不僅是一場針對歐洲大陸的侵略戰爭，也是納粹分子處心積慮所發動的一場種族滅絕戰爭。這場以消滅猶太人為目標的種族戰爭與常規戰爭同步進行。「最後解決」「特別行動隊」「集中營」等這些並不露骨的字眼之下掩藏的卻是600萬無辜猶太人的纍纍白骨，文明被拷問、理性被質疑，人們不得不反思：到底是甚麼原因造成了如此巨大的人間悲劇？施虐者為何如此狂妄兇殘？受虐者為何如同羔羊般任由宰割？旁觀者又為何鐵石般冷漠？

希特拉的猶太觀

古往今來，猶太人受到迫害的事例比比皆是，但把反猶主義發揮到極致的乃屬以希特拉為首的納粹德國，在「種族優越論」「生存空間論」的喧囂聲中，無數冤魂飄蕩在「卐」字旗之下。長期以來，希特拉的反猶動機引起了許多人的關注，綜合其所處的歷史背景和社會環境，可歸納為以下幾點：

第一，種族主義的世界觀。20世紀前後的現代反猶主義與歷

史上的宗教反猶主義、經濟反猶主義相比，帶有明顯的種族主義色彩。種族主義與達爾文的生物進化論有密切的聯繫，認為只有優等民族才能對歷史發展做出積極貢獻，劣等民族則是社會的寄生蟲。為了讓社會文明更快發展，需要逐步減少劣等民族的數量，清理他們對社會的危害。在種族主義的語境下，猶太民族被定義為「歐洲社會最大的毒瘤」。

1879年，一位名叫威廉·馬爾的德國記者出版了《猶太教戰勝德意志精神》的小冊子，在書中，威廉·馬爾將anti（反對）和Semite（閃米特人）這兩個詞組合在一起，創造出「反猶主義」（anti-Semitism）一詞。「反猶主義」帶有強烈的種族主義色彩，這個專有名詞的出現對猶太人來說則預示着更大的災難即將來臨。1899年，休斯頓·張伯倫出版的《19世紀的基礎》被稱為是種族主義的代表作，該書聲稱雅利安人和猶太人的鬥爭將貫穿於整個人類歷史。

儘管種族主義在歐洲多國都有市場，但在德國最為囂張。德國在第一次世界大戰中的慘敗為種族主義的發展提供了廣泛的群眾基礎，同時，德國種族主義的發展對社會民眾心理、輿論導向，特別是國家的政治走向產生了重大影響。歷時四年的第一次世界大戰最終讓與世界為敵的德國以失敗而收場，帝國的榮耀一夜間灰飛煙滅，德國社會陷入了巨大的恐慌與無序狀態。是甚麼讓最初的勝利轉為最終的失敗？是誰在前線士兵背後放黑槍？巨大的仇恨該往哪裡宣泄？德國社會的出路在哪裡？這一系列問題困擾着德國社會的各個階層。

德國一些狂熱的政客、軍人和民眾認為，戰敗是因為猶太投機分子和在猶太人中佔相當比例的社會左派人士從中搗鬼造成的，是

他們在前線士兵「背後捅刀子」。有人指責是國際猶太社團發動了戰爭，並從中牟取暴利，從而達到猶太人控制世界的目的；也有人說德國左派人士是猶太人的代言人，魏瑪共和國的憲法就是猶太人起草的。甚至在戰爭還未結束時，就有傳言說要對貪生怕死、不積極參戰的猶太人進行清算。在這樣的背景下，猶太人成為替罪羊，種族反猶主義最終扭曲了這個具有理性傳統的文明國度，驅逐猶太人、殺死猶太人的口號不絕於耳。

受社會環境的影響，希特拉年輕時就廣泛地涉獵各種各樣的種族主義理論，他在《我的奮鬥》一書中指出：「我們今天所看到的一切人類文化，一切藝術、科學和科技果實，幾乎全是雅利安人的創造產物。」在書中，希特拉大罵猶太人是一個劣等民族，如同一種病毒，正在侵蝕着德國這個肌體。雅利安人是人類進化的頂點，是最先進的民族，雅利安人必將統治世界，雅利安人最大的敵人就是猶太人，為了保證這個民族的純潔性，防止優良的血統被感染，必須要將猶太人從這個國家甚至是地球上清理乾淨。

一直對猶太人懷有惡感的希特拉把猶太人當成了轉移矛盾的靶子，把種族反猶主義上升為官方意識形態。在 1930 年 3 月舉行的德國國會上，納粹黨議員就提出一項以禁止猶太人與雅利安人混居為目的的立法。納粹黨正是在「解決猶太人問題」、純潔民族血統的宣傳中奪得了政權並穩固了基礎。

第二，把猶太人與共產主義運動聯繫起來，利用猶太問題的國際性來製造影響。在希特拉發跡的時代，「猶太—布爾什維克主義」恐懼症在歐洲有很大的市場。眾所周知，20 世紀初期，許多猶太人熱衷於社會主義革命。尤其在俄國，沙皇政府長期推行民族壓迫政策，猶太人不能在政府機關工作，所允許從事的職業與享受高等

教育的權利被嚴格限制，低下的地位使他們急於改變現狀，也易於接受激進思想。他們許多人崇尚馬克思主義，較早地走上了革命道路。

在早年的蘇維埃政府和共產國際中擔任重要職務的猶太人有托洛茨基、斯維爾德羅夫、季諾維也夫、加米涅夫、拉狄克、越飛等。十月革命後，蘇維埃政府廢除了一些歧視猶太人的法規，使猶太人獲得了政治解放，一大批出類拔萃的青年政治家脫穎而出，在蘇維埃俄國的 24 名黨政委員中，猶太人就佔了 16 名。繼俄國革命後，在中東歐的革命高潮中，猶太人中的先進分子也極其活躍。匈牙利家喻戶曉的革命領袖庫恩・貝拉是猶太人；在德國，科學社會主義的創始人馬克思、德國工人組織的創建者費迪南德・拉薩爾、德國社會主義組織的發起者保羅・辛格爾、最早提出馬克思主義已經「過時」應予以「修正」的伯恩斯坦、共產黨的領導人之一羅莎・盧森堡等都是猶太人。在德國十一月革命中，社會民主黨與獨立社會民主黨共同組建了聯合政府，人民委員會的 6 位委員中有兩位猶太人；在慕尼黑蘇維埃運動中，幾位主要的領導人庫爾特・埃斯奈爾、歐根・列威納以及恩斯特・托勒爾等也都是猶太人。希特拉利用這些事實大力渲染猶太—布爾什維克主義對世界的威脅，把馬克思主義理論說成是猶太人企圖破壞人類文明、征服整個世界的工具。

自 20 年代以來，希特拉一直強調猶太人問題的國際性，並提出要用「國際性的措施」來解決「國際性的猶太人問題」，號召歐洲國家建立一個控制猶太力量的聯合陣線。1920 年 8 月 13 日，在霍夫布勞斯的群眾集會上，希特拉第一次公開攻擊猶太人的「國際陰謀」，強調納粹的反猶目標不只是為了德國的利益，而是為了全

人類，這表明希特拉的反猶外交理念正在形成。1933 年，希特拉上台以後，隨着反猶運動的步步升級，猶太人問題已由內政問題變為德國對外政策的中心問題之一。希特拉宣稱，猶太人問題已經成為「劃分朋友或敵人、潛在的同盟或對手的標準」，德國制定外交政策必須考慮這一「標尺」。在這一外交背景下，希特拉以「防止歐洲出現第二個猶太—布爾什維克主義基地」為理由，對西班牙內戰進行武裝干涉，幫助佛朗哥建立了法西斯政權，他還向歐洲衛星國施加壓力，迫使他們在反猶問題上與德國採取一致行動。

第三，把猶太人視為外來資本家的代稱，掠奪猶太人的財產，為發動戰爭做準備。希特拉對猶太人的迫害，還有不可忽視的經濟目的，即通過排擠猶太人來迎合德國本土壟斷資產階級的願望，以「雅利安化」為幌子，把猶太人的財產竊取到德國政府與德國資本家手中。

在戰前，大約有 50 萬猶太人生活在德國，佔德國總人口的1%，但他們的財產卻遠遠超過了這個比例，約佔國民收入的 1/16。對於急於重整軍備、擴大經濟後盾的希特拉來說，能使猶太人的財產直接服務於納粹的戰爭經濟是再好不過的事情了。

第四，希特拉的反猶還有着明顯的個人因素。年輕時的希特拉曾流浪於維也納街頭，是一名生活在社會底層的藝術青年，得不到社會的認可。相反，當他看到猶太富人招搖過市、得意忘形時，內心中難免充滿了失落與憤怒，這些都讓他對猶太人的憎恨之情逐漸升級。希特拉性格執拗、狂暴，他認為自己早年的落魄經歷是所有德國人生活的縮影，上帝的寵兒雅利安人不能再忍受猶太人的壓迫，卑鄙狡詐的猶太人正在腐蝕這個國家和民族，只有消滅他們才能讓這個社會乾淨、純潔起來。

被驅往奧斯威辛之路

1933 年 1 月，希特拉當選總理後，對猶太人的迫害逐漸成為德國的國策。希特拉極力強調要把低劣的猶太人從優秀的雅利安民族中隔離出來，要隔離猶太人首先要剝奪他們的社會權利。4 月 7 日，納粹德國的第一個反猶立法 ——《恢復公職人員法》—— 頒佈，它規定非雅利安人的文官必須辭職，名譽職位也要廢除，根據這一法令不少人被解雇。在此後的一年中，納粹德國採取多種措施，極力從新聞、文學、音樂、戲劇、廣播、電影等多領域清除猶太人的影響。

1935 年，希特拉自恃在國內的統治地位已經鞏固，於 9 月頒佈了臭名昭著的反猶立法 ——《紐倫堡法案》，該法案剝奪了猶太人的公民權。法令規定，只有德國人以及具有同種血統的人才有可能成為帝國公民。禁止猶太人與雅利安血統的公民結婚……猶太人不得雇用 45 歲以下的雅利安血統的女性公民從事家務勞動。禁止猶太人升德國國旗或者出示象徵德國的顏色。猶太人若違反了以上禁令，或者處以勞役監禁，或者課以罰款。猶太人不得成為德國公民，不得行使投票權，不得擔任公職。此後又頒佈了多項補充規定。希特拉還給「猶太人」這個概念重新下了定義，凡曾祖父母中有 3 人是猶太人的均為猶太人，並根據祖輩中猶太人的多少把他們分成幾類，如 3/4 猶太人、1/4 猶太人、1/2 猶太人等。

受《紐倫堡法案》的影響，1938 年底，納粹政府取消了猶太兒童享受義務教育的權利，後來又強令猶太人佩帶黃色大衛星標記。從 1939 年 1 月 1 日起，猶太牙醫、獸醫、藥劑師的執業許可證均被吊銷。總之，納粹上台以後，先後頒佈了 400 餘條針對猶太

人的法律、法規，猶太人被剝奪了一切公民權利。至於這些反猶立法要達到一個甚麼樣的目的，希特拉曾有過這樣的表述：

> 不給他們活幹，讓他們滾回他們的隔都！
> 把他們關起來，讓他們罪有應得地死掉！
> 讓德意志人像看野獸那樣看着他們去死！

在德國這樣一個自稱具有上千年基督教文明與人道主義傳統的國度裡發生這樣的倒退行為，必然會引起世界輿論的譴責。而希特拉又因為全世界的這種反應而惱羞成怒，更加認定這是猶太人的世界陰謀，對猶太人的迫害也步步升級。

20 世紀 30 年代中期以來，德國就一直醞釀着對猶太人的驅逐政策，並美其名曰移民政策。1938 年，擔任國家銀行總裁的沙赫特曾提出了一項讓猶太人有秩序地移居國外的計劃，但德國必須要沒收猶太人估價為 15 億馬克的資產。同年，在維也納的歐根親王大街 20—22 號設立了「猶太移民總局」，由阿道夫‧艾希曼任領導。他手下的工作人員都是幹勁十足的「驅猶戰略家」。該機構利用敲詐勒索的手段放逐猶太人，放逐者必須繳納「入境申報費」，移民總局還鼓動猶太富人為移民掏腰包，並縱容一些猶太人領袖去國外活動，獲取贊助。例如，「美國猶太人聯合分配委員會」在 1933 年春天就提供了 10 萬美金。通過這種方式，許多猶太人被趕出了父輩們居住的國土。同年年底，德國外交部向外交使團與領事館發出了一份通知，宣佈將「實現在德國領土上的全體猶太人的移民作為德國對猶政策的最終目標」。

1938 年 10 月，大約有 1.7 萬名猶太人被德國強行驅逐到波蘭

邊境，由於波蘭政府拒絕接受他們，大量的猶太人滯留在邊境，最後經過德國不斷斡旋，波蘭才接受了這批猶太人。赫舍爾·格林茲本的家庭成員就在這些人群中，赫舍爾·格林茲本當時身在巴黎，家人信中述說了他們在被驅逐過程中的恐怖經歷，年輕氣盛的赫舍爾·格林茲本十分氣憤。他曾求助於德國駐巴黎使館的工作人員幫助他的家人，但並沒有得到回覆。11 月 7 日，憤怒、絕望的赫舍爾·格林茲本決意報復，向大使秘書馮·臘特連開三槍，9 日馮·臘特不治身亡。

納粹當局以馮·臘特事件為理由，於 11 月 9 日晚在德國等地掀起了大規模的反猶活動，400 多個猶太會堂被燒毀，財物被搶劫，上千家猶太商店被襲擊，約有 100 名猶太人被殺，傷者不計其數，數千名猶太人被關進了集中營，當天猶太人的財產損失為 600 萬馬克左右。由於許多猶太人房屋上的玻璃被砸毀，這次暴行還得到了一個悽美的名字 ——「水晶之夜」。事後，德國卻責令猶太人支付 10 億馬克的賠償金，僅此一項就相當於德國猶太人全部財產的 20%。此外，他們還要修復被暴徒毀壞的全部實物。「水晶之夜」事件導致德國遭到許多國家的抗議與譴責，美國甚至召回了大使。

1939—1941 年，納粹德國採取了以驅逐為主的反猶政策。隨着納粹戰爭機器的推動，這一政策的實施範圍也由德國本土擴大到所有被佔領國的土地上。據統計，從納粹上台到戰爭爆發前，有 20 多萬名猶太人從德國本土遷走，有 8.2 萬人從原奧地利領土上遷走。納粹政府的目的是：猶太人要離開德國，但財產必須留下。當納粹德國佔領了波蘭、丹麥、挪威、荷蘭、比利時、盧森堡之後，極力在被佔領國土上推行其反猶政策。

隨着戰爭的進行，德國迅速佔領了大量的領土，擴張的步伐

遠遠超過了驅逐的速度，廣大的佔領區內生活着數量龐大的猶太人群，為了真正一勞永逸地解決猶太人問題，對猶太人有組織的屠殺便開始了。

1941 年 5 月，蘇德戰爭爆發前，海德里希已從黨衛隊中抽調了大約 3000 人，組成 4 個特別行動隊，準備跟隨前線部隊去執行特殊任務，消滅「布爾什維克主義的後備軍」——東方猶太人。6月 23 日，即蘇德戰爭爆發的第二天，特別行動隊便傾巢出動，500萬俄國猶太人成了他們的獵物。而當時，猶太人根本沒有意識到死神已經來臨，對屠殺行動毫無準備。

在周密系統的策劃之下，集體屠殺便開始了：猶太人往往被召集在一起，然後用卡車或者馬車運到事先選好的峽谷、溝渠邊，在搶劫了他們的財物之後，男女老少被無情地殺害，屠殺的方法有活埋、燒死、槍殺等，許多萬人坑是在多年以後才發現的。在短短的四個月中，約有 30 萬猶太人被處死。到 1942 年初，特別行動隊的「功績」如下：A 隊消滅了 24.9 萬，B 隊消滅了 4.5 萬，C 隊消滅了 9.5 萬，D 隊消滅了 9.2 萬。

耳聞目睹或者親身所為的殘酷行徑使不少劊子手們被恐怖的噩夢搞得神志恍惚，甚至精神錯亂。為了不使這些人精神陷於崩潰而喪失殺人的勇氣，希姆萊不放過任何機會在思想上給他們打氣：

> 你們中間的多數人一定明白，100 具屍體、500 具屍體或者 1000 具屍體排列在一起，這意味着甚麼。堅持這樣做的困難之處，除了人性的弱點以外，就是如何能夠長期堅持下去。這是我們前人的歷史上未曾有過的也難以描述的光輝的一頁。

　　由於對蘇戰爭受挫,德國意識到戰爭必須延長,這就需要龐大的武器儲備與戰爭經濟,希特拉命令一切服務於戰爭。於是,納粹德國改變了立即殺死猶太人的做法,而是在集體屠殺之前,讓他們從事各種勞動,以彌補德國勞動力的不足。1942 年 1 月 20 日,納粹當局主持召開了「萬湖會議」。會議指出:

　　　　在最後解決的過程中,猶太人要有組織地到東歐參加適當的勞動。把他們按性別分開,有勞動能力的人被領到需要勞動力的地區去修路,在這裡,大部分人會「自然淘汰」。最終能幸存下來的無疑是那些抵抗力最強的人,他們當然要受到特別的處置,因為這些經過自然淘汰剩下來的人一旦獲釋,就會成為猶太人重新崛起的禍根。

　　隨着會議記錄被秘密發放到帝國各地,「最後解決」一詞很快便成為死亡的代名詞。事實證明,所謂的「最後解決」就是從肉體上消滅猶太人,對猶太人進行大屠殺。具體來說,就是先屠殺蘇聯猶太人,再把歐洲各地的猶太人驅趕到東歐,迫使其從事勞動之後再處死。鏟除猶太人的想法早已經在希特拉的腦子裡產生。1939 年 1 月 30 日,希特拉在一次國會演講中說道:

　　　　今天,我要再做一次預言家:如果歐洲以及歐洲之外的國際猶太財團再次挑起世界大戰的話,那麼,其結果不是全世界的布爾什維克化,不是猶太人的勝利,而是猶太種族在歐洲的消亡。

　　萬湖會議以後，納粹政府便開始從歐洲大陸清洗猶太人，他們把西歐、中歐以及北歐的猶太人運往集中營。艾希曼還召集了不同國家的「猶太專家」，討論猶太人的外運以及後勤安排問題。處於戰爭的非常時刻，裝載猶太人的車輛相當緊張，列車時刻表排得緊緊張張，一切都需要周密的計劃與合作。為此，艾希曼與雷德姆赫爾等人夜以繼日地工作着，短時期內，在法西斯控制下的各國都不同程度地掀起了追捕、押送猶太人的熱潮。

　　在希特拉的命令下，德國設立了許多集中營。納粹德國的集中營分勞動營、轉運營、戰俘營、政治犯營、兒童營、醫學試驗營、死亡營等。集中營是納粹政權實行統治的主要措施之一。集中營的歷史可以分為三個階段：1933–1936 年，主要是對付德國共產黨、社會民主黨等政治反對派，以穩鞏納粹黨的地位；1936–1941 年，集中營主要圍繞着德國的戰爭機器而運轉，集中營裡的犯人在德國的戰爭經濟中起着重要作用；1942–1945 年，集中營除了補充德國勞動力需求之外，成為完成德國種族計劃的主要工具，死亡營成為實施「最後解決」政策的主要場所。

　　在眾多的死亡營中，比較著名的有：切爾諾、索比堡、貝爾塞克、特來布林卡、麥達內克與奧斯威辛。這些死亡營主要設在波蘭，知情者寥寥無幾。死亡營四周有幾公里寬的不毛之地與外界完全隔絕，死亡營的界口上還掛着「嚴禁入內，違者格殺勿論」的招牌。作為一個整體，這些屠殺中心被籠統地稱為「東方」。在第二次世界大戰期間，這 6 個集中營屠殺的人數大約在 320 萬到 476 萬之間。

　　在所有的集中營裡，以規模最大、殺人效率最高而出名的是奧斯威辛。奧斯威辛集中營位於波蘭南部，它實際上是集勞動營與死

亡營於一身的集中營。因為這裡有用之不竭的勞動力，德國的一些
工廠也紛紛遷到這裡。一批又一批的猶太人被送到這裡之後，先進
行挑選，有勞動能力的人在身上刺上號碼後被送去做工，平均壽命
為 3 個月。那些「落選者」很快就會被處死。毒氣室與焚屍場的外
表被裝飾得非常典雅，周圍是修整完好的草地與爭奇鬥豔的鮮花，
入口處寫着「浴室」字樣的招牌，一批批不明真相的人在音樂聲中
被送進了「淋浴間」，勤務兵一接到命令，便把紫藍色的氫氰化物
投下，二三十分鐘之後，人就完全死亡，緊接着就是秘密收屍。各
個集中營曾展開競爭，看誰消滅的猶太人數量最多，結果是奧斯威
辛排名第一。歷史永遠不會忘記奧斯威辛所創造的一天毒死 6000
人的最高紀錄和超過 100 萬人在這裡被屠殺的恐怖事實。

「最後解決」一直進行到 1945 年，由於行兇者的狡詐和系統周
密的組織，許多文件和證據都被銷毀了，究竟殺害了多少猶太人，
這個數字存有爭議，一般認為在 600 萬左右；此外，各國家和地區
被屠殺的猶太人到底有多少，大屠殺研究者的推測數據見下表：

「最後解決」的猶太人與「最後解決」前猶太人人口對比

國家或地區	「最後解決」前猶太人人口估計數字	「最後解決」過程中被殺的猶太人人口估計數字	百分比
波蘭	3300000	3000000	90.9%
波羅的海國家	253000	228000	90.1%
保護國	90000	80000	88.9%
德國、奧地利	240000	210000	87.5%
斯洛伐克	90000	75000	83.3%
希臘	70000	54000	77.1%
荷蘭	140000	105000	75%
匈牙利	650000	450000	69.2%

〔接上表〕

國家或地區	「最後解決」前猶太人人口估計數字	「最後解決」過程中被殺的猶太人人口估計數字	百分比
白俄羅斯	375000	245000	65.3%
烏克蘭	1500000	900000	60%
比利時	65000	40000	61.5%
南斯拉夫	43000	26000	60.5%
羅馬尼亞	600000	300000	50%
挪威	1800	900	50%
法國	350000	90000	25.7%
保加利亞	64000	14000	21.9%
意大利	40000	8000	20%
盧森堡	5000	1000	20%
其他被征服地區	975000	107000	11%
總計	8851800	5933900	67%

　　事實上，在戰後的審判中，大屠殺的謀劃者們都極力地為自己辯護，千方百計地推卸責任。不得不說，納粹分子毀滅證據的行為也確實為戰犯審判及學術研究造成了極大的困難，第二次世界大戰後，甚至直到今天仍有一些別有用心的激進分子否認大屠殺，但是歷史真相終究要告白於天下。第二次世界大戰期間猶太總人口的銳減，大屠殺幸存者的親歷，部分檔案文獻的發現等等，點點滴滴地復原了第二次世界大戰期間納粹大屠殺的真實畫面，也淋漓盡致地展現了人類本性中最殘忍冷血的一面。

「冷漠的高牆」

　　從隔離到驅逐再到「最後解決」，這一系列的陰謀政策背後是猶太人的無奈和血淚，無數個家庭走向解體，600萬生靈含恨而

去。回看歷史，我們在譴責納粹暴行的同時，不禁會追問：當納粹挑起歐洲大陸最狂虐的仇恨和屠殺時，那些一向以自由民主自居的歐美國家為何坐視災難發生？歷史告訴我們，正是歐美國家的冷漠態度關閉了猶太人求生的大門，一堵冷漠的高牆將數百萬猶太人堵在了地獄之中。

1933 年到 1939 年，德國的猶太人口降為 20 萬左右。但是，大量的猶太人遷移出了德國並不一定就遷移出了德國的控制範圍，隨着德國閃電戰的推進，大約 900 萬猶太人處於納粹政府的控制之下。在嚴酷的反猶形勢下，猶太人似乎只有逃出歐洲大陸才能真正擺脫納粹的魔爪，但是一個問題隨之浮現，他國政府是否願意接納更多的猶太難民。當時的情況是，當納粹瘋狂推進對猶太人的驅逐與屠殺政策時，大多數自由國家從自身利益出發，對移民入境進行嚴格限制。

戰後，在巨大的傷痛面前，英美等國的移民政策成了廣受詬病的一個話題，也成為自由人士批評英美等國不拯救猶太人的一個重要證據。自由人士認為，作為當時的「旁觀者」國家，特別是英、美兩國，哪怕拿出一丁點的慷慨就能解救幾萬甚至幾十萬猶太人，正是這些旁觀者的冷漠給猶太移民設置了高牆，導致了更多的猶太人在集中營的煎熬折磨中死去。

不可否認，英美等國之所以對移民進行限制有許多現實的原因。早在 1933 年，就有猶太難民漂洋過海來到了英國，英國的猶太社團還專門成立了救助組織，積極開展救助工作。但在經濟危機的衝擊下，迫於經濟萎靡、就業困難等壓力，英國政府嚴格控制移民入境數量，只有對社會能做出較大貢獻的人在入境時才會受到特殊照顧。

　　大洋彼岸的美國，在對猶政策上採取與英國相似的立場。美國由於其特殊的地理位置，國內民眾普遍不支持參與歐洲事務，特別是第一次世界大戰後，孤立主義和中立主義盛行，儘管羅斯福也曾嘗試改變對猶太人的移民政策，但始終沒有大的轉機。

　　1938 年 7 月，在羅斯福總統發起下，31 個國家的代表在法國的埃維昂召開會議，討論猶太難民問題。在會議上，包括美國在內的各國代表均拒絕大量接收難民，只允許在 1938–1940 年的 3 年內接受 10 萬名猶太難民。「水晶之夜」發生後，美國強烈譴責了德國的暴力行為，並從柏林召回了大使，但依舊沒有改變其移民政策。

　　當時流行的一種說法是：世界被分為兩種地方，一種是猶太人不能生活的地方，一種是猶太人不能進入的地方。這正是對猶太難民不被接納的真實寫照，聖路易斯號客輪事件就是各國不願接收猶太難民的最好例證。

　　1939 年 5 月 13 日，聖路易斯號客輪載着 937 名乘客從漢堡出發，其目的地是古巴的哈瓦那，船上據說有超過 900 名的猶太人，因此這次航行可謂是猶太人的逃亡之旅，但這卻是一次「被詛咒的航程」，因為沒有國家願意接納他們。《紐約時報》曾評論說：聖路易斯號的航行，向上帝喊出了人間的無情。

　　在客輪尚未出港前，古巴就宣佈此前簽署的難民入境證明無效，將拒絕這批難民入境，但客輪還是按照預定計劃起航了。5 月 27 日，當客輪到達哈瓦那時，古巴禁止難民上岸，聖路易斯號只好漂流在哈瓦那的海岸邊。由於談判無果，聖路易斯號只好向北航行，將希望寄託在美國身上，6 月 4 日，美國正式通知不允許該船入境，聖路易斯號與美國擦肩而過。加拿大同樣拒絕難民入境。

無奈之下，6月6日，聖路易斯號只好返航，重回它的母港，但如果回去的話這些難民勢必會被納粹分子關進集中營。在返航途中，很多人已經絕望，甚至有難民選擇了自殺。通過猶太救助組織的多方努力，6月10日，英國政府終於同意接收聖路易斯號上的288名猶太人，緊接着法國、比利時、荷蘭3國分別收了224名、214名、181名猶太人。這些重返歐洲的難民中有超過200人最終被納粹殺害。聖路易斯號的故事後被拍攝成了電影。

「沒有甚麼地方可以去」，這是當時身處災難之中的猶太人最無奈的悲歎。世界經濟普遍低迷，多國都出現了不同程度的反猶主義，再加上危機、戰爭讓處於壓力之中的人們變得麻木，維護自身的利益成為首選。英美等國冷漠的態度堵住了猶太人的去路，再加上1942年後納粹禁止轄區內的猶太人向外遷移，900萬歐洲大陸上的猶太人成為納粹分子「最後解決」的獵物。

除了對移民配額進行限制之外，「盟軍拒絕轟炸奧斯威辛事件」也是戰後廣泛討論的話題。1944年，巴勒斯坦的猶太復國組織等團體曾向英美盟軍提出了轟炸奧斯威辛的請求，甚至提交了具體的操作方案。此時，英美政府已經掌握了大量關於奧斯威辛的情況，包括具體的位置、主要防守點、焚屍爐的技術能力以及通往奧斯威辛的鐵路線。客觀而論，在整個戰局已發生根本性轉變的1944年夏天，轟炸奧斯威辛這一彈丸之地並非脫離現實之舉，然而，此項請求卻遭到英美方面的斷然拒絕。

9月1日，猶太復國協會領袖哈伊姆·魏茨曼接到了英國外交部的通知：因為技術原因皇家空軍拒絕了轟炸奧斯威辛的要求。而真正的原因則是英國擔心實施這一行動「會浪費有價值的生命」。在華盛頓，陸軍部長助理約翰·麥克洛伊的答覆代表了

官方的意見：

　　　　經過研究，道理十分顯然，這樣一次行動只能使相
　　當大的空軍力量改變航線才能完成，而這些空援對於保
　　證在其他地方進行的、具有決定性意義的戰役中我方的
　　勝利是必不可少的；而且這種行動的功效無論如何是令
　　人懷疑的，以至不能成為動用我們人力物力的根據。對
　　此值得考慮的意見是，即使是可行的，也可能引起德國
　　人採取更大的報復行動。

　　美英政府除了以「轉移目標會削弱主體戰場的力量，會延緩
整個戰局的勝利，而勝利本身就意味着猶太人的最後解放」為措辭
極力掩飾自己的真實意圖之外，還強調說即便是轟炸了奧斯威辛，
猶太人仍然逃脫不了德軍的控制。而當時的實際情況是，蘇聯軍隊
就在離奧斯威辛不遠的地方駐紮着。不僅如此，德軍在波蘭僅駐
守於一些大城市，而且主要是白天巡邏，如果集中營被轟炸，德
國根本沒有足夠的兵力阻止逃跑的人群，因此，成千上萬的猶太人
被救出是完全有可能的。不管美英政府如何解釋，猶太人都無法
原諒這種袖手旁觀的態度，稱之為「一條冷漠的牆切斷了最狹窄
的逃生之道」。美國著名的猶太活動家格達里亞·布伯里克很無奈
地說：

　　　　漠不關心與奇怪的沉默給了我們一記響亮的耳光，
　　當惡魔撐着猶太人的脖子要使其窒息而死的時刻，除了
　　猶太人自己以外，沒有別的人站出來反對。

　　戰後，當人們在大量討論、批評英美政府的難民政策時，還有一個重要的人物也飽受爭議，他就是當時的天主教教皇庇護十二世。儘管納粹的反猶與歷史上的反猶相比沒有過重的宗教色彩，但是大屠殺依然讓教會成為關注的焦點。基督教所宣揚的道德戒律是歐洲世界傳統的價值觀，大屠殺的發生把基督教會推上了道德的審判台。

　　庇護十二世於 1939−1958 年任教皇，雖然他並沒有公開宣揚反猶言論，但他和納粹的關係依然引發了大量爭議。有觀點認為，第二次世界大戰期間教皇對大屠殺暴行保持沉默，這是對納粹的縱容；也有觀點認為，教皇曾保護過許多猶太人；中立的看法是，教皇雖然可以開除納粹分子的教籍，譴責納粹的暴行，但如果真是那樣的話就可能會招致納粹的攻擊，污衊教皇是共產主義和猶太人的代言人。況且，不過多地干預世俗生活也是近代以來教會的一貫主張。

　　無論有多少措辭與理由，在大屠殺期間，以庇護十二世為代表的基督教勢力，充當了冷漠的旁觀者，這是不爭的歷史事實，也正因為如此，基督教會的道義與良知問題在戰後倍受關注、飽經拷問。

憤怒的抗爭

　　大屠殺期間，並非所有的猶太人都束手待斃、聽任命運的擺佈，他們中的有些人曾在十分困難的情況下進行了英勇的抗爭。猶太人對納粹反猶暴行的抵抗採取了多種形式，有武裝鬥爭，如集中營起義、遊擊戰爭；也有地下鬥爭，包括從死亡營逃跑、為集中營

偷運武器及食物、製作假證件、用廢紙片記錄納粹的殘忍暴行等。在第二次世界大戰期間，與其他民族和國家的抵抗運動相比，猶太人所處的環境更加惡劣，很難得到有力的支持。儘管如此，許多地區的猶太人都進行了抵抗運動。

在眾多的泣血鬥爭當中，華沙猶太隔都的抵抗運動最為激烈。1940 年，黨衛軍將 40 萬猶太人圍困在華沙猶太隔都裡，僅在兩三個月時間內就有 30 萬猶太人被清走，大多數被運到特雷布林卡的滅絕營。1943 年 1 月，希姆萊視察華沙時，猶太區僅剩下 6 萬人。希姆萊下令將這 6 萬人儘早「安置」，猶太區籠罩在一片恐怖的氣氛之中。即使在這種艱難的環境下，隔離區內的猶太人依然沒有忘記民族傳統，他們經常聚集在一起學習猶太經典。

猶太抵抗戰士準備進行最後的決鬥！老掉牙的印刷機裡印出了一張張令人振奮的宣傳單：

> 德寇已開始第二階段的滅絕行動！
> 千萬不可束手待斃！
> 要採取行動自衛！
> 拿起斧頭，拿起鐵棒，拿起刀子，有甚麼就拿甚麼！
> 把你家的門插上！
> 看他們敢踏進你的家來！
> 不起來戰鬥，只有死路一條！
> 戰鬥！堅持戰鬥！

華沙猶太隔都裡的抵抗組織已做好了戰鬥準備。該組織在此

之前已同波蘭抵抗組織建立了聯繫，並得到了一些武器。4月，納粹與華沙猶太隔都的戰鬥打響了，起義者拿起武器，利用每一個街道、房屋與入侵者進行戰鬥，並多次將裝備完好的敵軍擊退。一位當年參加過戰鬥的猶太戰士茲維阿‧盧貝特沁回憶道：

> 當猶太戰士看到耀武揚威的德軍被自製的猶太炸彈和手榴彈打得狼狽逃竄時，他們深為自己所製造的、未曾料到的奇跡歡呼。

猶太戰士萊昂‧納吉博格在日記中描述了戰鬥時的場景：

> 在猶太區，每棟房子都是抵抗的要塞，每一房間都是堡壘，抵抗者從窗戶往外扔炸彈……抵抗者通過閣樓從一條街到另一條街重新佔領被德國匪幫踐踏過的地方，兇手們用火焰噴射器放火燒房。

納粹分子對猶太人的抵抗十分惱火，決心摧毀猶太區。4月19日，黨衛軍的頭目雨爾根‧施特魯普，這個沾滿猶太人鮮血的劊子手指揮坦克、大炮和爆破隊對僅剩下900多米長270多米寬的猶太區發起了猛攻，戰鬥持續了28天。5月16日，施特魯普向總部彙報戰功：

> 華沙的猶太區已經不復存在，20時15分，炸毀了華沙猶太會堂，這一場大規模的行動至此結束。總共處置了56065名猶太人。

華沙猶太隔都起義沉重打擊了納粹分子的囂張氣焰，在納粹官方的報告中顯示只有 16 名德國士兵陣亡，90 人受傷，但幾乎所有的猶太親歷者都否認這一數據。據研究者估計，德國傷亡者約在千人左右。華沙猶太隔都起義失敗後，納粹分子自以為已十分隱秘地消除了心中的一大隱患，但他們萬萬沒有想到，有幾十名抵抗戰士從下水道裡逃脫，他們向全世界揭露了發生在這裡的罪惡，同時也敘說了發生在這裡的英雄壯舉。

第二次世界大戰結束後，波蘭政府在當年的猶太區廢墟上建立了「1943 年華沙猶太隔都起義英雄紀念碑」，紀念碑的正面是青銅雕像，象徵着「戰鬥的猶太隔都」，背面是大理石雕像 ──「向死亡進軍！」以此來喚起人們對猶太英雄的懷念與敬佩，以告示世人：猶太勇士們將含有恥辱內涵的「猶太隔都」一詞變成了光榮和榮耀的代名詞。

華沙猶太隔都起義的消息傳出後，其他猶太區深受鼓舞，並紛紛建立了抵抗組織，許多猶太人還組織了遊擊隊，藏匿於山林之間，奮力抵抗納粹暴行。受抵抗運動的鼓舞，維也納猶太隔都一位名叫希爾施‧格里克的猶太人寫了一首著名的歌曲，它很快成為分佈在各地的猶太抵抗組織的戰歌，時至今天，在許多哀悼活動上依然會吟唱這首歌：

　　　　千萬別說末日已近，

　　　　雖然黑暗的天空預示着痛苦的前程，

　　　　我們期待的時刻仍將來臨，

　　　　前進的步伐將發出吼聲：

　　　　「我們將繼續生存！」

在猶太人自發組織抵抗的同時，世界各地的猶太人紛紛通過參軍的方式與納粹法西斯主義進行鬥爭。據學者艾薩克研究，第二次世界大戰中共有 160 萬左右的猶太人在同盟國軍隊中服役，戰鬥在反法西斯主義的第一線，他們的詳細分佈情況見下表：

第二次世界大戰中服役於同盟國軍隊的猶太人人數

美國軍隊	55 萬
蘇聯軍隊	55 萬
英國軍隊	7.5 萬
波蘭軍隊	6 萬
法國軍隊	10 萬
巴勒斯坦地區	3 萬
南斯拉夫軍隊	2 萬
加拿大、南非等國軍隊	20 萬
世界各地遊擊隊	10 萬
總計	168.5 萬

在這些猶太將士中湧現了一批可歌可泣的英雄事跡，例如巴勒斯坦的猶太人喬治·恩斯特在英軍中服役，他是一名優秀的飛行員，20 歲時就參加不列顛空戰，並且至少擊落了 6 架德軍戰機，卓越的戰功讓喬治·恩斯特獲得了十字勳章。1941 年，在北非戰役中，喬治·恩斯特壯烈犧牲。還有一個世人耳熟能詳的名字——摩西·達揚，摩西·達揚是以色列著名的軍事家，曾擔任國防部部長、外交部部長等職務。第二次世界大戰時，作為英軍中的一員，摩西·達揚參加了爭奪敘利亞的戰鬥，就是在這次戰鬥中他失去了左眼。

在眾多的戰鬥英雄中，有位女性的名字十分引人注目，她就是

漢娜‧塞內絲。漢娜‧塞內絲於 1921 年出生於匈牙利首都布達佩斯，因為受到反猶主義的迫害，1939 年她移民到巴勒斯坦。1944年，英軍挑選了 32 名志願者，要將他們空投到意大利、南斯拉夫、匈牙利等地去收集情報，並聯絡當地的猶太抵抗組織營救更多的遇難同胞，漢娜‧塞內絲就是其中一員。不幸的是，漢娜‧塞內絲跳傘後不久便被納粹分子抓獲，在受盡嚴刑拷打之後被處決，她犧牲時年僅 23 歲。她在法庭上誦讀了自己創作的詩歌：

> 為火柴祝福吧，
> 它在熠熠的火焰中消耗了自己。
> 為火焰祝福吧，
> 它從靜謐的心靈深處燃起。
> 為心靈祝福吧，
> 它為了尊嚴而傾其全力。
> 為火柴祝福吧，
> 它在熠熠的火焰中消耗了自己⋯⋯

她的理想主義與自我犧牲精神在這首詩中得到了完美體現，這也是 20 世紀最為流行的希伯來詩歌之一。以色列建國後，漢娜‧塞內絲被尊為國家英雄，以色列國內經常舉辦一些活動，通過朗誦她的詩歌來緬懷這位巾幗英雄。

反思大屠殺

史無前例的納粹大屠殺活動，不僅在肉體上也在精神上給猶太

人帶來了沉重的打擊，很多人對信仰產生了懷疑。戰後，猶太人圍繞與納粹大屠殺有關的神學問題展開了一系列的討論與反思。焚屍爐的滾滾黑煙、猶太人的纍纍白骨擊碎了上帝存在的美好神話。經歷災難之後的人們不得不重新認識上帝，許多人在懷疑上帝、審問上帝甚至否認上帝。這些人對上帝很失望，對自己多年來所恪守的信仰提出了質疑。大屠殺幸存者海迪·弗雷德在她的回憶錄裡描述了這樣一個故事，一群羅馬尼亞猶太人被押送去奧斯威辛，就餐時一個年輕人正在吃火腿，老祖母在一旁靜靜地坐着，不停地流着眼淚，突然她抬起頭來說：

> 給我一點火腿，我活了 76 歲，從來沒有吃過不「可食」（即猶太人的飲食習慣中允許吃的食物）的食物，但現在我也要吃。上帝能這樣對待我們，我將不再遵守他的戒律。

海迪接着寫下了一段非常耐人尋味的話：

> 所有的人都驚愕地看着她，老祖母切下一片火腿，開始若有所思地嚼起來，好像在等待上帝的回答。她不是要停止對上帝的信仰，她只是想挑戰上帝。也許她正在期待着出現一道晴天霹靂來結束她自己的苦難。

在猶太教的祈禱書中有許多讚美上帝的話語，如上帝是仁慈和寬恕的，上帝是正義的，上帝是善良並有憐憫心的，上帝從萬民中挑選了猶太人，祂施愛於子民並得到子民的忠愛，上帝保佑那些愛

祂的人。許多親歷過大屠殺、生活在大屠殺陰影下的猶太人再也無法認同這樣的話語。美國加利福尼亞州立大學的心理學教授阿龍‧赫斯憤怒地說道：「這些話刺破了我的喉嚨，激起了我的憤怒，我無法再讀下去！」大屠殺的殘酷記憶使身歷其境的人無法再保持對上帝的虔敬之心。阿龍‧赫斯的舅父是麥達內克死亡營的幸存者，當阿龍‧赫斯問起大屠殺對他的宗教信仰有甚麼影響時，對方的回答是：他失去了一切信仰。還有一位幸存者的後代在接受阿龍‧赫斯的採訪時說道：沒有上帝，只有一場大屠殺。

　　大屠殺發生後很長一段時間內，人們懷疑上帝的另一原因是安全感的失去，一直以來「上帝被理解為安全之源」，但如果他不能夠提供安全，人們怎麼維護對他的信仰。大屠殺幸存者、於1986年獲得諾貝爾和平獎的美國著名學者埃利‧威塞爾認為，如果完全有感覺的上帝只是作為旁觀者而聽任罪惡的發生，那麼就有理由認為上帝本身就是罪惡的參與者。他在《森林之門》一書中提出了一個非常尖銳的問題：「當災難降臨的時候，上帝到底在哪裡？」在他的另一部作品《審判》中，他把上帝送上了審判台並宣判其有罪——即便說上帝不能被看做是罪惡的直接參與者，但也不能被排除在被告席之外，因為歷史事實本身對上帝提出了公訴。

　　對於幸存者而言，他們可以懷疑上帝，甚至完全背離宗教，但卻都強烈地要求自己以及後代保持自身的猶太性。他們的邏輯是：希特拉的最大願望以及納粹德國「最後解決」的目的，就是要徹底消除猶太人身上的猶太性，就是要毀滅猶太意識、猶太精神、猶太文化，如果猶太人靠自身的凝聚力與意志力而堅守了這一切，就是宣告了納粹大屠殺政策的失敗，否則就是對自己的背叛，對600萬無辜亡靈的背叛。

當然，面對大屠殺不是所有人都動搖了信仰，有些猶太人尤其是一些正統派人士依然懷着一種強烈的信念：猶太人不能在苦難面前屈服，而是要為「上帝的聖名」而獻身。許多人正是懷着對上帝的虔敬、念着猶太信條和戒律，無所畏懼地走進了毒氣室。拉比沙米爾·大衛·烏加爾的話非常具有代表性：

> 毫無疑問，我們必須要堅持上帝獨一，我們必須要懷着對上帝的愛來接受上帝對我們的懲罰。

拉比艾法蓮·歐什瑞是立陶宛科夫諾集中營的幸存者，當被囚禁的猶太人帶着種種疑問來向他求教時，他用精神的自由來安慰他們。在艾法蓮留下的用水泥袋上的紙片所寫下的文稿中有這樣一段記載：

> 德國人宣佈要把科夫諾集中營的猶太人全部消滅，我們完全失去對命運的把握，大多數人將會被殺死，我們讚美上帝不是因為上帝給了我們肉體的自由，而在於上帝賦予了我們精神上的自由。因此在任何環境下，我們都不能停止對上帝的讚美。相反，儘管我們的肉體受到禁錮，我們卻比以往任何時候更虔誠地讚美上帝，並以此向我們的敵人顯示：作為人，我們的精神是自由的，是任何暴行都不能禁錮的。

大屠殺後，許多正統派人士用「上帝特徵的藏匿」來解釋大屠殺，上帝的藏匿是上帝對猶太教信仰者的一種挑戰，是對猶太人的

考驗。馬丁・布伯是現代猶太歷史上著名的思想家，他認為，當上帝沉默的時候，人們不是要否定上帝，而是要意識到這是上帝的沉默，在變化中上帝會重新顯現。

大屠殺不僅促使了猶太人的神學反思，也促使了基督教世界對基督教和猶太教關係的反思。大屠殺的消息已廣泛傳播之時，基督教世界的總體反應仍然是「溫和的、模糊的，並且是遲來的」。隨着時間的推移和大屠殺真相的進一步披露，越來越多的人被血腥的事實所震撼。基督教社會與反猶主義有着千絲萬縷的聯繫，因此一些基督徒開始從歷史的視角對大屠殺進行全新的、持續的反思，呼籲基督教徒走出狹隘的自我主義，從大屠殺中吸取教訓，改變對猶太人的偏見，以寬容與友善之心去接納他們。

神學反思推動了兩教關係的和解和對話，基督教方面先後發佈了猶太人和基督徒可以一起構成上帝的選民，耶穌是猶太人、由猶太母親所生等言論。尤其是梵蒂岡於 1962−1965 年間召開的第二次大公會議（簡稱「梵二會議」），更是成為兩教關係走向和解的重大轉折點。會議發表了《教會對非基督宗教態度宣言》，號召基督教徒和猶太教徒開展「兄弟般的對話」。該宣言強調反猶主義和迫害猶太人是有罪的，認為兩教擁有共同的精神遺產和宗教紐帶，承認上帝與猶太人所立聖約仍然有效，承認了耶穌及其門徒都是猶太人，並解除了猶太人是基督謀殺者的指控，強調不能把耶穌之死不加區別地歸罪於所有猶太人及其後代。

1986 年，教皇約翰・保羅二世對羅馬猶太會堂進行了歷史性訪問，他指出，猶太教「內在於」基督教，兩教存在着其他宗教所不具備的特殊關係，猶太人是基督徒的兄長，從而將兩教關係提升到了一個新的高度。在此基礎上，1993 年底以色列同梵蒂岡簽署

了實現雙方關係正常化和相互承認的協定，並於 1994 年 6 月正式
建立外交關係。

2006 年 5 月，教皇本篤十六世[①] 在訪問波蘭時來到了奧斯威
辛，發表了這樣的演講：

> 在這一見證了殘暴、見證了無數違反上帝旨意的
> 史無前例的反人類罪行的地方，發表講話幾乎是不可能
> 的，對一位基督徒、一位出生德國的教皇來說，這更加
> 困難和使人感到壓抑。這裡，語言顯得蒼白無力，這裡
> 只應該有震驚下的沉默。這一沉默實際上也是內心深處
> 的面向上帝的吶喊 —— 你為甚麼保持了沉默？

2009 年 5 月，本篤十六世還訪問了以色列大屠殺紀念館，並
獻上了花圈，教皇在隨後的演講中表示：

> 耶路撒冷的名字意味着「和平之城」，但誰都不能
> 否認對 600 萬猶太人的大屠殺，他們的苦難永遠不能被
> 否認。願那些受害者的名字永遠不會消失、被忽視或遺
> 忘。祈禱人類將永遠不會再看到如此大規模的犯罪。祈
> 願和平降臨這裡。

戰後對大屠殺罪責的反思也成為不可迴避的一個問題。在戰後

---

① 本篤十六世是一位德國人，第二次世界大戰時曾參加過德軍，但並沒有打過仗。
　關於他的參軍問題曾引起廣泛的討論，因此當本篤十六世訪問以色列大屠殺紀念
　館時，很多猶太人並不歡迎他。

的審判中，許多直接參與屠殺的納粹分子都在極力為自己辯護，都否認自己對猶太人有痛恨和仇視之情，冠冕堂皇的回答是：我們只是服從上級的命令。正如赫爾曼‧戈林所說：「我沒有是非之心可言，我的是非之心就是阿道夫‧希特拉。」但鐵證如山的事實無法讓納粹分子擺脫劊子手的罪名，在審判中，約有三萬名納粹分子被定罪。

戰後，圍繞着德國民眾的集體罪責問題也開展了熱烈的討論，形成了兩種截然不同的觀點，一種認為：「我們毫不知情所以就無能為力」，「民眾不該為領導人的錯誤承擔責任」；另一種觀點則強調：德國民眾必須為大屠殺負責，德國社會各階層在野蠻的屠猶浪潮衝擊下均未能維護其文明理性的價值觀，並且有相當數量的德國民眾把對猶太人的歧視當成了一種社會規範。希特拉的反猶主義之所以能夠步步得逞，離不開廣大民眾的迎合與支持。

大屠殺已經把德國人和猶太人分別作為施暴者與受害者的身份定格在歷史時空之中。奧斯威辛的重負是德國要永遠背負的十字架，任何否定、修正的做法都會激起世人的憤怒。值得欣慰的是，戰後的德國政府和普通民眾能夠正視歷史、幡然悔過。用德國歷史學家克里斯‧梅厄的話來說：

德國人必須從骨子裡進行反思的就是奧斯威辛。

波蘭導演安德茲‧瓦達也一針見血地指出：

奧斯威辛是德國人不可迴避的現實，歌德和種族滅絕、貝多芬和毒氣室、康德和鐵血統治都無一例外地屬

於德國的遺產。

歷史記錄了德國的罪名，也同樣記錄了德國的救贖，戰後的德國對大屠殺進行了深刻的反思。在戰後初期的一段時間，德國社會對大屠殺保持了「心照不宣的沉默」。到 20 世紀 60 年代末歷史學家開始公開談論這一問題，七八十年代以後，學術界越來越細節化地敘述大屠殺，討論的重點是「為甚麼無法阻止希特拉？」「為甚麼罪行偏偏發生在德國？」受其影響，德國的歷史教科書也開始坦然地討論集體罪責，並以此來培養年輕一代健康的「歷史意識」。

當然，大屠殺的反思過程與德國建構新的民族認同是同步的，德意志民族要想成為一個正常化的民族就必須改變對過去的認識。正是在這樣的政治文化背景下，才接連出現了德國領導人真誠對猶太人道歉的歷史畫面。

1970 年 12 月 7 日，德國總理維利‧勃蘭特冒着寒風來到華沙猶太人死難者紀念碑下，在向紀念碑獻上花圈後，突然雙腿下跪，並祈禱道：「上帝饒恕我們吧，願苦難的靈魂得到安寧」。勃蘭特的下跪表明，德國已經充分認識到所犯的罪孽，並願意為此而道歉。勃蘭特此舉震驚了世界，媒體曾這樣評論道：跪下去的是勃蘭特，站起來的是德意志。

幾年後，媒體關於此事採訪勃蘭特，他解釋道：

　　我是聯邦德國的總理，我對希特拉上台搞法西斯主義覺得有道義上的連帶責任……不僅是對波蘭人，實際上首先是對本國人民，因為太多的人需要排除孤獨感，需要共同承擔這個重責……承認我們的責任不僅有助於

洗刷我們的良知，而且有助於大家生活在一起。猶太
人、波蘭人、德國人，我們應該生活在一起。

勃蘭特的觀點代表了許多德國人的觀點。1971 年，勃蘭特獲
得了諾貝爾和平獎。

1995 年 6 月，德國總理科爾繼勃蘭特之後，再次在猶太人死
難者紀念碑前下跪。2000 年 12 月 7 日，即勃蘭特在華沙下跪 30 週
年紀念日這一天，德國總理施羅德來到這裡，為受難者敬獻花圈，
並樹立勃蘭特紀念碑。施羅德講道，忘記歷史意味着背叛，勇敢地
背負起歷史的責任，才能走向明天。2005 年是奧斯威辛解放 60 週
年，施羅德再次向曾受到納粹傷害的國家和民眾道歉，並要求德國
人牢記歷史，牢記所犯下的暴行，全體民眾都應該進行反思，讓悲
劇不再發生。

2013 年 9 月 4 日，德國總統高克與法國總統奧朗德訪問奧拉
杜爾[①]，與大屠殺幸存者、88 歲的埃布拉擁抱在一起，其場景令世
人感動。高克說道：

我今年 73 歲，出生在戰爭年代，我沉浸在對我們罪
行的討論中⋯⋯我想告訴那些幸存者和他們的家人：我
們知道（德國過去）做了些甚麼。

法國總統奧朗德也動情地說道：

---

① 1944 年 6 月 10 日，德軍在前往法國諾曼第途中，屠殺了奧拉杜爾村村民和難民共
642 人，其中包括 205 名兒童。

這代表德國能夠正視納粹的野蠻行徑……這次訪問讓我們再一次認知過去，勇敢地面對未來。

在政府的積極引導下，德國多年的反思教育已經使民眾從第二次世界大戰的陰影中走出來，並對曾經發生的歷史擁有清醒的認識，積極、勇敢地承擔歷史責任已成為人們的共識。正如費舍爾所說：

猶太人不必害怕有「第四帝國」崛起的可能性，因為早有一堵不可逾越的牆阻在其前進的道路上。這就是由納粹受害者的鮮血凝成的一座堅不可摧的堡壘。它的名字叫奧斯威辛，它將保護猶太人和德國人，以及剩餘的全世界，不再經歷同樣的地獄般的體驗。通過某種神秘的歷史力量，這一象徵性的奧斯威辛之牆將對未來的邪惡產生威懾，很難想像曾經在歷史上發生過的事情會再一次發生。邪惡或許會產生以納粹精神為食的地獄，會吞噬數百萬人，贏得一場戰爭，但終究會輸給正義。從這種層面上看，大屠殺不啻一件燃燒的祭品，受害者並沒有做無謂的犧牲，他們或許給了未來一代最為珍貴的生命禮物。

紀念的蠟燭

戰前的歐洲特別是東歐是猶太人精神生活的搖籃，許多猶太偉人在這裡誕生。可是經過這場戰爭，一半多的歐洲猶太人滅絕，絕

大多數歐洲猶太區從地圖上消失，殘存下來的也破落不堪，僅留下昔日盛世的餘暉。1945 年的歐洲，有 30 萬左右無家可歸的「地獄幸存者」——猶太難民，其中大約有 20 萬是從納粹的死亡營與勞動營中釋放出來的，他們身無分文、衣衫襤褸、眼睛呆滯，乾癟的手背上刺有字號。大屠殺給猶太人所留下的心理磨難與精神創傷從幸存者的身上得到了最明顯的體現。

對於「幸存者」[①] 來說，戰爭雖然結束了，但他們無法從噩夢中驚醒，悲傷與痛楚始終伴隨着他們。曾在納粹集中營裡歷經磨難的埃利‧威塞爾這樣表述被解放那一天幸存者的內心感受：快樂是空的，感覺是空的，情感是空的，希望是空的。納坦‧奧爾特曼用他那詩一般的語言記錄了這樣一個場面：

> 一位猶太小女孩，在集中營被解放的那一天，她那纖弱的背上背着一個專門發給孤兒的飯包，手裡拿着一塊麵包，那是聯合國難民處提供的次日的口糧。當她從陰暗骯髒的地方走出，飽享自由、陽光與空氣時，她沒有任何激動的反應，而是提出了這樣一個令人心酸的問題：「請問，我可不可以哭？」他們歡樂不起來，因為「傷口在痛苦地開裂着」「恐怖的氣氛仍在瀰漫」。

對生活在以色列的幸存者的調查發現，

---

① 專門對大屠殺幸存者進行跟蹤調查與研究的以色列學者丹‧巴讓認為：從純歷史學的觀點來看，任何在第二次世界大戰期間生活在納粹佔領區，受到最後解決政策的威脅，並且最終設法活了下來的猶太人，都可稱為是大屠殺的幸存者。

80%—90% 的人失去了他們大多數的直系親屬 —— 父母、兄弟姐妹、丈夫或者妻子以及孩子，每人至少失去一個親屬，3/4 的人失去了整個家庭。喪親之痛對生還者所造成的心理創傷怎麼估計也不過分，尤其對十分重視家庭親情的猶太人來說更是如此。

一位幸存者這樣表達自己的心情：

我只覺得自己衰老了，對甚麼都不感興趣，像一具會說話的屍體一樣，所有的記憶都是傷痛與恐怖。你怎麼會認為我可以和戰前的我一樣呢？當年那個生活在猶太隔離區裡的有 85 位成員的大家庭，我是唯一一個、絕對是唯一活下來的人。

巨大的心理創傷，讓許多幸存者在心中充滿了內疚之情。戰後，「幸存者的內疚」成為一種普遍現象，他們為失去親人而內疚；為自己不擇手段地「偷生」而內疚；為自己目睹了暴力與仇恨且無能為力而內疚；為自己沒有公開站出來與黨衛隊戰鬥而內疚；甚至為自己沒有自殺而內疚。連那些有幸被列入「辛德勒名單」的人也同樣因為「不正當的生還手段」，即辛德勒賄賂了黨衛隊成員而內疚。總之，他們總是能夠從主觀上給自己找到愧疚的理由。許多幸存者不停地反省：為甚麼是我而不是我的兄弟姐妹們活了下來？在許多訪談中都可以聽到他們的自責：如果我這樣做或者那樣做，如果我不這樣做或者不那樣做，也許他或她今天還活着。

值得注意的是，內疚感和恐懼感不僅支配着幸存者本身，而且

還嚴重影響到他們的後代。丹‧巴讓在他的《恐怖與希望：大屠殺親歷者的後代》一書中寫道：

> 幸存者及其許多子女發現自己無法遊離出過去與未來之間、記憶與遺忘之間、生命與死亡之間。在他們的生活重建裡，家庭共同體──家庭機制的保護構架被中斷，而且這種重建總是銘刻着失去家庭成員的痛苦。即使這種（因家庭）斷裂的衝擊會隨着時間的消失而弱化，但恐怖的殘餘仍然可以從大多數第三代人的生活故事裡感受得到。

黛娜‧沃笛是一位從事精神治療的醫生，在過去的 20 年裡，她的主要治療對象就是生活在以色列的幸存者的後人。在她那令人矚目的著作《紀念的蠟燭》一書中，黛娜‧沃笛記述了與幸存者後人的真實對話，揭示了大屠殺對幸存者後代的心理影響。她指出，這些人是在失親之痛的陰影之中長大的，而這種環境往往導致父母對子女的過於呵護或期望值過高。在孩子們的童年時代，他們的父母無意識地把痛苦傳遞給了他們，父母把自己所有的記憶與希望都轉嫁給了子女，因此，這些子女們就成了那些大屠殺犧牲者的「紀念的蠟燭」。成人之後，他們背負着沉重的精神壓力，體驗着孤獨的人生，不少人出現了心理問題。作者在這些人身上探索一種特殊的治療方法，就是千方百計使病人擺脫「紀念的蠟燭」這一角色，培養他們正常人的心態。

不僅如此，隨着歐洲尤其是東歐猶太社區的毀滅，世界最大的猶太中心轉向了以色列與美國，大多數的幸存者戰後都不得不移

居他鄉，這件事情同樣要付出心理上的代價，即與自己的家人、童年、故鄉、傳統、文化以及語言的人為割斷。對於成年人來說，割斷記憶的傷害更是明顯。面對迥異的生存環境，他們的孤獨感與無助感油然而生，複雜的內心情感使許多人選擇了「沉默的生活」。正如威塞爾所說：

> 他們生活在一種無形的隔離區內，孤立而封閉，不願與外面世界交流。他們不參與我們的慶典，他們不對我們的玩笑感興趣。他們的參照框架不是我們的，他們的話語也不是我們的。他們的話語是他們的法典。他們的記憶是他們的規章。

不可否認的是在戰後初期，無論是美國猶太人還是以色列社會，都忽略了大屠殺幸存者的內心感受。由於美國在戰爭期間對猶太人的「冷漠」態度，導致大屠殺問題帶有一定的敏感性，美國猶太人出於各種因素的考慮，在戰後初期似乎有意識地迴避猶太幸存者的問題。

在以色列，自 1948 年建國到 20 世紀 70 年代以前，以色列社會是以挑剔的態度來對待幸存者的。在大多數人的眼裡，只有那些參加過猶太區起義或者反德遊擊隊的抵抗者才是真正的「正義之士」，才是「為生存而戰」的典範，除此之外的幸存者都被視為軟弱與無能之輩。這一崇尚英雄的價值觀與同一時期以色列社會的發展潮流密切相關。在建設新國家的過程中，以色列人的理想人格是堅忍不拔與奮力求生精神，即像「沙漠中的仙人掌」那樣去生存，主流的社會價值觀是強調集體觀念、開拓意識與奮鬥精神，而把任

何群體的特殊利益與感情抱怨都視為不合時宜。這種來自全社會的偏激情緒與忽略態度加劇了幸存者的痛苦，他們強烈地感受到了周圍的同胞們雖然淚流滿面地歡迎他們、同情他們，但從內心來說並不喜歡他們。威塞爾曾尖銳地呼籲道：

> 人們為了政治目的而利用他們，以他們的名義來表達憤慨，來影響投票，來發動新聞攻勢，來組織會議。人們撇開他們發表有關幸存者問題的講話。……逃避者、流浪者，人們就是這樣看待他們的。甚麼都不合格，甚麼都不合適。他們是製造麻煩的人，敗興的人，帶來災禍的人，只能小心對待。給他們同情是完全正確的，但應敬而遠之。

　　上述種種因素使大屠殺幸存者在戰後的二十多年間很少品嘗到經濟騰飛與國家富強的歡欣，而是處在一種難言的孤苦之中。到20世紀七、八十年代時，幸存者已逐漸適應於當地社會，他們的子女對父輩們的受難已有了越來越理性的認識，再加上幸存者的人數越來越少，這一切因素促使一些幸存者覺得自己不能再沉默，他們認為自己應當而且必須承擔起兩項責任：一是記住並保存大屠殺這個可怕的歷史記憶，並要「把個人的經歷轉化為歷史的意識與民族的記憶」；二是為納粹罪行提供新的證據，證明納粹大屠殺事實的確存在。在幸存者的內心深處，希望終於戰勝了恐懼，他們由被動的「沉默者」變成了活躍的見證人。當他們咬緊牙關，把多年塵封的傷疤一一揭開之後，感受到的是前所未有的釋然感與解脫感，他們發現自己一直所苦苦追求的「正常人的生活」並未遠離他們而

去，而是正朝他們靠近。

然而，當大屠殺成為一種公眾話語之後，被粉飾甚至被濫用的現象一直存在，對幸存者的苛求與誤解也從未消失。一位生活在美國的幸存者曾這樣描述他自己的親身經歷：

> 許許多多的人都對大屠殺感起興趣來……我看到了一種意識的覺醒，但是也同樣擺脫不了對現實的困惑。美國的猶太教師們邀請我去他們的教室演講，但他們不想讓我把大屠殺描述成一種悲慘的經歷，他們想讓我把幸存者變成英雄，並為他們創造出英雄的經歷。他們用的是這樣一本教材《大屠殺——勇氣與抵抗的歷史》，但是大屠殺絕對不是勇氣與抵抗的歷史，它是用火焰來毀滅無辜者的歷史。憑空捏造是不應該的做法。我們不是英雄，我們活了下來是因為一些連我們自己都無法理解的偶然機遇。有人對我說：「薩莉，給孩子們講一些幸存者的歡樂吧！」我明白了他們一點都不理解我們，如果你處在一個獨木舟上，生命會在幾秒鐘內喪失，你活了下來，你還能談得出幸存的歡樂嗎？我們經歷了火焰與灰燼，我們的整個家庭被毀滅了，我們自己留下了，我們如何談論生存的歡樂？

如果說幸存者及其後代為自己和親人的遭遇充當着「紀念的蠟燭」的話，位於耶路撒冷的大屠殺紀念館則是整個猶太民族「紀念的蠟燭」。

以色列大屠殺紀念館的官方名稱為「亞德‧瓦謝姆紀念館」

（Yad Vashem），源自於《聖經・以賽亞書》中的「我必使他們在我殿中、在我牆內，有紀念、有名號」。「有紀念、有名號」的希伯來文為 Yad Vashem，此詞被用來命名大屠殺紀念館。

大屠殺紀念館於 1953 年建成，共存放了約 6000 萬份文件，26.3 萬張圖片和其他書面、音頻和視頻證據。其中比較著名的是名字大廳，9 米多高的圓錐形構造開口朝天，放置了部分在大屠殺中遇難猶太人的姓名與個人記錄，可以給每一個參觀者以非常震撼的、立體的感受。為了讓人們牢記歷史，避免類似悲劇再次發生，大屠殺紀念館十分注重大屠殺記憶的研究、推廣工作，每年都會在世界各地舉辦多種形式的教育活動。

2005 年 11 月 1 日，聯合國大會通過了由 104 個國家提交的草案，將奧斯威辛集中營解放之日──1 月 27 日──定為「國際大屠殺紀念日」，從而使紀念大屠殺的活動升格為一種國際社會的共同義務。

第 六 章

重返故土錫安

哦，耶路撒冷，

散發着先知的芬芳，

連接着塵世與天堂。

美麗的孩子，指頭焦黑，目光低垂……

哦，耶路撒冷，悲傷之城，

淚水充盈着你的眼眶。

誰會沖刷你沾滿字跡的城牆？

哦，耶路撒冷，我的摯愛，

明天 —— 檸檬樹綻放，橄欖樹歡暢，

你的雙眼雀躍，鴿子也將飛回你的神聖高塔！

—— 尼扎爾·加尼巴《耶路撒冷》

　　漫長的散居生涯使猶太人深切地感受到作為「客居者」的辛酸與無奈，因此回歸巴勒斯坦、重建民族家園是一代又一代猶太人的夢想。在巴勒斯坦重建國家的思想扎根於深厚的民族傳統之中，從卡里舍爾到赫斯、從平斯克到赫茨爾，猶太復國主義的思想體系與政治藍圖得以逐步成型。在猶太復國主義者的積極推動與多方努力之下，也藉助於國際社會的大力支持，猶太人的復國之夢終於得以實現。1948 年 5 月 14 日是一個見證歷史的日子，現代以色列國在《哈蒂克瓦》的歌聲中、在《獨立宣言》的墨香中宣告誕生。

復國先驅

　　猶太復國主義又被稱為錫安主義，英文為 Zionism，詞根是 Zion。Zion 是位於耶路撒冷的一座山的名稱，譯為錫安山，猶太傳統將錫安山作為耶路撒冷的別稱，是猶太民族家園的精神象徵，猶太人被稱為錫安之子。第一聖殿被毀後，被迫流散到巴比倫的猶太人以多種形式表達着對錫安的追思與懷念，留下了許多膾炙人口的優美詩篇，「明年在耶路撒冷見」是猶太人不斷重複的祝願。

　　1890 年 4 月，內森．伯恩鮑姆在他的德語期刊《自我解放》上最早使用 Zionism 一詞，後被第一次猶太復國主義大會正式採用，意指猶太人以回歸巴勒斯坦、重建民族家園為目標的政治運動。從猶太復國主義運動的發展歷程來看，它不是由單一的社會力量發起和推動的，而是一個主張復國的各種力量的大聯盟，容納了不同的思想派別，如政治猶太復國主義、宗教猶太復國主義、文化猶太復國主義、勞工猶太復國主義、社會主義猶太復國主義等。從本質上來看，猶太復國主義是一場民族主義運動，它的興起得益於一大批先驅思想家的倡導與呼籲。

　　茲維．希爾施．卡里舍爾拉比於 1795 年出生在西波蘭的里薩，是早期的宗教猶太復國主義思想家。卡里舍爾主張，猶太人獲得拯救的方式，是在認同民族家園的前提下，由流散地逐步向耶路撒冷聚集，並恢復祭壇，在萬民中恢復上帝的聖名。1862 年，卡里舍爾出版了《追尋錫安》一書，為宗教猶太復國主義奠定了基礎。卡里舍爾拉比把上帝的救贖與猶太國家的重建結合起來，他指出，如果越來越多的、虔誠的猶太人從四面八方來到聖地，通過自己的實際行動向上帝祈禱的話，就會感動上帝，加快上帝拯救的步伐。

　　摩西．赫斯被譽為「社會主義猶太復國主義之父」。他出身於波恩的一個正統派家庭，從小受到系統的猶太宗教教育，成年後在波恩大學學習哲學，深受黑格爾思想的影響。摩西．赫斯曾把恩格斯介紹給馬克思，並一度與馬克思、恩格斯進行合作。

　　摩西．赫斯在 1862 年出版了《羅馬和耶路撒冷》一書，集中體現了他的猶太民族主義思想。他指出，在各個民族中間，猶太人永遠是外來者、異己者，一個猶太人不管主觀上是否願意，都與本

民族的命運休戚相關，都與以色列的復興生死與共。解決猶太人問題的可行性方案是在巴勒斯坦建立一個社會主義性質的猶太國，它的建立將標誌着「生產勞動取得勝利，寄生狀態得以結束，道德和生活得到統一」。

利奧‧平斯克於 1821 年出生在俄國，其父親是著名的希伯來學者，熱衷於「哈斯卡拉」運動。平斯克自幼接受現代世俗教育，他曾大力倡導「俄羅斯化」，積極向猶太青年講授俄語和世俗課程，鼓勵猶太人融於主流社會。但是，反猶勢力的猖獗尤其是 1881 年俄國發生的事件徹底改變了他的思想。殘酷的現實使利奧‧平斯克認識到，在俄國這樣的國度裡，猶太人的地位是十分尷尬的。「對於生者來說，他們是死者；對主體民族來說，他們是流浪漢、外來者；對富人來說，他們是乞丐；對愛國者來說，他們是無國籍的異己者；對各個階層來說，猶太人都是仇敵。」猶太人正是由於自身的軟弱才成為暴力侵害的犧牲品，猶太人必須有一個獨立生存的民族國家，在物質上、智力上、道德上、文化上實現全面復興，才能徹底改變自己的命運。他強調說，猶太人不要坐等彌賽亞的最終降臨，因為除了「自我解放」沒有別的途徑。

平斯克的思想集中體現在《自我解放 —— 一個俄國猶太人對其同胞的警告》中，1882 年 9 月，這本小冊子在柏林匿名出版，對東歐猶太復國主義運動的發展起到了積極的促進作用。與摩西‧赫斯的不同之處在於，平斯克除了提出復國理想，而且還有具體的操作步驟。他主張召開全俄猶太人大會，籌措資金、購買土地，以供數百萬人定居；然後爭取大國的支持，並獲得各地猶太人的響應。

《自我解放》出版後，立即獲得了俄國猶太上層人士的響應。

同年,「聖山熱愛者」協會成立,其宗旨是鼓勵猶太人移居巴勒斯坦,並在敖德薩大學建立了一些猶太復國主義社團。1884 年 11 月 6 日,「聖山熱愛者」在波蘭召開了第一次代表大會,決定要籌措資金,為移民巴勒斯坦做出努力。會議推舉平斯克為中心協會主席,並在敖德薩與華沙建立執行機構。「聖山熱愛者」協會共召開了四次代表大會,但由於內部分裂,影響逐漸減弱。1891 年,平斯克去世後,「聖山熱愛者」協會宣佈解散,但作為第一個猶太復國主義組織,在激發猶太民族復國熱情等方面起到了不可磨滅的作用。

阿哈德‧哈姆出生於俄國的一個哈西德家庭,是文化復國主義的代表。阿哈德‧哈姆反對盲目向錫安定居,認為儘管移居巴勒斯坦非常重要,但巴勒斯坦目前不能吸收所有的猶太人,它應該被建設成為散居猶太人的精神、文化與宗教中心,以便為建立猶太國家奠定基礎。他指出,定居巴勒斯坦僅僅是恢復猶太精神的一個步驟,「移民建國」很難解決一切問題,因為它忽略了對猶太精神的培養。

阿哈德‧哈姆認為猶太社會正面臨兩種危機:第一種是因為沒有故土、沒有權力而導致的猶太人的危機;第二種是由於世俗主義與同化主義所導致的猶太教的危機,而最核心的問題還是猶太教的危機,如果這一危機得不到解決,最終必然葬送猶太人的一切理想與熱忱。阿哈德‧哈姆在 1891 年、1893 年對巴勒斯坦進行了考察,這更加驗證了他的思想,他呼籲教育工作必須要先於移民行動。1896 年,他創辦了出版社,並擔任希伯來語月刊《使者》的編輯工作,以之為陣地,宣傳文化復國思想。

阿哈德‧哈姆主張從普及希伯來語入手來恢復猶太精神,塑造

新的猶太人與民族魂，把巴勒斯坦建設成世界猶太人的精神中心與文化家園。他的思想感動了許多猶太人，他的作品幾乎影響了猶太復國主義的所有流派。哈伊姆‧魏茨曼稱讚他「在猶太人的心目中佔有聖雄甘地在印度人心目中同樣的地位」。

西奧多‧赫茨爾

在猶太復國主義史上，西奧多‧赫茨爾是一個充滿傳奇色彩的人物，他為猶太人的復國大業傾其全力，不辭勞累地忘我工作，以至於積勞成疾、英年早逝。儘管赫茨爾未親眼看到猶太人的國家──以色列──的成立，但他卻用自己的努力創造了一個思想上的猶太國，在千百萬猶太人心中，西奧多‧赫茨爾無愧「帝王」與「國父」的稱號。

1860 年，西奧多‧赫茨爾出生於匈牙利首都布達佩斯，父親雅各‧赫茨爾是一位猶太富商，曾經擔任過匈牙利銀行的總裁，母親耶安尼特是一位聰穎善良的女性。西奧多‧赫茨爾自幼接受了良好的教育，在布達佩斯讀完小學與中學後，1878 年，隨父母遷移到維也納，在維也納大學學習法律。1884 年，赫茨爾在維也納開始了他的律師生涯，但一年之後，他便放棄了律師工作，專注於寫作。1891 年，赫茨爾獲得了《新自由報》駐巴黎通訊社記者的職位，在巴黎他接觸到了大量的反猶文章，並被非猶太世界強烈的排斥情緒所震撼。赫茨爾曾經認為，猶太人可以通過洗禮與通婚而縮小與非猶太人之間的鴻溝，可眼前的現實使他不得不改變看法，他決定站出來，為猶太人辯護、為猶太人呼籲！

1894 年，赫茨爾完成了一部劇作《新隔都》，劇中的主人公

雅各在臨終前留下的肺腑之言是：「猶太人啊，我的弟兄們，你們為甚麼要緊緊抓住我？我想要出去！出去！出去！逃出隔都去！」《新隔都》被認為是赫茨爾的自傳體作品，因為主人公身上體現了他個人的毅力、信念與個性。劇本完成以後，雖然許多劇院拒絕上演，但赫茨爾本人卻感受到了巨大的精神解脫。他在致施內茨爾的信中寫道：「我要沿着這條路走下去 —— 一條全新的路！我相信會得到保佑！」

在法國大革命後，歐洲猶太人陸續被賦予公民權，迎來了解放的春天，許多猶太人在解放後逐漸拋棄了民族傳統，抱着「受洗是進入歐洲文明的入場券」的思想，以為只要同化於歐洲文化就能被歐洲人接受。但是歐洲人的傲慢與冷漠，一再傷害着猶太人的熾熱之心，特別是 1894 年發生的德雷福斯事件，無情地擊碎了許多猶太人的同化夢。

1894 年 9 月，一名在德國駐巴黎大使館內打掃衛生的女性在廢紙簍裡發現一份情報，遂將其報告給了法國情報部門。法國情報部門判斷是軍隊中有人向德國泄密。德雷福斯是一名法軍參謀部的炮兵上尉，他曾在德國生活過，經過簡單的筆跡核對，情報部門便斷定德雷福斯就是那個叛國賊，決定革去德雷福斯的軍職，並把他流放到圭亞那魔鬼島服刑。後來，經過調查發現，泄密者並非德雷福斯，但直到 1906 年時德雷福斯才被平反並恢復軍職。

德雷福斯是一位被同化的猶太人，在案件的審理過程中，法國民眾表現出了強烈的反猶情緒，「猶太人該死！」「槍斃猶太人！」「猶太人滾出去！」等反猶口號充斥於法庭。許多人上書政府要求剝奪猶太人的公民權，這種狀況使一些有社會良知的人深感憂慮。法國著名作家左拉對此發表了文章 ——《我控訴》：

反猶主義是應當受到譴責的，這場使我們倒退一千年的野蠻運動是與博愛、寬容、解放的信條相背離的。再回到宗教戰爭之中，再對猶太人進行種族歧視是十分荒謬的。

1894 年，赫茨爾以記者身份目睹了德雷福斯案件的整個過程，「他覺得天塌地陷，巨大的深淵出現在眼前，他被無限的孤獨感所吞沒，他為人性而絕望」。赫茨爾在文章中寫道：「德雷福斯案件使我成為一個猶太復國主義者。」

德雷福斯事件之後，赫茨爾又親身經歷了這樣一件事：有一次他從維也納街頭走過，看到一位身穿哈西德教服的長者正站在一個角落痛哭。赫茨爾走上前去詢問，長者說：

今天是安息日啊！我終生的夢想就是讓我的兒子能找到一種有效且有益的謀生方式。當他在工廠裡終於找到了一份這樣的工作時，他被告知，如果他堅持在自己的安息日不工作，而不是按法定的禮拜天休息的話，他將不得不放棄這份工作。我該怎麼辦呢？我該在兒子的前程與我們民族的安息日之間做怎樣的選擇呢？

聽完長者的敘述，赫茨爾淚流滿面。他跑回家中，坐下來開始奮筆疾書地寫作他的《猶太國》，他立志為猶太民族解除這種無所適從的苦衷，他認為一旦有了自己的國家，這一切問題便可以迎刃而解。

1896 年 2 月，赫茨爾的思想結晶——充滿激情的《猶太

國》——在維也納一經出版，立即在猶太世界掀起了一陣狂瀾。《猶太國》一書的開卷之言寫道：

> 我在這個冊子裡所要發揮的是一個古老的思想：即猶太國家的重建。世界迴響着反猶太的呼聲，同時也喚醒了這一沉睡的信念。

赫茨爾的思路是：把地球上某個地方的主權授予猶太人，其面積能夠滿足一個民族的正常需要，這塊土地的主權必須有法律上的保證，由歐洲大國批准，並在國際法中正式言註明。在擁有土地後，全世界猶太人要積極提供財力支持這一國家的建設。

為了有步驟地實現計劃，赫茨爾主張成立一個代表全體猶太人利益的機構——「猶太協會」，負責政治事務，並提供科學指導；同時還要成立「猶太公司」，負責具體的移民事宜，並組織商業與貿易。猶太國家實行 7 小時工作制，並對銀行、鐵路、保險業、造船業等實行國有化，要建立一支男性人口佔 1/10 的常備軍。猶太國實行政教分離的政治體制。

在具體的建國地點上，赫茨爾提出兩個方案：一是巴勒斯坦——猶太人的歷史家園；二是阿根廷，這裡人口稀少，土地肥沃，已有不少猶太人前往那裡定居。在具體的移民步驟上，赫茨爾主張先移走最貧窮的猶太人，他們的離去不會影響主體民族，也不會給已經同化的猶太人帶來任何麻煩，這批人定居下來之後，可以為大批移民的到來創造必要的條件；然後才是知識分子、中產階級以及猶太富人的遷移。在《猶太國》的結尾，赫茨爾激揚的感情溢於紙上：

　　猶太復國主義運動將以不可壓倒之勢興起，為此而奮鬥的無私的戰士們最終會獲得榮耀；

　　我相信：令人驚奇的猶太國將從地球上誕生，馬卡比英雄會再度閃現。

　　讓我重複我的卷首之言：有志的猶太人必將獲得自己的國家；

　　我們終將作為自由人生活在我們自己的國土上，並在此頤養天年。

　　我們的自由將解放這個世界，我們的財富、我們的成就將豐富、美化這個世界；

　　我們在那裡為自己的發展而做的一切嘗試都將有利於世界並造福於人類！

　　《猶太國》的出版在猶太世界產生了巨大的**轟動**效應，赫茨爾不僅闡述了完整的、充滿邏輯性的復國思想，而且制訂了切實可行的行動計劃與操作步驟，因此點燃了許多人的熱情與信念，魏茨曼在他的回憶錄中曾將《猶太國》的出版比作晴天霹靂。但是，也有人嘲笑《猶太國》只不過是「被猶太狂熱症弄得精神錯亂者的癡心妄想」；更有部分猶太人似驚弓之鳥，擔心此舉會激起歐洲社會更大的反感，從而給猶太人帶來更大的災難。

　　赫茨爾意識到復國事業只有團結更廣泛的參與者，才能獲得成功。這時，歐洲許多國家都成立了猶太復國主義組織，於是，赫茨爾就廣泛聯絡各國復國組織領導人，積極籌辦第一屆猶太復國主義代表大會。

　　在赫茨爾的號召與組織下，第一屆猶太復國主義代表大會於

1897 年 8 月 29 日至 31 日在瑞士的巴塞爾舉行，共有 204 名來自世界各地的代表參加了會議。代表們身着禮服，佩戴白色領結，會議在象徵着民族復興的隆重禮儀中開始。當赫茨爾這個「代表着崇高、完美與國王般形象的人物」出現的時候，整個會場沸騰了，雷鳴般的掌聲與歡呼聲長達 15 分鐘之久，許多人淌下了激動的熱淚。赫茨爾在開幕詞中宣佈：

> 猶太復國主義代表大會的任務就是為猶太人未來的民族大廈奠定基石，這是一項偉大而又艱巨的任務。我們需要一個強有力的組織，我們需要復興我們的民族意識！

經過激烈的爭論，大會最後通過了《巴塞爾綱領》。該綱領宣稱：猶太復國主義運動的目標就是在巴勒斯坦為猶太民族建立一個由公共法律所保障的猶太人之家，並對實現步驟進行了規劃。

巴塞爾會議是一個劃時代的事件，它標誌着猶太復國主義運動進入了有組織的階段，成為一個統一的、世界性的政治運動，從此以後，猶太復國主義運動把實踐政治訴求、獲得國際社會支持及鼓勵猶太人移居巴勒斯坦作為自己的主要策略。赫茨爾在自己的日記中寫道：

> 我把巴塞爾會議總結為一句話：在這裡我奠定了猶太國！如果我今天這樣說出來，會引起許多人嘲笑，但是也許五年之內，毫無疑問在五十年之內，每個人都會看到。

巴塞爾會議之後，赫茨爾繼續從事他的外交努力，以尋求大國的支持。赫茨爾的首選目標是德國，1898 年，趁德國皇帝威廉二世訪問中東之際，赫茨爾在君士坦丁堡和耶路撒冷兩次拜見了他，但德皇對他的提議不置可否，推脫了之。從 1899 年開始，赫茨爾極力接近土耳其蘇丹阿卜杜拉·哈米德，甚至不惜用重金賄賂土耳其官員，雙方的接觸幾起幾落，最後也一無所獲。1900 年，赫茨爾把外交活動的目標轉向英國，英國並不同意在巴勒斯坦建立猶太國家，但表示可以考慮讓猶太人在英國的某個殖民地定居。

1903 年 4 月，英國提出了「烏干達方案」，即在當時的烏干達（現在的肯尼亞地區）劃出一片 15000 平方千米的土地供猶太人建立家園。8 月，第六屆猶太復國主義代表大會對「烏干達方案」進行了討論，赫茨爾試圖說服與會代表接受這一應急方案。來自英國的猶太代表表示同意，他們認為，猶太人目前急需一塊安家之地，至於在甚麼地方安家並不十分重要。但是，來自東歐的代表則堅決反對，在他們看來放棄巴勒斯坦就等於背叛了《巴塞爾綱領》。當對是否向烏干達派遣「領土考察團」進行表決的時候，俄國代表憤然離場，猶太復國主義運動面臨着分裂的危險，赫茨爾本人也被斥為「叛徒」。

在 1904 年 5 月召開的執行委員會上，赫茨爾本人遭到非常嚴厲的批評與非議，為了顧全大局，他放棄了「烏干達方案」。這次會議召開前，赫茨爾已經病倒了，心臟狀況很差。會後，他對一位友人說：「這是最後的幾週或者幾天了，我必須抓緊！」他因突發肺炎，不斷咳嗽、吐血，但仍然堅持寫作、會談，6 週之後，即 7 月 3 日，赫茨爾在維也納溘然長逝，年僅 44 歲。

赫茨爾逝世後，曾對他發起過最嚴厲批評的阿哈德·哈姆也充

滿深情地寫道：

> 赫茨爾給我們留下了猶太復國主義代表大會、世界
> 猶太復國主義組織、銀行以及國民基金……他使自己成
> 為我們民族復興聖歌的主旋律。

在赫茨爾的葬禮上，有 6000 多人為他送行。以色列建國後，於 1949 年將赫茨爾的遺骨運回以色列，以極其隆重的儀式安放在耶路撒冷城西的一座山上，並將這座山改名為赫茨爾山。時至今日，總有猶太人前往憑弔、緬懷這位偉大的英靈。他那憂鬱而光輝的形象被看做是猶太國家的象徵，他被譽為是一個帝王般的英雄人物。

《貝爾福宣言》

從第一屆猶太復國主義大會到第一次世界大戰前，猶太復國主義運動在有條不紊地進行着，到 1913 年時，全世界已有 13 萬名猶太復國主義組織成員。第一次世界大戰導致國際勢力重組，給猶太人提供了機遇，《貝爾福宣言》的發表成為猶太復國主義史上一個劃時代的事件，極大地推動了復國事業向前發展。

當第一次世界大戰爆發之時，猶太人認為這是一個建國的大好時機，希望能站在勝利者一方。由於猶太人的分散性，猶太陣營出現了「親德」與「親英」兩派。以弗蘭茨‧奧本海默為首的「親德派」認為，德國與土耳其必勝，德國的猶太復國主義組織甚至公開發表聲明，鼓勵猶太青年為德國而戰；以哈伊姆‧魏茨曼為代表的

「親英派」認為，猶太復國主義事業應該把目標投向英國。事實證明哈伊姆‧魏茨曼的主張是正確的。

　　哈伊姆‧魏茨曼於 1874 年出生在俄國的平斯克，在那裡讀完中學後留學德國，於 1899 年獲得弗雷堡大學博士學位。在柏林期間，魏茨曼深受《猶太國》的影響而成為一名猶太復國主義者，曾參加第二屆猶太復國主義大會。1904 年，魏茨曼移居英國，在曼徹斯特大學教授生物化學，並以曼徹斯特大學為基地，確立了他對英國猶太復國主義運動的領導權。為了擴大影響，魏茨曼大力結交英國上層人士，包括英籍猶太人、內政大臣赫伯特‧塞繆爾，英國軍需委員會主席勞合‧喬治，以及後來擔任了外交大臣的詹姆斯‧貝爾福，表現出了出色的政治與外交才能。

　　戰爭期間，英國的炸藥生產供不應求，勞合‧喬治邀請魏茨曼在海軍部主持新炸藥的研製工作，魏茨曼成功發明了丙酮生產的新工藝，短期內便解決了英國的炸藥供應問題。根據勞合‧喬治的《戰爭會議錄》，他與魏茨曼有這樣一段對話：

　　　「你為國家做出了巨大的貢獻，我要請求給予你榮譽。」
　　　「我個人甚麼都不需要。」
　　　「那我們該如何來認可你對國家所付出的重要幫助？」
　　　「好，那我希望你們為我的民族做點甚麼。」

　　接着，魏茨曼表述了猶太人對巴勒斯坦的渴望。勞合‧喬治在其回憶錄中寫道：

那是在巴勒斯坦為猶太人建立民族家園的著名宣言的源泉與起點。我當了首相之後，立即把所有的經過告訴了外交大臣貝爾福……那時我們急於獲得中立國家猶太人的支持。魏茨曼博士也直接與外交大臣接觸，那就是《貝爾福宣言》的開始……這樣魏茨曼博士的發明不僅幫助我們贏得了戰爭，而且在世界地圖上打上了一個永久的標記。

1916年，英國發生內閣危機，勞合·喬治上台組閣，並把佔領巴勒斯坦列上了議事日程。魏茨曼不顧反對派的阻撓，於1917年1月底向英國外交部正式遞交了備忘錄，即猶太人遷徙巴勒斯坦的計劃草案。草案的主要目的是希望英國承認巴勒斯坦是猶太人的民族家園，並給予他們公民權、政治權與宗教權。在與英國的談判過程中，曾流傳着這樣一段對話：

貝爾福問魏茨曼：「為甚麼猶太復國主義的中心議題是巴勒斯坦而不是別處？」

魏茨曼回答道：「其他地方都是假的偶像。貝爾福先生，這就像拿走您的倫敦，換成巴黎，您會同意嗎？」

貝爾福反駁：「魏茨曼博士，可倫敦已經是我們的了。」

魏茨曼回答：「是，不過在倫敦還是一片沼澤的時候，耶路撒冷就是我們的了。」

魏茨曼的努力也遭到了許多猶太人的反對，他們認為建立猶太

國的主張與猶太人付出極高代價所爭取的解放運動是矛盾的，會使散居猶太人處於一種很尷尬的地位。

魏茨曼在總結 1917 年的形勢時寫道：

> 一個大國準備領導這一建國行動，其他國家也表示出了善意的關心。然而，這個民族中少部分衣食無憂、無所追求、安於現狀的人卻站出來反對這個建議，並以極大的憤怒來阻止建設家園行動的實施……這些少數人進行着艱苦的努力去剝奪大多數人獨一無二的利益，他們雖然不能阻擋這一正義的行為，但至少是損害了這一事業。

1917 年，當整個戰局逐漸明朗化時，英國與法國都為佔領土耳其在中東的屬地而展開了一系列的外交活動，雙方都希望把猶太復國主義運動作為滲透巴勒斯坦的工具。10 月 31 日，英國戰時內閣在經過激烈討論並聽取了美國總統威爾遜的意見之後，決定授權外交大臣貝爾福，代表英國政府發表宣言。

1917 年 11 月 2 日，貝爾福以致函英國猶太復國主義聯盟副主席沃爾特·羅斯柴爾德的方式發表了如下聲明：

> 尊敬的羅斯柴爾德勳爵：
>
> 我非常愉快地代表英王陛下向您轉達同情猶太復國主義願望的宣言，該宣言已經提交內閣，並獲得批准。英王陛下政府贊成在巴勒斯坦建立猶太人的民族家園，並盡最大的努力促使這一目標的實現，應該明確理解的是，絕對不能使巴勒斯坦現有非猶太社團的公民權利和

宗教權利受到損害，正如在任何其他國家猶太人所享有
權利與政治地位不容損害一樣。

　　如果您能把這一宣言通知猶太復國主義聯盟，本人
不勝感謝。

　　順致崇高的敬意。

阿瑟·詹姆斯·貝爾福

　　這就是著名的《貝爾福宣言》，它的發表標誌着猶太復國主義
運動在經過 20 年的努力之後終於得到了第一個大國的明確支持，
是一次重大的外交勝利。猶太復國主義者為此而歡欣鼓舞，稱之為
「通向自由幸福的鑰匙」「通向神聖土地的門檻」「肇始着新世紀的
開端」等等。隨着《貝爾福宣言》的發表，魏茨曼成為猶太復國主
義運動的新一代領袖，被譽為猶太民族家園的締造者。

　　《貝爾福宣言》發表的時候，巴勒斯坦有近 70 萬阿拉伯人居
民，佔巴勒斯坦總人口的 90% 以上，擁有當地土地的 97%，《貝爾
福宣言》雖提到「非猶太社團」的利益，但實際上並沒有真正考慮
阿拉伯人的處境與困難，為阿以衝突埋下了新的因子。《貝爾福宣
言》發表僅一個月之後，英國艾倫比將軍率領的軍隊就佔領了耶路
撒冷。勞合·喬治曾告誡魏茨曼：現在您有了自己的國家，至於如
何贏得人民的支持那就是您自己的事情了。

　　《貝爾福宣言》的發表，標誌着猶太復國主義事業向前邁出了
重要一步，但仍有許多問題擺在猶太人面前，巴勒斯坦這個彈丸之
地怎能容下流散於全世界的猶太人呢？又有多少猶太人願意真正地
捨棄生活多年的家園重返貧窮落後的巴勒斯坦呢？建立民族家園和
建立民族國家之間還有多少路要走？世世代代生活在那裡的阿拉伯

人情願接受那些「外來人」嗎？一系列的問題既困擾着復國主義者，也困擾着許多普通的猶太人。

「伊休夫」的發展壯大

「伊休夫」意指巴勒斯坦猶太社團，人們習慣上把 1882 年作為新舊伊休夫的分界線，因為在這一年，受復國思想影響的猶太人開始向巴勒斯坦移民。因此，與舊伊休夫相比，新伊休夫帶有明顯的復國色彩。通過這些移民先驅們的艱苦墾殖，巴勒斯坦發生了翻天覆地的變化。伊休夫的不斷發展與壯大，為以色列建國打下了堅實的基礎。

中世紀以來，巴勒斯坦的主要居民是阿拉伯人，雖然這裡的猶太人口從未消亡，但數量很少。十六七世紀時，估計有三、四千人左右，到 1845 年，猶太人口大約有 1.2 萬人，他們大部分居住在耶路撒冷、薩費德、希伯倫等地。1882 年時，巴勒斯坦的阿拉伯人口大約為 30 萬，猶太人為 2.4 萬，其中有 1.5 萬猶太人居住在耶路撒冷，大多是正統派猶太教徒。

1882 年對猶太人移民巴勒斯坦來說是具有重大意義的一年，它掀開了猶太復國主義運動史上新的一頁，一個名為「比盧」的激進派別，拉開了近代猶太人向巴勒斯坦移民的序幕。「比盧」是俄國猶太青年組織，它以《聖經·以賽亞書》第二章第五節中的詩句為座右銘，即：「雅各之家，來吧！讓我們一起行走！」「比盧」是這段詩歌的希伯來首字母的縮寫。「比盧」發表的宣言這樣呼籲：

　　如果說 1882 年以前你們還沉睡在同化的夢想之中，

那麼發生在眼前的屠殺事件足以使你們驚醒。猶太人是
一個擁有宗教、律法與聖殿的民族，猶太人的希望在那
遙遠的東方，在那神聖的錫安！

在「比盧」的號召下，有大約 3000 人準備移民巴勒斯坦，但
許多人沒有堅持到底，抵達君士坦丁堡時還剩 40 人，最後來到巴
勒斯坦的僅有 16 人。1882 年 7 月 31 日，這些先驅者在雅法東南部
1200 米處的一塊無人開墾、也無人定居的土地上，建立了定居點，
他們稱之為里申—列錫安，這是外來移民在巴勒斯坦建立的第一個
定居點。在這裡，他們還建立了第一所希伯來語幼兒園與小學。為
了紀念這一城鎮的建立，羅馬尼亞猶太詩人依姆伯爾創作了一首悲
涼而凝重的《哈蒂克瓦》（意為「希望之歌」），這首歌在猶太復國
主義者中廣泛流傳，後來成為以色列國歌的藍本，歌詞寫道：

> 只要我們的心中，
> 還深藏着猶太人渴望東方的靈魂；
> 只要我們的眼睛，
> 還仰望着錫安山頂，
> 數千年的希望就不會化為泡影。
> 我們所期盼的是：
> 回歸到父輩們的熱土上，
> 生活在大衛王居住的聖城裡！

對於第一批定居者而言，生活非常艱苦，幾乎難以維持下去。
在他們最困難的時候，法國銀行家埃德蒙·羅斯柴爾德慷慨解囊，

他出資在里申—列錫安建造葡萄園，這個種植園種植出來的葡萄在
1900 年的巴黎展覽會上獲得了金獎。他還出資修建學校、醫院，
購置農業設施，對移民生活的改善起到了積極的作用。

　　「比盧」拉開了猶太人向巴勒斯坦移民的序幕。從 1882 年開始
到 1939 年英國開始對移民嚴格限制時，共有 5 次大規模向巴勒斯
坦移民的活動，巴勒斯坦的猶太人口由 2.5 萬左右上升到 45 萬，
約佔巴勒斯坦總人口的 29%。

　　在巴勒斯坦墾殖的過程是十分困難的，許多移民來到這裡後
很快就又離開了，因為長期的流散與商業生涯已使猶太人很難再適
應農業勞動，在他們看來，想要把荒漠變成綠洲，根本是一個不可
能完成的任務。但農業恰恰是巴勒斯坦的經濟支柱，脫離農業就無
法在這裡生存。面對這一情況，第二批移民中的一位、猶太左翼思
想家阿龍‧大衛‧戈登提出了「勞動征服論」，強調猶太人必須從
頭做起，塑造一種腳踏實地、吃苦耐勞的性格，而勞動觀念的培養
是實現這一目標的第一步。戈登把培養「猶太新人」作為現代猶太
史的新起點，事實證明了他的正確性，正是「這批新人成為以色列
國家奠基者中的主導力量」。他們中間湧現出了第一代政治領袖與
國家的締造者，如以色列第一任總理本‧古里安、第二任總統伊扎
克‧本‧茲維、第一位國會議長約瑟夫‧斯普林扎克等。魏茨曼在
其回憶錄中也寫到參加農業勞動的重要性：

　　　　我仍舊相信我們工作的支柱是，而且永遠都是農業
　　墾殖。只有在村莊裡，一個民族的真正靈魂——它的語
　　言、詩歌、文學、傳統——才會從人類和土壤的親密聯
　　繫中迅速發展。城鎮僅僅是對村莊成果的加工而已。

　　在這些榜樣的影響下,猶太移民的民族主義與理想主義思想被發揚光大,許多人唱着歌曲去勞動——「我們來改造這塊土地,同時也被它所改造」。

　　在艱難的處境下,猶太移民只有團結起來才能生存下去。由於移民大多來自中東歐國家,深受社會主義思潮影響,他們崇尚集體生活,講究團結協助、同甘共苦。移民們建立了多個集體農莊,大家共同生活、共同勞動、共享財產。這些集體農莊的存在對安置移民、組織生產、實現復國理想起到了很大的作用。在大家的共同努力下,伊休夫的社會風氣發生了巨大變化,移民們熱情高漲,形成了一種重視勞動、讚賞創業精神、淡化私有財產、鄙視怯懦品質與享樂情緒的風氣,也保持了比較好的團結局面。

　　經過這些移民先驅的辛勤努力,到 1939 年時,猶太人獲得的土地已經增加到 150 萬杜納姆(每杜納姆約為 1.4 畝),佔巴勒斯坦總土地的 5%,而 1882 年時僅為 2.2 萬杜納姆,佔總土地的 0.09%。土地意味着生存,與巴勒斯坦阿拉伯人在貧窮時紛紛出售土地的行為相比(伊休夫有一半多的土地是阿拉伯人出售給猶太人的),伊休夫當局規定:土地是猶太人的財產,是猶太人不可分割的財產。猶太移民也在土地上獲得了豐厚的回報:到 1948 年時,伊休夫的農業可以滿足自身約 50% 的需求,伊休夫生產的柑橘、葡萄等水果享譽國際市場,這曾是移民們當初想都不敢想的事情。

　　伊休夫的工商業是在 20 世紀 20 年代發展起來的。特拉維夫的變化可以體現出工商業在伊休夫的發展。1911 年,移民開始在這裡建設定居點,1914 年時建成了 139 座住宅,居住有 1419 名移民,這個定居點被命名為特拉維夫(意為「春之山」)。1926 年,特拉維夫的人口已增長到 4 萬,有 170 多家工廠與商店,100 多

家飯店與旅館。特拉維夫的變化是伊休夫發展的一個縮影，20世紀20年代時，伊休夫的城市規模不斷擴大，猶太人建立的電力公司、鉀礦公司、水泥廠、食油廠、紡織廠等都有了相當的規模。1933年，伊休夫的企業為3388個，到1937年時增加到5600個。

第二次世界大戰爆發後，英國在開羅設置了「中東供給中心」，急需大量的軍事訂貨，伊休夫充分抓住了這個發展經濟的大好時機。戰爭時期的特殊需求促使伊休夫涉足了許多新的生產領域，如機器製造、汽車零件、紡織業、農業設備、醫學儀器、電器、化工與藥品、造船業、鑽石加工業、煉油業等。到1942年，海法附近新建的鋼鐵廠所生產的產品在質量上已經能與國際市場上的產品相媲美。伊休夫生產的輪船部件、工業容器、電線、電池、滅火器、起重機、反坦克地雷、液壓工具、信號燈、剃鬚刀、帳篷、救生用品、橡膠、光學儀器等充斥於中東市場。從1939–1945年，伊休夫工業產值增長了約258%，為以色列建國打下了堅實的基礎。

伊休夫農業和工商業的發展也推進了文化事業的發展。教育在移民生活中佔有重要的地位，兒童被送進正規學校接受教育，而針對成年人的技術培訓場所也遍佈伊休夫，教育成為猶太移民獲得技能的重要方式。據估計，在英國委任統治期間，只有一半的阿拉伯人能接受4年以上的教育，相比起來，猶太人建立了規範的教育體系，到1948年時，受教育的猶太學生總計達到10萬人。

為發揚猶太文化，培養人才，猶太人積極籌備高等學府的建立，1925年，希伯來大學在巴勒斯坦建成，貝爾福被邀請參加開學典禮。身穿紅色劍橋禮服、白髮蒼蒼的貝爾福講道：「希伯來大學的建立是偉大前程中的里程碑。」希伯來大學迅速成為中東最優

秀的高等學府之一，被譽為「以色列文化生活的第一束燭光」。

　　希伯來語的復興被稱為是伊休夫最大的文化成就之一。隨着移民的增多，一個突出的問題隨之出現，即用甚麼語言作為伊休夫的官方語言？猶太民族的母語是希伯來語，但隨着大流散的開始，猶太人分散到世界各地，在 2 世紀的時候希伯來語已經在口語中消失，除了拉比們之外，只有少數研究哲學、歷史、文學的學者們掌握希伯來語，因此，希伯來語被稱為「死亡的語言」。流散時期，歐洲猶太人最通用的語言是意第緒語，也有許多猶太人使用當地的語言。當移民們到達巴勒斯坦之後，才真正感受到統一語言的必要性。在選擇哪一種語言作為通用語言時，猶太人之間產生了分歧，有人主張意第緒語，有人主張德語，有人主張英語，也有人主張法語，但最後更多的人選擇了希伯來語。因為希伯來語不僅體現了民族文化的源頭，而且能激發猶太人獨有的宗教熱情與民族意識。

　　希伯來語的復活與一個語言學家的辛勤努力密不可分，他就是埃利澤爾·本·耶胡達。本·耶胡達出生於俄國，他把復興語言與民族家園的重建緊密結合，他曾在 1879 年的一篇文章中寫道：

> 　　今天我們死氣沉沉，但明天我們必定充滿生機；今天我們也許生活在陌生的土地上，但明天我們要居住在父輩們的土地上；今天我們可以說外來的語言，但明天我們要說希伯來語！希伯來語只有在一個猶太人口超過了非猶太人口的國家裡才能復活。因此，願猶太人口在荒涼的土地上不斷增長，讓我們的人民更多地回到父輩們的土地上去，讓我們的國家與她的語言一起復興吧！

　　本‧耶胡達於 1881 年攜全家來到巴勒斯坦，1889 年，他發起成立了「希伯來語語言委員會」，承擔起了創造新詞彙，規範拼寫、發音與語法的工作，其宗旨是把希伯來語復興為一種實用、規範的現代語言。本‧耶胡達的熱情感染了許多教育家，也逐步獲得了猶太復國主義者的支持，最終希伯來語成為學校的教學語言。1922 年，英國當局宣佈：希伯來語、英語與阿拉伯語均為巴勒斯坦的官方語言。以色列建國後也將希伯來語定為官方語言。希伯來語的復興被稱為是：

　　　　決定新生猶太社會的精神象徵，並賦予它一種價值體系和同一載體。換言之，它為較老的宗教價值及觀念體系提供了一種合法的替代選擇。

　　相比起經濟、文化領域的長足發展，伊休夫的政治勢力尤為不可或缺，它是維持伊休夫正常運轉和推動以色列建國的重要支撐。

　　伴隨着移民的增多，伊休夫出現了政治組織。1905 年前後，移民們成立了政黨組織，錫安工人黨和青年工人黨是比較有影響的政黨。1920 年，勞工聯盟、青年工人黨、青年衛士等組建了「巴勒斯坦猶太工人總會」，簡稱「猶太工總」。「猶太工總」不僅是一個有影響的政治組織，更是一個生產組織，其經營領域涉及工業、農業、建築、交通、運輸、貿易、銷售、社會服務、文化娛樂、保險、福利等方方面面。它還擔負起在全國範圍內建立猶太自衛武裝的責任，其管理下的軍事組織「哈加納」是以色列軍隊的雛形，到建國前伊休夫的武裝人員已超過 3 萬人。

　　1929 年，第 16 屆猶太復國主義大會通過了成立猶太代辦處

的決定，主要職責是管理伊休夫，協調世界猶太人與託管當局的關係。1930年，託管當局正式承認猶太代辦處取代猶太復國主義組織的職能，猶太代辦處成為猶太人在巴勒斯坦建設民族之家的唯一權力機構。從1929–1948年，猶太代辦處管理着伊休夫的政治、經濟、文化、對外交往等一切事務，圓滿地履行了準政府的職責。

到1948年以色列建國前，伊休夫在政治、經濟、軍事、文化等方面都取得了驚人的成就。到這時，已經再沒有人像幾十年前那樣諷刺説——「在巴勒斯坦建國只是瘋狂的幻想」，在大屠殺的浩劫之後，全世界的猶太人已經將伊休夫視為猶太民族建立國家的希望所在。

決裂英帝國

隨着猶太移民不斷湧入巴勒斯坦，兩種矛盾逐漸凸顯出來，一種是猶太人與阿拉伯人之間爭奪生存空間的矛盾，另一種是英國託管當局與巴勒斯坦定居者（包括猶太人與阿拉伯人）之間的矛盾。摩擦最初在猶太人與阿拉伯人之間爆發，但隨着事件不斷發展，不管是猶太人還是阿拉伯人都認為，英國才是最大的敵人，英國時而扶猶、時而扶阿的外交政策是造成巴勒斯坦矛盾不斷升級的重要原因。英國的尷尬角色讓其成為巴以雙方乃至國際社會聲討與指責的對象，最終英國決定將巴勒斯坦問題移交給聯合國，徹底從巴勒斯坦抽身。

出於對《貝爾福宣言》的抵制，巴勒斯坦阿拉伯人與猶太人的矛盾愈演愈烈。1921年5月，雙方矛盾再度激化，衝突首先在猶

太移民進入的門戶雅法發生，然後蔓延到拉馬拉以及沿海地區。斷斷續續的衝突延續了近一年時間，其間，有 47 名猶太人死亡，146人受傷；48 名阿拉伯人死亡，73 人受傷。

衝突發生之後，英國政府主張對雙方予以安撫。1922 年，英國殖民事務大臣邱吉爾代表政府發表了一項聲明，即《邱吉爾白皮書》，《白皮書》指出：

> 如果要問起在巴勒斯坦建立一個猶太民族之家的意圖是甚麼，那麼答案應該是並非要強迫巴勒斯坦的所有人接受這一個猶太國，而是要在全世界猶太人的支持下，發展現已存在的猶太社團；猶太人應該有自由發展的空間與施展才能的機會，鑒於猶太人與巴勒斯坦的歷史聯繫，建立民族家園是他們的權利而不是寬容。

《白皮書》雖然肯定了《貝爾福宣言》所確立的支持猶太人建立民族家園的政策，但同時又規定，外約旦不受有關建立民族家園託管條款的約束，巴勒斯坦移民的數量不能超過當地的「經濟吸收能力」。《白皮書》還建議成立有雙方代表參加的立法議會，處理移民糾紛問題，立法議會包括 10 名官方委員與 10 名民選委員，由英國專員擔任主席。為了安撫阿拉伯人，《白皮書》暗示，未來的自治政府並非以猶太人的發展為前提條件，而是在阿拉伯人仍佔多數的情況下建立。

猶太人雖然有情緒，但還是接受了《白皮書》。阿拉伯領導人則斷然拒絕，他們要求建立獨立的巴勒斯坦阿拉伯國家，並提出了成立民族政府與立憲議會的主張，這些要求自然被英國政府所否

定。《白皮書》顯然不能終止阿以間的矛盾，1929 年 8 月，阿以雙方又因為西牆問題爆發了更大規模的流血衝突。

西牆的歸屬權一直是猶太人與阿拉伯人爭執不休的問題。在猶太人看來，西牆是聖殿的唯一遺存物。猶太人經常聚集在西牆，面壁哭泣，或緬懷先人或追憶苦難。在穆斯林的心目中，西牆位於伊斯蘭教第三聖地上，是他們「尊貴聖地」的一部分，也是最負盛名的阿克薩清真寺與岩石圓頂清真寺的外界。西牆與穆斯林的關係可以追溯到先知時代。按照伊斯蘭傳統，西牆是穆罕默德「夜行登霄」升天前拴馬的地方，所以穆斯林用穆罕默德所騎飛馬的名字奧爾‧布拉格來命名西牆，在阿拉伯人統治耶路撒冷的時代裡，西牆長期被伊斯蘭宗教組織所管理。英國委任統治確立後，一些猶太人主張從阿拉伯人手中買下西牆，魏茨曼等人曾多方籌措資金，但始終未能成功。阿拉伯人對西牆十分敏感，認為「購買西牆是猶太復國主義者佔領巴勒斯坦的嘗試與象徵」。

1929 年 9 月 24 日，這天是猶太人的贖罪日，猶太人在西牆前設立了把男女祈禱者隔開的屏障（正統派要求男女必須分開祈禱），阻擋了只有 3 米多寬的過道 —— 這是周圍阿拉伯區居民的必經之路。因此，阿拉伯人向託管當局提出，儘快移走屏障，第二天，阿拉伯人帶領警察前來撤除了屏障。這件事情在整個巴勒斯坦以至全世界的猶太人中激起了強烈的反應，國際聯盟和英國政府很快就收到了猶太人的抗議信。阿拉伯人同樣不甘示弱，情緒也被激發起來，西牆問題成為宗教摩擦的焦點，宗教情緒最終發展為暴力衝突，並從耶路撒冷蔓延到希伯倫、特拉維夫以及薩費德等地。在這場衝突中，雙方各有 400 多人死傷，另有數千人被託管當局逮捕。西牆事件發生後，英國立即派出了調查組，並就巴勒斯坦政策

問題向政府提供對策。

　　1930 年，英國殖民事務大臣帕斯菲爾德發表了一項聲名，即《帕斯菲爾德白皮書》。帕斯菲爾德批評了猶太人的移民政策，強調巴勒斯坦阿拉伯人嚴重的失業狀況，並要求猶太人做出一定的讓步。這一聲明立即引起了猶太人的反對，魏茨曼等猶太復國主義領袖展開了廣泛的外交活動，帕斯菲爾德在壓力之下不得不收回成命。1931 年初，英國政府重申其支持猶太人建立民族家園的政策不變，英國政策的搖擺嚴重傷害了阿拉伯人的感情。

　　隨着希特拉在德國上台，日漸猖獗的反猶活動導致大量的猶太人外逃，一些人來到了巴勒斯坦，這些情況刺激了阿拉伯人敏感的神經，阿拉伯人針對猶太人以及英國政府的敵對活動不斷增多。再加上第二次世界大戰即將爆發，英國政府認為，要保住在中東的利益，就必須依靠阿拉伯人。在這種形勢下，1939 年，英國發表了《麥克唐納白皮書》，對巴勒斯坦問題重新做了規定。《麥克唐納白皮書》猶如英國對巴勒斯坦政策轉變的新坐標，是對《貝爾福宣言》的修正，標誌着英國巴勒斯坦政策轉向了「扶阿抑猶」。白皮書宣稱：

　　　　把巴勒斯坦變成一個猶太國家並不是其政策的一部分，這有悖於委任統治下對阿拉伯人的義務，未來的巴勒斯坦國是由阿拉伯人與猶太人共同組成政府，要保證雙方的主要利益。在今後 5 年內，可允許 7.5 萬猶太人進入……5 年之後禁止猶太移民進入，除非巴勒斯坦阿拉伯人願意他們進入。英國駐巴勒斯坦高級專員有權限制或者禁止土地的轉讓；阿拉伯人出售給猶太人的土地將限

制在某些特定區域。

在《麥克唐納白皮書》發表的第二天，伊休夫的猶太人舉行了為期一天的總罷工與示威遊行，猶太代辦處向國際聯盟遞交抗議書稱：

> 《麥克唐納白皮書》否定了猶太民族在他們祖先的國土上重建民族家園的權利……這是純粹的背信棄義以及對阿拉伯恐怖主義的投降……伊休夫的猶太人將會採取措施捍衛猶太移民、捍衛猶太家園、捍衛猶太人的自由！

幾個月後，第二次世界大戰爆發了，在對待英國的態度上，大多數人認為在大敵當前的情況下，伊休夫應以克制的態度對待託管當局，要與英國政府保持合作。本·古里安的聲明很值得玩味，他號召猶太人：

> 就像沒有《麥克唐納白皮書》一樣，與大英帝國並肩打擊希特拉；就像沒有戰爭一樣，與《白皮書》鬥爭到底！

戰爭爆發以後，英國嚴格按照《麥克唐納白皮書》的要求執行其巴勒斯坦政策，限制猶太移民的進入。1940 年 11 月 11 日，英國海軍在海法港攔截了兩艘破舊的輪船，太平洋號與米洛斯號，船上有 1900 名猶太難民。託管當局拒絕這些人登陸，要把他們轉到另

外一艘輪船帕特里亞號上，然後駛往毛里求斯島。巴勒斯坦的猶太武裝力量哈加納得知這一消息之後，決定破壞這一船隻，強迫英國留下這批難民。11 月 25 日，哈加納在執行這一計劃時，因行動失誤導致了 240 名猶太難民與 12 位英國警察死亡。猶太代辦處當時隱瞞了帕特里亞號事件的真相，說這些猶太難民因不願離開巴勒斯坦而選擇了自殺。

在不斷發生的移民事件中，斯特魯馬號是最大的悲劇。斯特魯馬號是一艘具有 100 年歷史的大帆船。1941 年 12 月，斯特魯馬號上裝着 769 位猶太難民從羅馬尼亞的康斯坦察港出發，駛出多瑙河，開往土耳其方向。斯特魯馬號當時已嚴重超載，船上只有一個廁所，沒有洗浴設備，沒有足夠的床位，也沒有救生設施，乘客們為了呼吸新鮮空氣不得不排隊上到頂層的甲板上。12 月中旬，斯特魯馬號終於到達了伊斯坦布爾，當時船身出現漏水，發動機也發生故障，急需修理。由於乘客們是非法移民，土耳其政府擔心他們得不到英國託管政府的移民許可，因此拒絕斯特魯馬號在土耳其境內逗留。此時，巴勒斯坦猶太人正在與託管當局交涉，乞求英國允許這些乘客以限額內移民或者難民的身份從海法登陸，但遭到拒絕。最後雙方達成這樣一項協議：巴勒斯坦只允許 16 歲以下的乘客登陸。但是，當這一通知傳達到土耳其的時候為時已晚，土耳其政府已命令斯特魯馬號離開伊斯坦布爾，駛入黑海。1942 年 2 月 24 日，傳來了一則可怕的消息：斯特魯馬號在距離博斯普魯斯海峽入口約四五海里的地方沉沒，僅有一人生還。事件發生後，英國託管當局雖然對遇難者表示同情與惋惜，但對猶太移民的限制並沒有放寬。

英國的限制政策也遭到了伊休夫的報復。伊休夫的激進組織

主張武裝抗英，到處襲擊託管當局，不少高級官員和士兵被暗殺。
1944 年 11 月，英國中東事務大臣莫因勳爵被刺殺，莫因是邱吉爾
的摯友，得知消息後邱吉爾暴怒，嚴厲譴責猶太代辦處放縱恐怖行
為，並且公開宣佈說：

　　　這一可恥的行為震驚了世界，也震驚了像我這樣長
　　期以來對猶太復國主義抱以友好態度的人。

　　此時，魏茨曼等人正在就建立猶太國以及戰後問題而與倫敦
政府頻繁交涉，邱吉爾改變了以往的態度，對他們的努力刻意保持
沉默。
　　由於在對英政策上分歧較大，伊休夫的猶太人也分裂為溫和派
和主戰派。1943 年底，貝京率領「伊爾貢」（一支猶太武裝的名字）
公開與猶太代辦處決裂，不服從任何政治權威，獨自以武力抗擊英
國。1944 年 1 月，伊爾貢宣佈起義，貝京在起義聲明中指出：

　　　猶太民族與英國託管政府之間不再休戰——該政府
　　把猶太同胞交給了希特拉。我們要與該政府交戰，直到
　　勝利。……我們的要求是：立即把權力移交給以色列地
　　的希伯來臨時政府。我們將要戰鬥！民族家園上的每一
　　個猶太人都將戰鬥！以色列人的上帝會幫助我們！我們
　　絕對不會退卻，不自由毋寧死！

　　第二次世界大戰結束後，幸存下來的歐洲猶太難民成為關注的
焦點，大屠殺的發生讓猶太人建立獨立國家的願望迫不及待。1945

年 5 月，猶太代辦處向英國政府提出建立猶太國家、允許更多的猶太人定居巴勒斯坦等要求。8 月，猶太代辦處執委會主席本·古里安提出為歐洲猶太難民簽發 10 萬張移民許可的請求。本·古里安強調說，如果英國繼續執行《麥克唐納白皮書》政策，那麼，猶太復國主義者的最終選擇是「野蠻的暴力」。10 月，巴勒斯坦的猶太武裝力量聯合起來成立了「希伯來抵抗運動」，對英國人的襲擊活動逐漸地公開化、激烈化。

　　1945 年底以後，迫於多重壓力，英國一直在尋找解決巴勒斯坦問題的折中方案，儘管英國政府非常期望能與猶太復國主義者及阿拉伯人達成和解協議，但由於各方勢力分歧太大，每次會談都以失敗告終。隨着阿以雙方鬥爭逐漸白熱化，英國民眾已經普遍失去了對解決巴勒斯坦問題的耐心與信心，英國政府也深感厭倦與疲憊。猶太抵抗運動與移民糾紛無疑增加了英國的經濟負擔，從 1945 年工黨上台到 1948 年委任統治結束，3 年時間內，英國在巴勒斯坦投入了約 2.2 億美元。自委任統治以來，英國在巴勒斯坦投入了大量的兵力，失去了許多年輕的生命。因此，許多政治家，包括邱吉爾在內，都極力呼籲：「讓那些孩子們回家吧！」與此同時，英國經濟出現了危機，煤炭、糧食供不應求，整個英格蘭南部電力缺乏，許多工廠因缺乏能源而關門，失業工人劇增。

　　一方面是猶太人的武裝襲擊，另一方面是面對困境心力交瘁，在這樣的背景下，英國政府最終放棄了為解決巴勒斯坦問題的努力。1947 年 2 月，英國政府發表聲明：

　　　我們已經決定我們不能接受猶太人或者阿拉伯人的
　　主張，也無法把我們自己的決定強加給他們，因此，我

們得出了這樣的結論：目前唯一的途徑是讓聯合國來解決問題。

4月2日，英國政府向聯合國正式提交議案——把巴勒斯坦問題提上聯合國議事日程，由聯大全體會議討論解決方案。

聯合國 181 號決議

1947年4月28日至5月15日，聯合國召開了巴勒斯坦問題特別會議。會上提出了四種解決方案：第一，建立一個猶太人與阿拉伯人享有平等權利的阿拉伯—猶太聯邦；第二，在巴勒斯坦地區建立兩個獨立國家，即猶太國與阿拉伯國；第三，只建立一個阿拉伯國家；第四，只建立一個猶太國。在會議發言中，本·古里安表明了這樣的立場：

> 整個中東的新生有賴於猶太人與阿拉伯人建立一種夥伴關係。我們理解阿拉伯人民對統一、獨立和進步的渴望，我們也希望阿拉伯鄰居能夠理解，猶太人在其歷史家園再也不能像歷史上的散居地那樣，仍然是居於從屬地位的、不獨立的少數民族。猶太民族在自己的土地上必須建立自由而獨立的國家，並成為聯合國的一員。我們期望與阿拉伯鄰邦和平相處，共同發展，實現中東所有閃族國家的真正獨立。

阿拉伯國家的態度是：重申阿拉伯人在中東的主權。如果猶太

人的願望得以實現，建立了猶太國，巴勒斯坦必定要爆發戰爭，整個中東地區將會失控。

會議期間，蘇聯代表葛羅米柯於 5 月 14 日的發言非常具有代表性，也產生了很大的震動。葛羅米柯指出，猶太民族對巴勒斯坦有着巨大的渴望之情，沒有哪個歐洲國家能保護他們免遭希特拉的侵害，拒絕猶太人擁有自己國家的願望是不合理的，也是不可能的。猶太人與阿拉伯人都與巴勒斯坦有着歷史性的淵源，他們都在那裡佔據着重要的地位，因此，否定任何一方的權利都是不公正的。葛羅米柯的結論是：必須要建立一個兼顧兩個民族利益的獨立國家，使兩個社團都充分享有平等的權利，才是最佳的解決辦法。如果這個方案行不通的話，由於兩個民族之間的關係，可以另外考慮分治計劃。

葛羅米柯的發言使代表們「深感吃驚」，蘇聯與阿拉伯世界關係密切，甚至連美國也一直猜測蘇聯會在巴勒斯坦分治問題上投反對票。葛羅米柯的發言也被看做是巴勒斯坦走向分治的一個里程碑。

蘇聯政府態度的轉變具有一定的國際背景。長期以來，中東一直是英國的勢力範圍，當英國在巴勒斯坦的委任統治出現危機的時候，蘇聯認為有必要調整外交策略，轉變對猶太復國主義運動的態度，打開進入中東的渠道。因為許多巴勒斯坦猶太復國主義領導人來自東歐，他們是社會主義事業的熱誠支持者，蘇聯政府甚至設想如果能在巴勒斯坦舞台出現一個親蘇的社會主義國家，無疑是蘇聯外交的一大成功。另外支持建立猶太國家，也有利於穩定蘇聯國內的數百萬猶太人。聯合國特別會議決定成立「聯合國巴勒斯坦特別委員會」，委員由澳大利亞、印度、伊朗等 11 個國家的代表組成。

聯合國授權其就巴勒斯坦的爭端進行調查，並提出可行性建議。就在委員會調查期間，巴勒斯坦發生了出埃及號事件。

出埃及號是一艘移民船，船上有 4539 位大屠殺幸存者，他們抵達巴勒斯坦海域後，企圖衝破英軍的封鎖而靠岸。但託管當局強行命令出埃及號返回到裝載港 —— 法國的小城塞特。委員們目睹了英軍粗暴地把這些大屠殺幸存者驅回歐洲的悽慘場面，心中留下了深刻的印象。這一事件被媒體曝光後，許多對猶太復國事業原本持反對態度的人轉為支持與同情。

8 月 31 日，特別委員會向聯合國提交了兩個方案：第一個方案主張把巴勒斯坦分為猶太國與阿拉伯國兩部分，耶路撒冷由國際託管；第二個方案是建立一個以耶路撒冷為首都、由阿拉伯實體與猶太實體共同組成的獨立的聯邦國家。

9 月，聯合國召開例會，討論上述報告，並專門聽取了英國、阿拉伯最高委員會與猶太代辦處三方的意見。英國表示不提任何建議，不為在巴勒斯坦推行的任何一種強制性的政策承擔義務，並準備儘早撤軍，結束對巴勒斯坦的委任統治。

巴勒斯坦阿拉伯最高委員會完全拒絕這兩個方案，認為這是對巴勒斯坦的肢解，巴勒斯坦只能建立一個獨立的阿拉伯國家，猶太人只是這個國家內的少數民族。阿拉伯代表還批評分治方案對猶太人的祖護，強調聯合國在巴勒斯坦問題上只有建議權，沒有強制執行權。猶太代辦處認為，儘管猶太人內部對方案分歧很大，但只有接受分治方案才能實現儘快建國的目標。

為了保證分治決議能夠在聯大會議上以 2/3 的多數票通過，1947 年 9 月以後，猶太復國主義者派出了多支外交隊伍，進行了大量的遊說與斡旋，魏茨曼等老一代領導人也出面為猶太人建國做

最後的衝刺。

11 月 29 日，一個歷史性的日子，經過長達幾個月的討論與爭議之後，聯合國大會對巴勒斯坦分治議案進行最後表決，以 33 票贊成、13 票反對、10 票棄權的結果通過了「巴勒斯坦將來治理問題的決議」，即聯合國 181 號決議。投贊成票的是美國、蘇聯、大多數拉丁美洲國家以及英聯邦成員國，投反對票的是阿拉伯國家等，棄權的是英國等。

分治決議規定：英國必須在 1948 年 8 月 1 日以前撤出巴勒斯坦，在委任統治結束後兩個月內成立阿拉伯國與猶太國。地理疆域大致根據民族分佈的情況來劃分：阿拉伯國家的面積為 1.12 萬平方公里，佔巴勒斯坦總面積的 42.8%，包括西加利利、約旦河西岸大部分地區、雅法市的阿拉伯區等。阿拉伯國的總人口是 73 萬，其中阿拉伯人 72 萬，猶太人 1 萬。猶太國的面積為 1.49 萬平方公里，佔巴勒斯坦總面積的 56.4%，包括上加利利、胡拉盆地、太巴列湖、貝桑地區以及從黎巴嫩邊界到雅法南部的沿海地區，猶太國的總人口是 99 萬，其中猶太人 50 萬，阿拉伯人 49 萬。耶路撒冷及其周圍 158 平方公里的土地作為「在特殊國際政權下的獨立主體，並由聯合國管理」。

隨着託管機構的萎縮與英國軍隊的陸續撤出，猶太代辦處開始為接管政權做準備，對建立國家的細節問題，如國名、憲法、國旗、發行鈔票、公債、郵票等進行討論，並起草了《獨立宣言》。

1948 年 5 月 14 日，英國高級專員艾倫‧坎寧安和一批官員登上了英國軍艦，在離開巴勒斯坦海域之後，他才發出了結束委任統治的信號，在巴勒斯坦上空飄揚了 30 年的英國國旗終於降了下來。

當天下午 4 點鐘，以色列建國儀式在特拉維夫的藝術博物館舉

行。建國儀式之所以在當天下午舉行，是因為英國委任統治的法定
終止時間是當天子夜時分，可是第二天是安息日，猶太律法禁止在
安息日從事過多活動。在赫茨爾的巨幅畫像下，當本·古里安用木
槌擊打着桌子發出信號後，全場 200 人齊聲唱起了由依姆伯爾的詩
改編而成的以色列國歌 ——《哈蒂克瓦》：

> 只要我們的心中，
> 還深藏着猶太人的靈魂；
> 只要我們的眼睛，
> 還眺望着東方的錫安山。
> 兩千多年的希望，
> 就不會化為泡影；
> 我們將成為自由的人民，
> 矗立在錫安和耶路撒冷。

　　接着，本·古里安以執行委員會主席的身份宣讀了《獨立宣
言》，莊嚴宣告世界上唯一的猶太國家以色列國誕生。《獨立宣言》
對猶太人建設民族家園的艱難歷程以及立國的基本原則作了高度的
概括：

> 以色列地是猶太民族的誕生地……基於歷史與傳統
> 的凝聚力量，一代又一代的猶太人為了重新在自己的土
> 地上站穩腳跟而不停地奮鬥。數十年來，他們大批地返
> 回故土，先驅者、移民們、護衛者一起，使沙漠中開出
> 了鮮花。他們復興了希伯來語，建設了城鎮與鄉村，締

造了一個興旺發達的社團。

……

近年來降臨在猶太民族身上的大災難——歐洲幾百萬猶太人的毀滅——再次成為儘快解決猶太人問題的無可爭辯的明證。猶太人必須在以色列地重建猶太國，以結束無家可歸的狀況。這個國家將對每一位猶太人開放，並保證猶太民族在國際大家庭中享有平等的地位。

……

今天，即英國人結束委任統治的日子，在此舉行會議，根據我們自己自然的或歷史的權利以及聯合國大會的決議，莊嚴宣佈：在以色列地上建立了猶太國家——以色列國。

……

以色列國將對猶太移民開放，並成為散居猶太人的積聚地；以色列國將促進國家的發展以造福於所有的居民；以色列國將奠基在先知們所設想的自由、正義與和平的基礎之上；以色列國將不考慮宗教、種族與性別，保證全體公民享有社會與政治的完全平等權；以色列國將保證信仰、道德、語言、教育與文化的自由；以色列國將保護所有宗教的聖地，並忠誠於聯合國憲章的各項原則……

宣讀完畢，代表們依次上前簽名，接着用希伯來語祈禱：「我們的上帝、普天之王，您使我們得以生存，保佑我們並使我們看到這一天。」僅16分鐘後，美國政府便宣佈承認以色列國。

　　赫茨爾的《猶太國》問世半個世紀以後，猶太人夢寐以求的民族國家終於得以建立。以色列得以建國的原因是多方面的：民族家園的既成事實、伊休夫的成長以及猶太復國主義者的成功外交等，這些構成了以色列建國的內部因素。大屠殺造就的獨特的國際環境、對猶太民族的同情心態、大國勢力與聯合國的支持和干預，再加上巴勒斯坦阿拉伯社團的軟弱、渙散，阿拉伯世界缺乏統一的外交目標與靈活務實的應變策略等等，這些外部因素無疑促成了猶太人復國夢想的實現。但以色列建國成功也為巴勒斯坦的阿以矛盾埋下了禍根，成為半個多世紀以來中東衝突不斷的主要原因之一。

第 七 章

久經磨礪的斑斕國度

事實上，今天的以色列之所以能夠如此強大，是多重因素交織的結果：建國者的愛國主義、使命感、缺乏意識和災難意識，以及以色列人和猶太人骨子裡的好奇和逍遙自在的秉性。佩雷斯說：「猶太人最大的傳統就是不滿足，這對於政治來說或許不是好事，但對於科學來說絕對是好事。」

——丹‧塞諾、索爾‧辛格

《創業的國度：以色列經濟奇跡的啟示》

　　外部的軍事威脅以及內部的社會矛盾，致使以色列國從誕生之日起就處在重重困難之中。在以色列宣佈建國的第二天，以埃及為首的阿拉伯國家就從四面發起進攻，發誓要將這個猶太國家趕入地中海，雙方隨即展開了激烈的廝殺。建國初期大量移民的湧入，對國土的承受能力提出了嚴峻考驗。不僅如此，宗教與世俗的衝突、猶太人與阿拉伯人的矛盾、東方猶太人與西方猶太人間的差異，以及圍繞着政治體制、安全戰略、經濟與文化政策所產生的分歧與隔閡，使年輕的以色列面臨着巨大的挑戰與考驗。然而，在種種壓力之下，憑藉着猶太人數千年的傳統積澱所凝練而成的民族精神，憑藉着建設新家園的巨大熱情與堅強意志以及全世界猶太人的大力支持，以色列在政治、經濟、軍事等方面取得了長足的發展，奠定了其地區強國的地位，創造了當代史上的發展奇跡。

地中海岸的「民主孤島」

　　作為一個移民國家，遷移而來的猶太人曾生活在多個國家和地區，受到多種文化的熏陶，因此在價值觀、政治訴求上差異較大。

　　為了充分體現多數人的意願，以色列曾在政治體制選擇上展開過激烈討論，最終確立了以議會民主制、多黨並存、三權分立為主要特色的政治制度。

　　以色列是中東唯一一個實行議會民主制的國家，因此被美國稱為是「中東集權主義汪洋中的民主孤島」。以色列宣佈建國時，成立了臨時議會。在猶太歷史上，第二聖殿時期成立了大議會，名為「克奈塞特」，設有 120 個席位，主要負責猶太人的宗教文化生活。出於傳承民族傳統的考慮，臨時議會於 1949 年 2 月 14 日改名為「克奈塞特」，這也是以色列的第一屆議會。

　　議會雖然成立了，但是立憲的問題始終沒有解決。《獨立宣言》提到「憲法將不遲於 1948 年 10 月 1 日由立憲議會擬訂」，但實際的情況是，議會根本無暇顧及立憲問題。第一次中東戰爭爆發後，保家衛國成為第一要務，暫緩立憲的主張佔據了上風。1949 年 1 月戰爭結束後，以色列立憲議會成立，當就立憲問題進行討論時，各黨派爭吵不休。主張立憲的人士認為，憲法是一個國家的根本標誌，對於以色列這個在倉促中建立的國家來說更需要一部憲法來規範政治生活；反對立憲的人士則認為，如果立即立憲，必然使以色列陷入一場文化鬥爭之中，會激化民族主義者與個人主義者、社會主義者與資本主義者以及宗教主義者與世俗主義者之間的矛盾，這些矛盾勢必影響到這個新生國家的穩定；宗教人士認為，以色列根本不需要再立新憲法，《托拉》以前是、現在是、未來依然是猶太國家的憲法，它優於一切世俗法律。

　　在各方激烈的爭吵下，以色列議會只好採取折中辦法，於 1950 年採納了議員伊扎爾・哈拉里的意見，通過《哈拉里決議》，決議規定：

　　每一屆議會責成憲法、法律和司法委員會起草國家
憲法。憲法必須逐章寫成，每一章本身就是一部獨立的
基本法。當委員會完成一章的內容之後要提交議會討論
通過。所有章節將組合起來構成國家的憲法。

　　這種逐章通過構築憲法的方式是以色列的獨創，以色列議會
先後制定了 10 多項基本法，如 1958 年制定的《基本法・議會》、
1964 年制定的《基本法・總統》、1976 年制定的《基本法・軍隊》、
1984 年制定的《基本法・司法》等，但至今仍沒有制定出一部完
整的憲法。

　　以色列議會選舉實行單一比例代表制。單一比例代表制是指，
將全國劃分為一個大選區，參加議會選舉的政黨按照獲得選票的比
例，分配進入議會的席位。世界上通行的議會制選舉方法以多數選
舉制和比例代表制為主，以色列採用單一比例代表制有深刻的歷史
原因和社會背景。散居在世界各地的猶太人，生活在不同的國度，
受到不同社會思潮的影響，必須要找到一個大家都認可的選舉辦
法，只有這樣才能代表大多數人的利益。採用單一比例代表制的優
點是，只要有一定數量的群眾支持，即可選出相應的代表，這樣既
能夠充分代表不同猶太人的意願，又可以激發他們的參政熱情。參
加猶太復國主義大會的代表就是通過這種方法選舉出來的，在伊休
夫內部，猶太人也實行比例代表制，所以以色列建國後也延續了這
種選舉制度。

　　1958 年的《基本法・議會》規定，以色列議會實行一院制，
議會席位為 120 個，議會所在地為耶路撒冷，希伯來語和阿拉伯語
為議會官方語言，議會每 4 年選舉一次，選舉實行單一比例代表

制。《議會選舉法》規定，凡以色列公民滿 18 歲即擁有選舉權，滿 21 歲擁有被選舉權，被剝奪政治權利的人員及部分公職人員禁止參選。根據法律規定，以色列實行多黨制，任何政黨只要爭取到 2500 名選民的簽名，在繳納部分保證金後就可以參加議會競選，如果贏得競選，保證金將返還。投票結束兩週後，中央選舉委員會通過媒體公佈選舉結果，各黨派可根據得票的多少算出自己應該得到的議席數，其計算方法是：議席總數（120 位）乘以某黨派的得票率，若所得出來的數不為整數，餘數則根據另外一套縝密方案進行再分配。

在選舉結果公佈後，總統授權在議會中佔席位最多政黨的領袖出面組閣，並任命他為總理，只有獲得議會 61 席以上才算組閣成功。組閣時間為 28 天，如果時間不夠可以再延長兩個星期，屆時若還不能完成組閣，總統有權讓其他黨派組閣，如果其他黨派也無法完成組閣，此屆議會將解散，重新進行大選。

半個多世紀以來的實踐證明，以色列的民主政治特別是比例代表制雖然充分反映了公眾意願，但也存在着不少弊端：

首先，造成了黨派林立的局面。政黨進入議會的門檻太低，導致議會中政黨林立。據統計，歷屆議會大選中，最多的曾有 33 個政黨參加競選，最少也有 14 個政黨參加競選，議會中獲得席位的政黨數量一般在 10 個左右，最多的時候曾有 15 個。幾十年來，以色列從未有一個政黨可以單獨組閣，工黨曾在 1969 年的選舉中獲得了 56 個席位，創造了歷屆議會選舉中的最高紀錄。由於任何黨派都無法單獨組閣，必須聯合一些中小黨派才能獲得半數以上的席位，這就使得中小黨派常常對以色列政治擁有特殊的影響力，他們很容易把自己的成員安排在政府機關之中，而且可以對大黨施加壓

力，討價還價，撈取政治資本，甚至聯合起來制約總理，導致內閣危機。

截至 2013 年 3 月內塔尼亞胡上台，以色列共進行了 19 次議會選舉，但政府卻更換至第 33 屆，最短命的第 16 屆政府在任不足 3 個月，以色列僅有第 15、18、32 屆政府完成了 4 年任期，這說明以色列聯合政府的脆弱性。聯合政府的脆弱與以色列選舉制度造成的黨派林立密切相關。要組閣成功，大黨必須要拉攏小黨，甚至是反對黨，艱難地組閣過程正是一個相互「敲詐勒索」的過程，為以色列政壇的動盪埋下了伏筆。

其次，比例代表制投票是針對政黨的，而不是候選人，在一個黨派內，某一名候選人能否當選議員，取決於他在候選人名單中的排列位置，名字越靠前，當選的機會就越大。例如，如果一個政黨在議會中獲得了 30 個席位，那麼這個政黨的前 30 名領導人便可當選議員。但是，排名的順序往往是由該黨的中央機構，尤其是黨魁們的意志所決定的，候選人的排名不僅僅取決於他的政治才能，而且包括他在黨內的威望以及人際關係。另外，如果在議會中，議員過分脫離該黨利益，在下次選舉中他的排名就可能靠後，導致其當不上議員，這就給民主政治打了折扣。

如今，以色列的政黨可分為五大類：以工黨為代表的左翼政黨、以利庫德集團為代表的右翼政黨、中間派別、宗教黨和阿拉伯政黨。從政策傾向上分，這五類政黨可劃分為左、中、右三大陣營，左派與右派之爭製造了以色列政治的主要矛盾。以色列政黨政治的變化大致可分為幾個時期：1948−1977 年，工黨處於主導地位，左翼政黨勢力強大；1977−2001 年為利庫德與工黨輪流執政時期；2001 年至今，工黨再未贏得大選，以利庫德為代表的右翼集

團強勢崛起，向右轉成為新世紀以來以色列政治的一大特點。

沙漠中的經濟奇跡

20世紀後半葉，世界經濟進入了高速發展期，一些經濟基礎薄弱的國家或地區，經過幾十年的發展一躍成為發達經濟體，如亞洲四小龍等。與亞洲四小龍相比，以色列的處境相對艱難，可謂是在夾縫中發展。以色列礦產資源匱乏，淡水資源緊缺，國內2/3的土地為荒漠，可耕地面積僅有4000多平方公里，再加上複雜的地緣政治，長期處於阿拉伯國家的政治、經濟封鎖之中。儘管如此，內外交困之中的以色列卻探索出了一條獨具特色的經濟發展之路。以色列在工業、農業、高科技等領域取得了令世界矚目的成就，被冠以「中東矽谷」「世界高新技術中心」等稱號。經過幾十年的發展，以色列順利擠入世界發達國家之列，創造了經濟騰飛的奇跡。

《聖經》中曾用優美的語言來形容巴勒斯坦的美麗富饒，稱那是「流奶與蜜之地」，但是真實的巴勒斯坦卻沙漠廣佈，資源匱乏。聞名於世的美國小說家馬克‧吐溫就曾懷着美好的期待來到憧憬已久的巴勒斯坦，但眼前卻是人煙荒蕪、植被缺乏、土地貧瘠、沒有生機的淒涼場景，他百感交集，不由地感慨道：

> 在所有景色淒涼的地方中，我以為，巴勒斯坦當可首屈一指。那裡山上寸草不生，色彩單調，地形不美。谷地是難看的沙漠，沙漠周圍是一些荏弱的植物，這些草木對環境也露出憂愁失望之態……周圍的一切看起來都很扎眼，無遮無攔，沒有遠近的感覺——在這裡，距

離不產生魅力。這是一塊沒有希望的、令人沉悶傷心的
土地。

儘管如此，猶太人深深知道，正是因為千百年來沒有自己的
祖國，才遭人欺負凌辱，他們決心靠自己勤勞的雙手在這裡重建國
家，重建猶太民族的尊嚴和榮耀。頑強執着的移民先驅，一磚一
瓦、一鋤一地開始了漫長的重建之路，大量的荒地被開墾，從而擴
大了定居範圍，為農業發展奠定了基礎，更為以色列的經濟發展創
造了必要條件。

移民巴勒斯坦的猶太人，首先要解決的就是生存問題，在惡劣
的生存環境面前，移民依託社團，充分發揮團體力量，建立了集體
農莊——基布茲（意為「集體定居點」）。基布茲內部實行公有制，
一切財產歸公，實行集體勞作，內部沒有金錢關係與工資報酬，社
員由食堂統一供餐，衣食住行、生老病死等都由集體統一承擔，以
色列的基布茲被譽為是「世界上最成功的社會主義運動」。

自 1909 年東歐移民建立第一個基布茲以來，集體農莊成為以
色列建國前後農業發展的主要模式（基布茲中也興建了一些工廠，
但主要以農業為主）。基布茲不僅為以色列經濟做出了重大貢獻，
也在政治和社會文化生活中佔有重要地位。以色列先後有 4 位總
理出自於基布茲，1948–1977 年間，曾有 1/3 的內閣成員來自基布
茲，第三次中東戰爭中以色列近 1/4 的陸軍軍官為基布茲成員。

建國之後，在百業待舉的情況下，以色列政府制定了一條優先
發展農業，以農業為基礎，促進國民經濟全面發展的路線。1948–
1965 年間，隨着移民的大批遷入，全國人口很快增加了兩倍以
上。為了給移民安排住所、提供就業，政府確立了內向型、粗放型

的農業發展政策，採取多種方式把新移民組織起來，開墾荒地、改造沼澤，使耕地面積由 1948 年的 160 萬杜納姆增加到 1953 年的 350 萬杜納姆，比建國初擴大了一倍，糧食產量也翻了一番。

20 世紀 60 年代中期以後，以色列逐漸調整農業政策，改變種植結構，把發展經濟作物作為主要方向。政府根據土地與水源狀況，大幅度削減糧食的種植面積，集中力量推廣經濟收入高的水果、蔬菜、花卉等作物，發展高效農業。如今，園藝作物的產值已佔到以色列農業總產值的 80% 以上，成為農業發展的主導產業。以色列也贏得了「歐洲果籃」「歐洲冬季廚房」「花卉王國」的稱號。

為保證農業快速發展，以色列政府大力提倡科技興農，鼓勵技術革新。國家投入大量資金，把各種科研力量組織起來，有目的、有計劃、有策略地集體攻關，幫助農民解決生產中的疑難問題，利用新技術，創造高效率。到 70 年代末，以色列農業已改變了傳統的產業模式，躋身於農業現代化國家行列之中。時至今日，以色列農業就其增殖能力、發達程度、機械化水平以及高科技應用的廣泛性而言，均處於世界領先地位。

高科技在以色列農業中運用得非常普遍，科技對農業增長的貢獻超過 90%。如節水噴灌、滴灌技術就是以色列農業技術人員發明的。以色列一半面積以上的土地年降水量不足 180 毫米，人均水資源約為 300 立方米，80% 水源分佈在北部，而 65% 的耕地分佈在南部。建國後，以色列政府把節水灌溉技術作為重點攻關項目之一，將沙漠農業作為發展方向。1950 年代，農業專家在傳統灌溉的基礎上，發明了噴灌技術，減少了蒸發和滲漏，大大節約了用水量。到 60 年代，以色列又普遍推行更先進的滴灌技術，直接把水注入植物根部，讓植物對水的利用率提高到 95% 以上，而傳統灌

溉方法中水的利用率僅為 45%，噴灌為 75%。農業專家還將計算機技術運用到了滴灌中，埋在土壤中的傳感器可將植物根系生長情況、用水情況等反饋到計算機系統中，如果需要灌溉，該系統會自動運行，灌溉、施肥、農藥噴灑等可同時進行，一次完成。滴灌技術被稱為「灌溉農業的一大奇跡」。另外，以色列覆蓋全國的污水處理系統讓水資源綜合利用率達 75% 以上。專家估計，如果推廣以色列的節水方法，地球可養活現在三倍以上的人口。如今，以色列的灌溉設備、中水處理系統因性能優良、技術過硬，已出口到多個國家，成為國際市場上的暢銷品牌。

　　廣泛使用計算機技術也是以色列農業的一大特點。例如：在花卉種植方面，以色列科學家設計出兩套計算機系統：一套是信息庫，提供諸如種植、處理、病蟲防治、施肥、加工等方面的信息；另一套是個人計算機系統，為種植者提供經濟性檢測報告。在溫室種植方面，科學家們設計了一系列軟件，對溫室的供水、施肥、氣候及作物生長狀況進行自動化控制，例如番茄的種植，計算機系統隨時測量土壤和植物葉片的養分含量，通過計算機分析，再利用軟件和傳感器實現自動化施肥，做到精準補充養分。畜牧業領域中，以色列已經實現了全方位的自動化管理，例如奶牛脖子上都戴着一個電子監測器，通過它能精確地監控奶牛進食、反芻、身體狀態，並可以對其身體數據進行分析，提前預防疾病發生。

　　與農業領域一樣，以色列在工業領域中取得的成就同樣令人矚目。建國初期，隨着大批新移民的到來，安排就業、提供日用消費品成為當務之急。為此，以色列政府在大力振興農業的同時，把工業發展也提上了議事日程。以色列工業是在伊休夫工業的基礎上發展起來的，經過二三十年的努力，以色列擠進了工業強國之列。

　　建國後，以色列政府結合自身情況，首先擴展了伊休夫的傳統產業，如皮革、食品、煙草、紙張、肥皂等，並在內格夫及加利利等偏遠地區興建了一批以加工工業和輕工業為主的開發區，以解決附近移民的消費需求。1970年代以後，以色列一方面在傳統工業中推廣先進技術，一方面大力發展光學和精密儀器、計算機硬件和軟件、光學玻璃纖維、航天及航空設備、生物和化工尖端產品，最終建立了部門齊全的現代化工業體系。

　　以色列的工業企業主要集中在海法與阿什杜德之間的沿海平原地區，工業部門主要有：食品加工業、紡織服裝業、鑽石加工業、軍事工業、化學工業、計算機工業等。這些部門中，軍事工業和計算機工業非常具有代表性，是以色列科技發展、力求創新的象徵。

　　以色列是中東小國，但卻是地區強國，嚴酷的外部環境促使以色列大力發展軍事工業。以色列的軍事工業是1960年代後發展起來的。第三次中東戰爭結束後，迫於世界輿論與阿拉伯國家的壓力，西方一些國家開始對以色列實行武器禁運，特別是法國的禁運，對以色列打擊很大。在此情況下，以色列開始把部分民用企業轉為軍工企業，一方面對進口的或在戰爭中繳獲的武器進行改良，如把法國的「幻影」戰鬥機改組成「幼獅」戰鬥機，把英國的「百人隊長」式坦克改組成「戰車」式坦克，把蘇聯的「卡拉什尼克夫」式衝鋒槍改組成「加利利」式自動步槍等，從而節省了大批的研究經費；另一方面以色列自行設計、製造了1000多個武器品種，包括各式戰鬥機、多種口徑的火炮及所需彈藥、常規炸彈、艦對艦導彈、巨型艦隻、衛星、通信系統與電子設備等。

　　經過幾十年發展，以色列許多武器裝備已達到世界一流水平。例如：以色列無人偵察機製造技術在世界上遙遙領先，可適應多種

氣候和多種環境。以色列也是少數能生產預警機的國家之一，其生產的「費爾康」預警機性能優越，可同時處理約 100 個目標，且價格相對便宜。坦克方面，「梅卡瓦」坦克被評為防護力、火力和機動性三大要素最佳結合的產物。在導彈和導彈攔截方面，以色列建立了覆蓋全國的導彈防禦系統，甚至連飛行數十秒的短程火箭彈都有能力攔截下來。

以色列的軍工產品在保證國內需求之餘，遠銷多個國家和地區，近幾年來，以色列已成為軍火出口強國，出口數額位居世界前列。軍火出口產品主要有無人機、主戰坦克、反坦克導彈系統、預警機、巡邏艇、雷達、火炮系統和近程防空導彈系統等。以色列是世界上非常重要的武器出口國，武器出口也是其外交政策的一部分，以色列與土耳其、印度、巴西等國的關係曾因武器出口而升溫。

與軍事工業一樣，計算機工業也是以色列工業發展的縮影。在以色列北部城市海法，有一個被稱作「中東矽谷」的地區，已成為國際計算機行業的投資熱點。微軟公司在美國本土外建設的第一家研發基地就位於這裡，英特爾公司、摩托羅拉公司等也先後在海法建立了自己的研製中心。這裡曾研製出了一系列高科技產品，如世界上最早的五接頭視頻數字構件、第一個浮點單芯片矢量信號處理器、U 盤、防火牆、ZIP 壓縮技術、ICQ 即時通信、英特爾的 P4 芯片和迅馳芯片等等。高科技產業早已成為以色列經濟增長最主要的推動力之一。

以色列經濟在幾十年間，完成了一個質的飛躍，快速實現了從傳統向現代的轉型。以色列的經濟騰飛主要有以下幾個原因：

第一，創新是以色列快速發展的核心要素。自建國以來，以色

列先後通過了多部法律，鼓勵投資和創新。以色列建立了許多首席科學家辦公室，把研發基金分配到各個首席科學家辦公室，由首席科學家辦公室的專家負責篩選適合資助的企業，對入選的項目一般可以資助研發金額的 50%，這種方式在鼓勵工業研究與開發、籌措工業資金、分擔經濟風險等方面發揮了非常重要的作用。

為了給中小企業提供科研起步資金，20 世紀 90 年代，在以色列政府的推動下，國內成立了多家風險投資公司。風險投資對鼓勵科技創新和完善資本市場起了積極的推動作用。現如今，以色列風險投資已成為經濟發展的重要引擎。

第二，教育為以色列經濟發展提供了持久動力。建國後不久，以色列便頒行了《義務教育法》，推行免費義務教育。從 20 世紀 70 年代至今，以色列的教育經費投入佔 GDP 的比例位居世界前列。在教育方法和模式上，以色列學校秉承猶太教育的優良傳統，鼓勵學生質疑和創新。

第三，源源不斷的移民浪潮，為市場提供了充足的勞動力和購買力，並且有相當一部分移民還具備技術特長，促進了經濟發展和技術革新。特別是蘇聯解體後，幾年間，有將近 100 萬前蘇聯猶太人移民以色列，其中有大量的高學歷、高技術人才，據估計，這些前蘇聯猶太人對以色列經濟貢獻了約 150 億美元。有人甚至稱，蘇聯免費為以色列培養了一支研發隊伍。

第四，和平進程創造了良好的國際國內環境，軍工科技紛紛轉向民用，為高科技產業增加了技術力量。據估計，20 世紀 80 年代末 90 年代初，以色列軍工領域匯集了全國一半以上的科學家和工程師。冷戰結束及阿以局勢的緩和，為軍工產業轉向民用提供了基礎，例如：吉文成像公司將軍事衛星上使用的攝像頭技術應用到醫

療方面，微型攝像頭被安在膠囊中，病人吞服後，通過攝像頭對消化系統進行檢查。

第五，注重國際合作交流。以色列十分注意拓展對外交流，70年代中期以來，以色列與美、德、加等國建立了一系列的雙邊基金會，涉及生命科學、醫學、化學、物理、數學、工藝學、農業、社會科學等多個領域的研究，所資助的研究成果也由雙方共享。以色列在承擔國際合作項目、進行科技交流方面堪稱世界之最，大大推動了本國的科技進步與經濟發展。

第六，源源不斷的外援資助。巨額的外援一方面提供了發展基金，另一方面也在很大程度上彌補了貿易逆差與財政虧空，成為國家經濟運行的重要支撐。據埃及《金字塔報》政治戰略研究中心估計，自 1948−2000 年，以色列共獲得了約 1500 億美元的外援，主要來源是美國、德國和散居猶太人。其中美國的經濟、軍事援助約為 650 億美元，德國的戰爭賠款約為 600 億美元，散居猶太人的捐贈約 200 億美元。源源不斷的外援讓以色列擁有了起步資金，修建了基礎設施，可以說以色列的經濟騰飛與外援有着密切關係。

萬花筒般的社會

作為一個熔爐式的現代移民國家，以色列社會容納了多種文化。多元化的社會、多元化的需求造成了多樣化的矛盾。文化的巨大差異讓以色列社會長期受到三大矛盾的困擾，即東方猶太人與西方猶太人的矛盾、境內猶太人與阿拉伯人的矛盾、世俗與宗教的矛盾。這三大矛盾嚴重阻礙了以色列社會的融合步伐，對社會的發展造成了負面影響。

　　以色列建國對飽嘗千年流散之苦、缺乏歸屬感的猶太人來説是一件值得歡慶的大事。1950 年 7 月，以色列政府頒佈了《回歸法》：把居住在以色列之外的猶太人稱為「流散中的猶太人」，將移民以色列表述為「回歸自己的祖國」，這樣就賦予每個猶太人移民以色列的權力，僅將那些從事反對猶太民族的活動、有可能危害公共安全的人除外。《回歸法》從理論上結束了猶太民族無家可歸的流浪生涯。1952 年 4 月，以色列議會又通過了《國籍法》，凡年滿 18 歲的猶太人只要一踏上以色列的國土，就自動具有以色列的公民身份，除非他自己申明拒絕這一身份。但《國籍法》對阿拉伯人作了嚴格的限制：他們必須在建國前夕是巴勒斯坦公民，並提供文件，證明他們事實上在此居住。

　　隨着大批移民的進入，以色列社會從政治、經濟、思想觀念上越來越明顯地分裂為三大群體：西方猶太人、東方猶太人、阿拉伯人。不同群體的分化是以色列建國後一段時間內社會矛盾凸顯的標誌。

　　以色列建國後，人們習慣於用「東方」和「西方」的概念來區別不同背景的猶太人。西方猶太人是指來自歐美的猶太人，而生活在亞非國家的猶太人及其後裔被稱為東方猶太人。猶太復國主義運動興起後，早期的開拓者基本上都是西方猶太人，作為國家的締造者與主體文化的創造者，他們支配着以色列的政治、經濟、文化，佔據國家權力機構的主要職務。相對而言，西方猶太人崇尚西方價值觀念，有較高的文化素養，他們在就業、收入、教育、文化等方面具有明顯的優勢。東方猶太人的經濟地位與文化素養普遍低於西方猶太人，許多人不會讀寫，他們原來生活在摩洛哥、也門、伊拉克、埃塞俄比亞等以家長制為特色的東方社會中，傳統的社團

機制支配着他們的思想意識，他們對猶太復國主義缺乏熱忱，對按照西方模式建立起來的以色列社會感到陌生。東方猶太人處於無權的邊緣地位，多被安排在不發達的地區或者大城市的邊緣，從事農業的人數居多。東方猶太人多講阿拉伯語，西方猶太人則講意第緒語、波蘭語、德語、英語等歐洲語言。西方猶太人認為，來自落後的東方社團的猶太人會成為社會進步的負擔，會削減以色列的「西方化」色彩，東方猶太人則明顯感到被歧視。族群矛盾造成社會分化，有人曾把這種現象稱之為「兩個以色列」。

50 年代末期，東西方猶太人的對立與衝突日益明顯。在年輕一代的東方猶太人中間，追求獨立和平等的意識逐漸增強，他們對西方猶太人的主導地位強烈不滿，不斷採取遊行、靜坐、罷工等方式發泄自己的情緒，力圖改變自身的無權地位。在政治上，東方猶太人常常支持反對黨。為縮小東西方猶太人之間的差異，以色列政府採取了多種方法，在生活補貼、就業、教育等方面給東方猶太人以照顧，還有意識地讓不同文化背景的人群混合居住，擴大並鼓勵不同定居點之間的經濟往來與文化交往，希望通過「熔爐」政策來消除差異。

東西方猶太人的分裂狀態在第三次中東戰爭後出現了轉機。在戰爭中，拚殺在第一線的東方猶太人用鮮血與生命洗刷了被稱為「寄生者」的恥辱，贏得了西方猶太人的認可與尊重。再加上希伯來語的廣泛推廣，東西方猶太人的融合步伐明顯加快。這種融合從通婚率上可明顯地看出來，據統計，東西方猶太人的通婚率從 1955 年的 11.8% 上升到 1975 年的 19.2%。經過幾十年發展，在當代以色列社會中，東方猶太人大多已成為中產階級，兩大群體在價值理念上也更加趨同。

在以色列國內，如果説東西方猶太人的矛盾只是猶太族群內部矛盾的話，那麼生活在國境內的阿拉伯人與猶太人的矛盾則是活生生的對立矛盾。以色列與周邊阿拉伯國家長期處於戰爭狀態，身為以色列公民但卻是阿拉伯人的血統，雙重身份讓以色列境內的阿拉伯人進退兩難。

以色列建國後，大量的阿拉伯人離開了自己的家園，聯合國分治決議中劃歸以色列版圖的阿拉伯人口由 1948 年 11 月的 49 萬減少到 1949 年底時的 15 萬。以色列《獨立宣言》中雖然明確規定所有居民都享有平等的權利，阿拉伯語也被規定為官方語言之一，但以色列是猶太國家的現實決定了阿拉伯人只能扮演二等公民的角色。1948–1966 年間，阿拉伯人被置於隸屬於國防部的軍事部門管制之下，軍事當局往往以安全問題為由，對阿拉伯人進行限制，規定他們不得隨意集會、搬遷；進入別的地區必須獲得許可證；限制阿拉伯人的就業機會；強迫一些阿拉伯人撤出邊境地區的「安全區」而移居內地等。阿拉伯人被隔離於以色列主流社會之外，處於「文化與經濟的孤島之上」。

第三次中東戰爭是以色列社會融合的一個分水嶺。東西方猶太人的融合也帶動了猶太人與阿拉伯人的融合，戰後更多的猶太人開始願意與阿拉伯人交往，以色列國內的族群關係有了較大改善。1967–1977 年，執政的工黨對阿拉伯人實行文官統治，阿拉伯人的政治、經濟地位有所改善。1975 年，以色列共產黨成員、阿拉伯詩人陶菲克·齊亞德當選為拿撒勒市市長，標誌着阿拉伯人在政治上取得突破性進展。越來越多的以色列阿拉伯青年掌握了希伯來語，他們能熟練閱讀猶太人的報紙與書刊，其中有些人對猶太文化與宗教的了解甚至超過了一些世俗猶太人，越來越多的「以色列阿

拉伯人」被猶太社會所接納。第三次中東戰爭後，以色列國內猶太人與阿拉伯人相互融合的趨勢一直延續到 80 年代末，1987 年爆發的「因提法達」中斷了民族融合的進程。

　　「因提法達」（意為「擺脫」「驅逐」）是指 1987 年巴勒斯坦阿拉伯人反對以色列的鬥爭。1987 年 11 月 8 日，加沙發生了一起車禍，一位以色列司機駕駛着卡車撞上了一輛巴勒斯坦阿拉伯人的汽車，造成 4 人死亡 5 人受傷。事件發生後，有傳聞說以色列司機是蓄意殺人，因為前幾天一位巴勒斯坦阿拉伯人駕駛的小型飛機撞入加沙的以色列軍營，造成了多名以色列軍人死亡，而此車禍肇事者正是其中一名軍人死者的親屬。事後，一些巴勒斯坦人抬着死者的棺材，要求懲辦兇手。第二天晚上，上千的巴勒斯坦人參加完死者的葬禮之後，向駐紮在加巴里阿難民營（加沙地帶最大的難民營）的以色列士兵投石頭，巴勒斯坦人還走上街頭，舉行大規模的遊行示威活動，以色列軍警採取了鎮壓措施，導致 2 人死亡，15 人受傷。巴勒斯坦人極其憤怒，起義從加巴里阿難民營迅速蔓延到 27 個難民營。巴勒斯坦難民營的起義，使以色列政府頗為驚慌，決心以武力鎮壓，以色列軍隊毫不猶豫地揮起了鐵拳，催淚瓦斯以及真槍實彈被用來對付手無寸鐵的起義者。

　　巴勒斯坦的平民起義，終於引爆了以色列阿拉伯人內心中的壓抑情緒，他們無法再沉默下去，尤其是以色列軍隊鎮壓起義者的殘酷手段使他們無比憤怒。起義發生一週後，以色列阿拉伯人舉行了聲勢浩大的罷工與集會，聲援巴勒斯坦同胞的鬥爭，他們為起義者送去食品、藥品，並踴躍捐血。以色列阿拉伯人的表現，讓以色列政府和民眾感到震驚，猶太民族主義情緒也隨之上升。

　　隨着巴以衝突的不斷加劇，特別是人體炸彈的肆虐，以色列猶

太人對巴勒斯坦人的憎恨之情愈加強烈，境內的阿拉伯公民也受到了牽連，防備與排斥成為猶太人與阿拉伯人間的一道無形的心理屏障。在以色列，每發生一次恐怖事件，總有阿拉伯居民被懷疑、被調查。2003年7月，以色列通過了一項法案，規定任何一位以色列公民，只要他的配偶是巴勒斯坦人，以色列政府就不會給予其配偶取得以色列公民權的機會。阿拉伯人甚為不滿，因為大約有超過十萬巴勒斯坦人與以色列阿拉伯人結婚，新的婚姻法案實際上是從法律角度否定婚姻的合法性。

對於以色列境內的阿拉伯人來說，他們一直被邊緣化，無法與主體民族一起分享國家繁榮與富強所帶來的喜悅。四次中東戰爭的腥風血雨以及以色列的輝煌勝利留給他們的是充滿苦澀的記憶，面對巴勒斯坦人的反抗情緒與一幕幕人體炸彈的慘烈場面，他們甚至不知道自己應該歡呼、沉默還是憤怒。在許多阿拉伯人的眼裡，以色列越來越陌生，越來越無法認同。2004年6月，以色列海法大學對1016名以色列人進行了調查，結果顯示，64%的猶太人認為政府應該鼓勵阿拉伯人離開以色列。

近些年來，隨着阿以局勢有所緩和，以色列猶太人對境內的阿拉伯人的排斥情緒有所緩和，阿拉伯人的生存環境也得到了很大的改善，但猶太人對阿拉伯人的偏見卻始終存在。如今，以色列阿拉伯人禁止參軍的法令依舊沒有改變。以色列國內的一些政黨仍然對阿拉伯人較為敵視，例如右翼政黨「以色列我們的家園黨」的領袖利伯曼，就經常發表激烈言論，要求議會去除阿拉伯議員，並主張以色列境內的阿拉伯人宣誓效忠。在多屆議會中，阿拉伯政黨一般佔有4-10個席位，阿拉伯政黨自1948年至今尚未參加過一屆聯合政府，在議會中的聲音極為微弱。另一方面，無論以色列左右翼政

黨在組閣過程中如何艱難，他們也不願意與阿拉伯政黨合作，據此可以看出以色列阿拉伯人的尷尬地位。

除族群問題之外，以色列社會的宗教與世俗之爭、傳統與現代之爭同樣激烈。

以色列建國的初衷是建立一個世俗化的國家。以色列的《獨立宣言》明確強調：以色列公民不分宗教信仰，都可享受社會和政治平等，以色列是一個世俗國家而非神權國家。但受歷史傳統的影響，猶太教在國家政治及社會生活中的影響力十分巨大，成了事實上的國教，並在以色列建國後形成了一個等級鮮明、組織嚴密、職責明確的組織體系，成立了最高拉比總署，負責裁決有關猶太教的重大事務，如解釋律法、制定新教法、監督宗教法院裁決等。拉比總署還負責管轄全國各地的地方拉比署及軍隊拉比署，總管全國的猶太會堂。

不僅如此，宗教勢力極力在猶太人身份認定問題上施展影響力。以色列的《回歸法》雖然賦予了猶太人都有返回以色列的權力，但並沒有給「猶太人」下明確的法律定義。長期以來宗教界與世俗社會對這一問題實行兩套標準，雙方爭論不休，讓「誰是猶太人」的問題成為一個敏感的話題。宗教界認為，判斷猶太人的標準要看他是否信仰猶太教，並且要由宗教機構來認定；世俗人士則認為，以色列是一個現代世俗國家，不能因為宗教信仰而否定世俗猶太人的民族身份，主張以出身和血緣來進行判別。

1958 年，以色列最高法院審理了著名的「丹尼爾修士案」，引發了廣泛的社會關注，被視為是宗教與世俗之爭的典型事件。案件的當事人叫奧斯瓦爾德・魯斐森，1922 年出生於波蘭，父母都是猶太人。他曾參加過猶太復國主義運動，第二次世界大戰期間

為躲避迫害，隱居到一所修道院並改宗基督教，改名為「丹尼爾修士」。1958 年，丹尼爾申請移民以色列，遭到拒絕之後，他向以色列最高法院提交了訴訟，從而在舉國上下引起了一場大討論。最後兩種勢力妥協的結果是：丹尼爾因不信仰猶太教而不能登記為猶太人，但可以根據以色列《國籍法》認定其為以色列公民。

1970 年通過的《回歸法》修正案，對「誰是猶太人」的問題有了比較明確的規定：凡是猶太母親所生或已皈依（猶太教）且不屬於另外宗教的人才能被認定為猶太人。這一法律試圖把宗教與民族的概念結合起來，實際上在更大程度上滿足了宗教勢力的要求。

宗教勢力與世俗勢力的鬥爭體現在多個方面。極端宗教人士在安息日聚集在一起，襲擊過往的汽車，毆打在安息日從事娛樂活動的人們，反對在報刊上刊登女性的照片。宗教勢力還控制了宗教學校，掌握着猶太人結婚、離婚的審批權，並且操縱着「可食」食物（符合猶太飲食傳統的食物）的製作與出售大權。

猶太教勢力不僅干預公共生活，而且還干預政治生活。以色列建國以來，之所以一直沒有一部完整的憲法，宗教黨派的反對是重要原因之一，他們認為《托拉》即是最完美的憲法。1976 年，處於內憂外患的拉賓政府就是在宗教黨派的反對下提前下台的。12 月 10 日，星期五的下午，美國出售給以色列的 F 系列戰鬥機抵達機場，能得到這樣的尖端武器，以色列政府十分高興，拉賓帶領政府首腦在機場舉行了隆重的歡迎儀式。但是，由于飛機延遲了一個小時，當太陽已經落山安息日正式開始的時候，參加儀式的官員們還沒返回駐地。這一事件成為宗教黨派彈劾總理的藉口，幾天後以色列正教工人黨以「內閣閣員驅車違背安息日教規」為理由，對政府提出了不信任案。當國會表決這一提案時，與工黨聯合組閣的全國

宗教黨沒有維護內閣，投了棄權票，其他宗教黨派的議員投了反對票，結果不信任案以 55 票對 48 票通過。12 月 21 日，拉賓辭職。拉賓政府的倒台對工黨造成了很大的創傷，終結了工黨長達 29 年的執政地位，為右翼政黨利庫德集團的上台提供了契機。早在伊休夫時期就有廣泛基礎的工黨漸漸跌下神壇，在以色列政治中的影響力日趨下降。

以色列各政黨圍繞着中東和平進程形成了左派和右派兩大派別，大部分宗教黨派屬於右派。在領土問題上，宗教黨派態度十分強硬，認為這些領土是上帝早已承諾給以色列人的，以色列在戰爭中佔領的領土是「古老契約的現代應驗」，因此猶太人應該不受限制地移居約旦河西岸及加沙地帶，佔領整個巴勒斯坦地區。持有「大以色列」主張的信仰者集團這個宗教政黨，把猶太人的宗教狂熱與被佔領土問題交織在一起，要求猶太人從宗教義務出發，到被佔領土地上去，不顧工黨政府的反對與國際輿論的譴責，在西岸和加沙地帶建立了大批定居點，並強烈反對以色列政府撤出在 1967 年戰爭中所佔領的任何一部分阿拉伯領土，成為中東和平的逆流。

如今，以色列 50% 左右的猶太人為世俗主義者，15% 左右為正統派，約 35% 為保守派。佔人口大多數的世俗主義者崇尚現代生活方式，主張擺脫傳統的束縛，特別是許多年輕人崇尚西方文化，這些現象讓許多宗教人士感到擔憂。保守派和正統派熱衷於民族文化，想要在現代和傳統之間找到切入點，但極端正統派卻抵制任何離經叛道的東西，反對世俗分子對傳統進行改革。以色列的宗教與世俗之爭一直是社會整合的突出難題。

以色列社會的多元特徵，再加上複雜多變的地緣政治，內外部矛盾經常交織在一起，給政府決策和社會整合造成了巨大困難，這

也是以色列政府頻繁更迭、社會整合較慢的主要原因。

枕戈待旦的現代斯巴達

　　描述以色列的歷史，除了政治建構、經濟模式、文化現象之外，還離不開血與火的戰爭記憶，這個年輕的國家在戰火中誕生、在戰火中成長，也需要在戰火中反思。以色列幾乎就是一個現代斯巴達，為了實現國家安全這個最高目標，不惜在民族衝突和地區衝突中採取先發制人的政策。

　　聯合國「巴勒斯坦分治決議」的通過，成為阿以矛盾激化的導火索，雙方的武裝衝突愈演愈烈。1948 年 5 月 14 日，英國宣佈巴勒斯坦委任統治結束，以色列立即宣佈建國，第二天第一次中東戰爭便爆發了。埃及、敘利亞、約旦、黎巴嫩、伊拉克等多個阿拉伯國家先發制人，分兵多路向以色列發起了進攻，決心奪回阿拉伯人的土地，將猶太人趕入地中海。

　　阿拉伯國家共投入兵力約 4 萬人，擁有 200 多輛坦克和 40 多輛裝甲車。以色列此時尚未組建國防軍，匆匆將國內分散的軍事力量整合起來，共動員了約 3.5 萬人，僅有一輛坦克、兩輛裝甲車和 20 多架輕型飛機。戰爭來得如此之快，讓以色列猝不及防，阿拉伯軍隊在戰爭初期取得了巨大的優勢，埃及軍隊一路攻到僅距特拉維夫 40 公里處，約旦軍隊進入了耶路撒冷，敘利亞、伊拉克軍隊也攻克了不少城池。以色列明顯抵抗不住來自多面的進攻，眼看就要支撐不住的時候，美國等國促使聯合國出台了停火方案——從 6 月 11 日起停火四週。此時，阿拉伯軍隊已是強弩之末，急需補充軍火和人員，遂同意了停火協議，交火雙方都獲得了短暫

的喘息機會。

　　第一次停火期間，阿以雙方充分補充了武器彈藥，實力都有所增強，而以色列方面實力增長最快，軍火和志願者源源不斷地從歐美運送而來，勝利天平逐漸向以色列方向傾斜。與此同時，阿拉伯國家卻暴露出分裂傾向，由於各方戰爭意圖迥異，導致在軍事上配合不夠默契，給以色列提供了可乘之機。

　　阿拉伯國家認為，英國撤出後，巴勒斯坦已成為「權力真空地帶」，他們都想從中獲得足夠的戰利品。約旦國王阿卜杜拉想奪得約旦河西岸的阿拉伯區，建立一個「大約旦王國」；敘利亞企圖吞併巴勒斯坦北部地區；黎巴嫩與伊拉克對戰爭缺乏興趣，只是服從阿拉伯聯盟的統一行動；巴勒斯坦阿拉伯領導人、前耶路撒冷大穆夫提侯賽尼的主要目標是驅逐猶太人，建立一個獨立的阿拉伯國家；埃及國王法魯克剛剛成為阿拉伯世界的領袖，急於發揮自己的領導作用，極力遏制阿卜杜拉的擴張企圖，支持侯賽尼的立國主張。由於各方戰爭目的不同，再加上缺乏統一指揮，錯失多次戰機。可以説，陣營的分裂是第一次中東戰爭中阿拉伯國家戰敗的重要原因之一。

　　當停火結束、戰火重燃的時候，以色列逐漸掌握了主動權，一步步地奪回了被阿拉伯軍隊佔領的土地，而阿拉伯聯軍之間卻愈加分裂，步步敗退。

　　1949 年 1 月，阿以雙方實現了停火，第一次中東戰爭結束。以色列傷亡約 2.1 萬人（以色列人口約為 65 萬，傷亡比例為3.2%），阿拉伯方面傷亡約 4 萬人。戰爭除了帶來巨大的傷亡之外並沒有解決巴勒斯坦問題，反而製造出了更多的矛盾，為日後的阿以衝突埋下了長久的禍根：

　　首先，戰爭肢解了巴勒斯坦。戰爭結束後，以色列的領土面積達到了 2.11 萬平方公里，佔到巴勒斯坦總面積的 80%，比聯合國分治決議上規定的 1.49 萬增加了 6220 平方公里，戰爭的停火線成為以色列的新國界。在戰爭中，約旦佔領了約旦河西岸（包括東耶路撒冷）約 5900 平方公里的土地，1950 年 4 月 23 日，約旦宣佈將這一地區併入約旦版圖，改國名為「約旦哈希姆王國」。埃及佔領了加沙，但未將其併入版圖，將加沙作為收容巴勒斯坦難民的地方，幫助加沙實行自治，並對其進行經濟援助（1978 年，埃及宣佈與加沙脫離關係）。

　　其次，戰爭造成了大量難民，成為日後解決巴以問題的難題。在戰爭期間，大約 70 萬巴勒斯坦阿拉伯人逃離以色列佔領區，流入約旦河西岸、加沙地帶以及周邊國家。這些人大多過着貧困的生活，對以色列比較敵視，是巴勒斯坦抵抗組織的重要支持者。逃離到周邊國家的難民，由於人數龐大，安置費用高昂，本身就很落後的阿拉伯國家不願意背負過多的經濟負擔，至今許多難民仍沒有取得公民權，難民的回歸、安置、賠償等問題是阿以矛盾中不可迴避的問題。

　　贏得第一次中東戰爭，讓以色列迎來了一個短暫的和平期，對其發展是一個重大機遇，這也是以色列政府的過渡期，以色列國家體制建設也逐步地走向了正軌，社會各方面都取得了較大發展。但是以色列的勝利對阿拉伯國家來說是一個巨大的恥辱，雙方衝突也在不斷升級，不久便爆發了第二次中東戰爭。

　　第二次中東戰爭發生在 1956 年 10 月 29 日至 11 月 6 日，又被稱為蘇伊士運河戰爭，戰爭是圍繞蘇伊士運河的歸屬權而爆發的。

　　1952 年，埃及爆發了七月革命，奉行民族主義的納賽爾走上

權力巔峰。納賽爾執政後，為擴大農業灌溉面積，決定在尼羅河上修建阿斯旺大壩，大壩建成後可使埃及國民收入增加 1/4，該項目預計耗資達 10 億美元，英法等國起初同意貸款，但談判條件非常苛刻，最終埃及拒絕了英法的無理要求。作為對埃及的報復，1956年 7 月 20 日，英法宣佈撤回援助。26 日，納賽爾宣佈將蘇伊士運河的管轄權收回國有，用蘇伊士運河的收入來建造大壩。自蘇伊士運河修建以來，英法一直掌控着運河的收入，例如 1955 年運河收入為 1 億美元，而埃及僅能分得 3%。一旦埃及收回運河的管轄權，將嚴重衝擊英法在中東的權益。英法決心付諸武力，逼迫埃及就範。

　　而此時，以色列也正對埃及虎視眈眈。自納賽爾上任後，從蘇聯等國陸續進口了數億美元的武器，軍事實力的增強使以色列感受到了威脅。以色列認為，納賽爾擴軍備戰的行為打破了地區平衡，企圖對埃及實施軍事打擊，只是找不到合適的藉口。當埃及宣佈蘇伊士運河國有化後，以色列與英法一拍即合，很快便達成了出兵協議。

　　1956 年 10 月 29 日，以色列出動 4.5 萬人的軍隊，在英法空軍的掩護下分兵四路，對西奈半島發起全線進攻。10 月 30 日，英法藉口保護運河向埃及發出最後通牒，要求埃以雙方停火，各自從運河區後撤 10 公里，由英法軍隊進駐運河區。納賽爾斷然拒絕了英法的無理要求，並發表聲明稱埃及要戰鬥到底。31 日，英法調動了 16 萬兵力，100 多艘軍艦，並出動飛機對開羅、亞歷山大、塞得港、蘇伊士運河等地區進行狂轟濫炸。幾天後，以軍佔領西奈半島，抵達了蘇伊士運河附近。

　　英、法、以的侵略行為遭到了國際社會的一致譴責，甚至連

英法國內也掀起了強大的反戰運動。迫於美蘇等國的壓力，11 月 6 日，英、法、以宣佈停火。12 月，英法撤軍，幾個月後，以色列也退回到了 1949 年的停火線。

第二次中東戰爭歷時 8 天，被稱為「是一場除了英法之外，所有參戰國都是贏家的戰爭」。本・古里安在議會演講中稱蘇伊士運河戰爭是「猶太民族編年史上最偉大、最輝煌的軍事行動，也是世界歷史上最令人矚目的戰例之一」。蘇伊士運河戰爭讓以色列從軍事上打擊了埃及，使以埃邊境出現了長達 10 年的相對平靜期。戰爭的勝利還確立了以色列的國際地位，從此英、法、美、蘇等任何大國勢力要想在中東地區有所作為都不可忽視以色列的存在。對埃及來說，戰爭讓其成功收回蘇伊士運河，納賽爾成為阿拉伯世界的英雄與領袖。

第二次中東戰爭後 10 年間，阿以雙方沒有爆發大的衝突，但是在邊境地帶，小的衝突不斷。第三次中東戰爭的導火索就是敘以邊境的小摩擦。1967 年 4 月 7 日上午，戈蘭高地的敘軍炮擊以色列在非軍事區耕作的拖拉機，以軍迅速發動了反擊。下午，以軍戰機擊落了 6 架敘軍戰機，其中兩架是在敘利亞首都大馬士革上空擊落的，敘利亞感到顏面掃地。埃及曾在 1966 年與敘利亞簽署了共同防務條約，敘利亞的緊張局勢讓埃及開始為戰爭做準備。

1967 年 5 月 13 日，蘇聯向埃及轉達了以色列將要在 17 日進攻敘利亞的情報 [1]。15 日，埃及向西奈半島增派了兩個師的兵力，19 日，埃軍進入加沙，23 日，埃及又封鎖了以色列南部的出海

---

[1]　後來的事實證明，蘇聯的情報是捏造的，其目的就是給已經陷入越戰漩渦中的美國再找點麻煩，讓美國嘗嘗一味偏袒以色列的後果。

口——亞喀巴灣。亞喀巴灣是以色列通往紅海與印度洋的直接通道，也被譽為是以色列的運輸生命線，埃及的封鎖讓局勢迅速惡化，這一舉措使阿以危機達到頂峰。以色列廣泛展開外交活動，向國際社會求援，力圖早日解除封鎖。26 日，美國總統約翰遜對以色列外交部部長阿巴・埃班表示：美國將盡力打開水路，但必須要獲得聯合國的同意。以色列不會孤立無援，除非他自己決定要孤立行事。最後一句話約翰遜重複了三遍。但當安理會就這一問題討論時，因為蘇聯和阿拉伯世界的不配合，安理會並沒有提出可行的解決方法。

　　在展開外交活動的同時，以色列也在積極為戰爭做準備，籌劃以武力破除封鎖。1967 年 6 月 5 日上午 7 點 45 分，第三次中東戰爭爆發。以色列空軍為躲避防空雷達，一路上超低空飛行，沿地中海飛行到尼羅河三角洲上空，從西奈半島的後方發起進攻，目標是對埃及的 10 個空軍基地進行轟炸。以軍飛行員奉行「先炸跑道，後炸戰機」的作戰思想，導致許多埃及戰機因無法起飛而成為被攻擊的活靶子。同時，以軍採用背光攻擊方式，導致埃及士兵在利用防空火炮射擊時因陽光刺眼而無法瞄準，在第一波攻擊中，埃及空軍有 197 架戰機被摧毀，其中 189 架戰機是在跑道上被炸毀的，8 架戰機是在升空後被擊落的。之所以攻擊時間選擇在 7 點 45 分，是因為情報分析這個時間是埃及防空雷達的交接班時間，中間有 15 分鐘的空歇期，許多軍官也正在上班途中，這時也正是尼羅河和蘇伊士運河煙霧消散的時刻，能見度較好。緊接着在第二波襲擊中，埃軍的 14 個航空基地遭到轟炸，又有 109 架戰機被摧毀。至此，埃及空軍幾乎全軍覆沒。以軍的此次行動，創造了空戰史上的奇跡，被譽為是現代空戰的典型案例，促使了空軍戰略戰術的變

革，特別是戰機保護、跑道設置、停機坪等設施的改進。

埃及政界與軍界領導人被這場突如其來的襲擊震懾了，他們根本沒有想到以色列軍隊有如此迅速而又猛烈的作戰能力。短短的一場交戰就讓納賽爾積攢了 10 年的復仇之夢化為泡影。那一天，埃及軍官不敢向總統報告實情，反而說是前線打了勝仗。開羅電台還播送着這樣的廣播詞：

> 摩西・達揚你在哪裡？1956 年你是勝利部長，今天你將成為敗將！我們的敘利亞人挖掉了你的一隻眼睛，今天，我們要挖掉你的另一隻！

直到下午 4 點，納賽爾總統才接到真實的報告：埃及空軍已經覆沒！

當以色列戰鬥機瞄準了目標之後，空襲警報才在特拉維夫響起，然後蔓延全國。8 點鐘的新聞節目中，國防部發言人發佈了這樣的消息：「隨着敵人向以色列逼近，空戰已於凌晨早些時候開始了」。顯然，「敵人向以色列逼近」只是一個政治宣傳的謊言而已，並非「敵人」而是以色列首先挑起了戰火。

然而，空襲只是整個戰略的一個環節。8 點 15 分，地面部隊出擊，直取西奈沙漠，西奈的 12 萬埃及守軍幾乎在 3 天時間內被全殲，8 日以色列佔領了西奈半島，並把戰火推進到蘇伊士運河西岸。

第三次中東戰爭的第二個戰場在以色列與約旦之間展開。6 月 5 日上午 12 點 25 分，以色列軍隊在內坦尼亞等地與約旦軍隊交火。在要不要攻佔東耶路撒冷的問題上，以色列內閣產生了很大的

分歧。反對派認為，佔領阿拉伯人控制下的東耶路撒冷不是明智的行為，「與其說是我們佔有了東耶路撒冷，倒不如說是東耶路撒冷佔有了我們」；但支持者則認為，這是一個千載難逢的歷史機遇，以色列絕對不能錯過。

　　6月7日上午7點，以色列政府命令國防軍佔領東耶路撒冷。約旦軍隊雖然進行了非常頑強的抵抗，但他們已經被切斷了外援，很快就被擊潰。6月9日，整個耶路撒冷老城被以軍佔領。疲憊不堪、滿身塵土的以色列士兵們湧到西牆下面，他們敬畏地擁抱、撫摸、親吻着牆上的石頭，孩子般地抽泣、哽咽、痛哭。當天中午，達揚在總參謀長拉賓等人的陪同下經過獅門來到西牆下，莊嚴宣佈：

　　　　國防軍已經解放了耶路撒冷！我們已經回到了我們最崇高的聖地，這是永遠的回歸，再也不會分離！

拉賓後來回憶道：

　　　　這是我一生中的巔峰時刻，數年來我一直悄悄地懷揣着這樣一個夢想，我可能會在收復西牆中發揮作用，此刻夢想已經實現，我突然感到困惑，眾生之中，我何德何能可享受此項殊榮。

而遠在埃及的納賽爾總統卻充滿悲情地說：

　　　　這是我一生中最暗淡的時光，我無法接受耶路撒冷

被奪走的現實。

佔領西牆的消息傳出後，以色列人激動不已。在以色列軍隊挺進老城的時刻，著名女詩人諾梅‧謝末爾正在阿里什為部隊演出，她懷着激動不已的心情，隨即寫下了她那優美的敘事歌謠《金色的耶路撒冷》，與戰士們一起演唱，這首歌很快成為第三次中東戰爭的戰歌，至今仍被廣泛傳唱，被視為是猶太歌曲中的經典之作，曾被用作電影《辛德勒的名單》的片尾曲：

> 我們又看到了陳年古泉，
> 重回繁華喧囂的市場，
> 在古城的聖殿山上，
> 悠揚的「朔法爾」鳴起。
> 從懸崖的幽洞裡，
> 領略金光萬頃。
> 沿着去往傑里科的長路，
> 我們再到死海尋覓典故。

在佔領了約旦河西岸與東耶路撒冷後，以軍於 9 日大舉進攻戈蘭高地。當天下午，敘利亞全線退縮，以軍迅速佔領了戈蘭高地，控制了通往大馬士革的公路。戈蘭高地處於約旦、以色列、黎巴嫩、敘利亞四國的交界處，南北長約 71 公里，中間最寬處 43 公里，面積約為 1800 平方公里，最高處海拔 2800 米。戈蘭高地處於戰略要地，可以俯瞰大馬士革和以色列加利利地區，相距大馬士革僅幾十公里。

6 月 11 日，以色列與敘利亞實現停火，第三次中東戰爭結束，這場戰爭因歷時 6 天，也被稱為六日戰爭。這場戰爭對交戰雙方產生了重要影響，進一步加深了阿以矛盾，雙方矛盾主要集中在以下幾個方面：

首先，被佔領土問題。第三次中東戰爭中，以色列佔領了西奈半島、戈蘭高地和約旦河西岸、加沙的部分地區，以色列疆域達到 8 萬多平方公里，為原來國土面積的 4 倍。收復失地成為阿拉伯國家的首要目標，為日後的衝突埋下了因子。儘管聯合國通過 242 號決議，規定以色列必須從佔領土上撤離，1967 年戰爭前的國界是解決領土爭端的重要前提。但以色列拒絕執行該決議，如今戈蘭高地依舊被以色列佔領。

其次，耶路撒冷歸屬問題。戰後，以色列議會很快就通過了合併東、西耶路撒冷的決議，並將其定為以色列的首都。這一行為激發了阿拉伯人的民族感情，宗教聖城的歸屬成為阿以矛盾的新焦點。

再次，定居點問題。以色列佔領了約旦河西岸和加沙的大量領土，為了擴大對被佔領土的佔有權，政府鼓勵國民向那裡定居，建立了大量的定居點。以色列國內一些政黨和定居點居民不願意從定居點撤離，為領土談判造成了極大困難。

最後，水資源問題。水資源缺乏是中東的一大特徵，為了爭奪有限的水源，以色列、約旦、敘利亞等多次展開鬥爭，以色列佔領戈蘭高地的一個重要目的就是掠取水資源。高地上的太巴列湖（又稱加利利海）被譽為「中東水塔」。同時，對約旦河河水的爭奪也是阿以矛盾中一個突出問題。

第三次中東戰爭後，埃及與以色列之間進行了為期 3 年的消耗

戰，雙方小衝突不斷，消耗戰被稱為是第三次中東戰爭的延續和第四次中東戰爭的序曲。消耗戰沒有拖垮以色列，反而讓埃及損失慘重，以色列戰機經常深入埃及腹地轟炸電站、油廠等戰略設施，給埃及造成了巨大的損失。1970 年 8 月，埃以雙方停止了消耗戰。

　　經歷過 3 次中東戰爭和消耗戰的埃及，在軍事理念上更加務實。1970 年 9 月，納賽爾去世，薩達特接任總統。薩達特認為，埃及的實力不足以打一場全面戰爭，遂提出「有限戰爭」理論，即通過戰爭給以色列造成心理上的打擊，從而加大談判籌碼，通過政治方式收復西奈半島。經過嚴密的準備之後，埃及等阿拉伯國家決定在 1973 年 10 月 6 日發動打擊以色列的戰爭。當阿拉伯國家磨刀霍霍的時候，以色列卻依舊沉醉在和平美夢之中。

　　1973 年 10 月 6 日，這一天是猶太人的贖罪日，全國處於放假狀態，埃及、敘利亞同時向以色列發起突然襲擊，第四次中東戰爭爆發，這次戰爭又叫做「十月戰爭」，猶太人稱之為「贖罪日戰爭」。10 月 6 日當天，埃及集中了 250 架飛機和 4000 門大炮，向西奈半島的以軍陣地發起猛攻。20 分鐘之後，以色列在西奈的空軍指揮部、雷達中心、導彈基地、炮台等遭受到嚴重打擊。6 個小時之後，埃及主力約 8 萬人渡過運河，突破了「巴列夫防線」[①]，從 170 公里長的戰線上向西奈地區滲透，9 日，埃及控制了運河東岸 10—15 公里寬的區域。與此同時，敘利亞分兵三路攻擊戈蘭高地，收復了大片失地。

　　戰爭爆發後的第 4 天，梅厄總理向美國發出了「拯救以色列」

---

① 巴列夫防線位於蘇伊士運河西岸，因由以色列前總參謀長巴列夫主持修建而得名。該防線長 123 公里，厚 10 餘米，高 17 米，沿線建立了許多據點，構築了堅固的防禦工事，以色列稱其為不可逾越的防線。

的呼救，美國向以色列運送了大量坦克及各種新式武器。在初戰告捷的情況下，由於埃及沒有乘勝追擊，擴大戰果，讓以色列得到了喘息的時機。以軍很快穩住了陣腳，先集中兵力在戈蘭高地反擊成功，然後把重兵轉向西奈，與埃及軍隊展開了為期 4 天的坦克戰，埃及損失了 200 多輛坦克、600 多名士兵，以色列轉敗為勝，戰局向不利於埃及的方向發展。10 月 24 日，為期 18 天的第四次中東戰爭宣告結束。

　　第四次中東戰爭是第二次世界大戰以後中東地區爆發的規模最大的一次現代化戰爭，最新式的美蘇武器都投入了這場戰爭。在這次戰爭中，埃及收復了運河東岸 3000 平方公里的土地，以色列卻在運河西岸新佔領了 1900 平方公里的埃及領土。敘利亞最終也沒能收復戈蘭高地，反而丟掉了高地以東 440 平方公里的土地。儘管阿拉伯國家沒有取得決定性的軍事勝利，戰爭沒有造成大的領土變更，但終於打破了以軍「不可戰勝」的神話，尤其是埃及血洗了 1967 年戰爭所蒙受的恥辱，恢復了民族自信心，基本上達到了「有限戰爭」的預定目標。

　　第四次中東戰爭讓阿拉伯國家空前團結，尤其是石油生產國為抵制西方對以色列的偏袒，以石油為武器，限制石油出口，對西方經濟產生了巨大影響，1973 年的世界經濟危機就是因此而引發的。第四次中東戰爭嚴重打擊了以色列的經濟和民眾心理。受經濟危機影響，以色列經濟增長速度放緩，1973–1977 年間，增速為 3% 左右，國內通貨膨脹嚴重。戰爭也影響了猶太人的民族心理，瓦解了他們的自信心，許多人失去了第三次中東戰爭之後的自豪感與安全感，海外猶太人支援以色列的狂熱心理明顯降溫，移民人口也出現下降。因此，有人評論說，第四次中東戰爭摧毀的不僅僅是

蘇伊士運河邊上的「巴列夫防線」，而且也摧毀了猶太人心理上的「巴列夫防線」。

第四次中東戰爭打破了中東地區「不戰不和」的戰略僵局，促使西方大國紛紛調整其中東政策，美國也充分認識到了如果一味偏袒以色列的話，只能使自己陷於孤立，用基辛格的話來說：

> 阿拉伯國家就會被趕到蘇聯人的懷抱。石油就會喪失掉，全世界都會反對我們，在聯合國將沒有一個國家投票贊成我們。

戰爭結束後，基辛格開始了他的「穿梭外交」，頻繁來往於耶路撒冷、開羅與大馬士革，企圖在以色列與阿拉伯國家之間尋找一個折中點。

阿以矛盾由最初的領土、民族爭端而引發，雙方都選擇了戰爭的方式來解決問題，但是多次的戰爭不僅沒有解決問題，在帶來巨大生命及財產損失的同時，反而又製造出了新的問題。老問題沒有解決，新問題又疊加累積，讓阿以矛盾更加錯綜複雜，積重難返。第四次中東戰爭之後，無論是阿拉伯世界還是以色列都對阿以關係有了更現實、更理性的態度，通過和談解決阿以矛盾成了雙方的共識。

為和平獻身的勇士

第四次中東戰爭之後，阿拉伯國家與以色列的對抗形勢發生了巨大變化，和談的聲音佔據了主流。一方面，國際社會多方努力，

為阿拉伯國家與以色列和平談判創造機會；另一方面，在阿拉伯國家和以色列國內，和平勢力也迅速發展，民眾已經對戰爭的威脅感到厭倦，和平的呼聲越來越高。但是，阿以雙方畢竟在刀光劍影中鬥爭了幾十年，特別對弱者一方來說，傷痛是難以癒合的，雙方民族主義情緒依舊高漲，許多問題沒有迴旋餘地、不容妥協。這些激進思想與和平主張相互鬥爭，讓和平之路充滿了崎嶇。在強大的阻力面前，薩達特與拉賓的人格魅力尤為彰顯，兩人更是為了和平而獻出了寶貴的生命，是阿以和談史上的傳奇式人物。

其實早在第一次中東戰爭結束後不久，阿以間便出現了和平談判，和談首先在以色列與約旦之間展開，但這次和談不僅沒有取得實質性的成果，約旦國王阿卜杜拉還成為政治解決阿以衝突的第一個犧牲者。約旦與巴勒斯坦本為一體，英國為了方便統治，以約旦河為界，將約旦河以東稱為外約旦，以西稱為巴勒斯坦。第一次中東戰爭後，約旦越過約旦河佔領了西岸大片屬於巴勒斯坦的領土，1950 年 4 月 24 日，約旦宣佈合併約旦河東西兩岸，約旦的做法遭到了阿拉伯國家的廣泛批評。在此背景下，以色列將約旦視為阿拉伯世界鏈條上的薄弱環節，積極拉攏約旦展開和平談判，雙方互有所需，不久便草簽了和平條約。約旦與以色列的媾和遭到了阿拉伯國家的強烈譴責，1951 年 7 月 20 日，阿卜杜拉國王被巴勒斯坦激進分子刺殺。在多種壓力之下，和談被束之高閣 [①]。

自第一次中東戰爭後，阿拉伯國家與以色列之間的仇恨情緒

[①] 第四次中東戰爭後，約旦積極與以色列展開和談，西岸的巴勒斯坦激進組織不同意和談，頻頻製造衝突，1988 年 7 月 31 日，約旦宣佈與約旦河西岸脫離，西岸由巴勒斯坦解放組織控制，約旦從巴勒斯坦抽身。1994 年，約旦與以色列正式簽署和平條約，結束了戰爭狀態。

上升到頂點，阿拉伯國家對以色列奉行不配合、不和談的外交政策，反對單獨與以色列談判，約旦國王被刺殺也説明了和談時機的不成熟。與阿拉伯國家一樣，在以色列內部反對和談的聲音也非常強大。對於猶太人來説，在歷經了千百年的流散後建立了自己的國家，當這個國家遭受到外部入侵的時候，全世界猶太人只有一個信念，即團結一心、保家衛國。由於猶太人在歷史上的特殊遭遇，以色列國內的右翼勢力非常有影響力，他們強調國家利益高於一切，堅信只有強大的以色列才能生存下去，以色列要不惜代價地維護國家利益和國民安全。

不可否認，多年的戰爭已經讓阿以雙方飽受傷害，參戰的軍人對戰爭傷痛的體會更加真切。第三次中東戰爭後，以色列總參謀長拉賓在國內獲得了很高的聲譽。1967 年 6 月 28 日，希伯來大學邀請他去做演講，並授予他名譽博士學位。這位凱旋歸來的總參謀長在歡呼聲中表現得極為理性，他在演講中充滿深情地説：

> 還有更讓我們難以忘懷的。當舉國沉浸在勝利的喜悦之中時，我們的戰士卻擺脱不了另一種讓人辛酸的情懷。他們的歡樂中滲透着悲傷，許多人甚至不參加任何慶祝活動。前線的戰士不僅親身經歷了勝利的喜悦，也親眼看到了勝利的代價——那些倒在自己身邊的浸透了鮮血的戰友。我也知道，敵人付出的可怕代價同樣震撼着許多戰士的心。或許，猶太人民從來沒有體驗過戰勝和征服的感覺，他們無法適應眼前的現實。

第四次中東戰爭前，阿以內部的和平勢力處在積蓄力量的階

段，雙方真正的並取得成效的和談是在第四次中東戰爭之後。在阿以問題上，埃及充當着重要角色，本·古里安曾說過，「無埃不戰、無埃不和」，埃及的態度至關重要。

　　戰爭的巨大消耗以及經濟發展的沉重壓力等因素，迫使埃及政府走上了和談之路。據統計，在四次中東戰爭中，埃及傷亡 70 多萬人，耗費資產達 400 多億美元。埃及經濟學家根據 70 年代中期的物價水平做了這樣的估算：戰爭所耗費的巨款可以使埃及每個家庭建築一座別墅、購買全套電器設備和一輛小汽車。第四次中東戰爭之後，埃及債台高築，百業待興，人民渴望和平安寧的生活。具有遠見卓識的薩達特總統決心向以色列人伸出橄欖枝，對以色列進行訪問。1977 年 11 月 9 日，在埃及人民議會上，薩達特講道：

　　　　為了讓埃及士兵一個也不在戰爭中死傷，我準備走
　　向天涯海角，到以色列議會去，到猶太會堂去，到猶太
　　人的老家去，談我們的和平願望。

　　薩達特的講話震驚了整個會場。事後連美國大使都請求證實他所說的訪問耶路撒冷的計劃，薩達特的回答是：

　　　　如果我不想走到底，你以為我會說出這樣的話嗎？

　　與此同時，以色列方面也對薩達特的態度做出了積極回應，表示願意和談。

　　1977 年 11 月 19 日傍晚，一架標號 01 的埃及波音客機在以色列盧德機場降落，以色列前總理果爾達·梅厄夫人、國防部部長達

揚、外交部部長阿巴・埃班以及沙龍、拉賓等人成為這一歷史性時刻的見證者。據說美國一家新聞社願出 10 萬法郎買下薩達特踏上以色列國土的第一張照片。

> 薩達特與梅厄夫人握手時，梅厄夫人說：「我們等您很久了。」
>
> 薩達特回答道：「這一刻終於到來了！」
>
> 在與阿巴・埃班致意之後，薩達特看到了沙龍——這位曾在戰場上與他較量並一直打到運河西岸的將軍，薩達特調侃說：「如果你再到運河西岸來，我們的監獄在恭候你。」
>
> 沙龍笑著說：「不會了，我現在是農業部長。」

薩達特所到之處受到以色列人的熱烈歡迎，50 多萬人舉著埃及的國旗湧上耶路撒冷街頭。這次出訪，打破了兩個敵對民族的「心理壁壘」，《金字塔報》評論說：「這比人類第一次踏上月球還要了不起！」薩達特下榻在大衛王飯店，他去了阿克薩清真寺祈禱，也訪問了大屠殺紀念館。11 月 20 日，薩達特在以色列議會發表了著名的演說，他講道：

> 和平屬於我們大家，屬於在阿拉伯土地上的，在以色列的，在這個充滿著血淋淋的爭鬥、為尖銳的矛盾所困擾、不時遭受流血戰爭威脅的所有人……今天，我以堅定的步伐來到你們面前，為的是創建一種新的生活並營造和平……讓天空蕩漾和平的旋律吧，讓我們的心胸

充滿和平的熱望吧……

　　薩達特訪問以色列為埃以和談打開了通道。1978 年 9 月，在美國的協調下，埃、以代表在美國總統休閒勝地戴維營展開會談，並最終通過了著名的《戴維營協議》。協議指出：聯合國安理會242 號決議的全部內容是解決中東問題的基礎；埃以雙方承認並尊重對方主權，通過和平手段解決一切爭端問題；以方在規定時間內從西奈撤軍，將領土歸還埃及，等等。埃及總統薩達特與以色列總理貝京的和平努力得到了國際社會的廣泛讚賞，他們一起分享了1978 年的諾貝爾和平獎。

　　戴維營和平框架協議的簽署，為敵對雙方開闢了一條解決衝突的新途徑。1979 年 3 月 26 日，薩達特、貝京、卡特在白宮正式簽署了《關於阿拉伯埃及共和國與以色列的和平條約》。1980 年 2 月15 日，埃以正式建交。1982 年 4 月，以軍全部撤出西奈半島，埃及恢復了對西奈半島的主權。埃以關係的正常化終於打破了阿以衝突的對峙僵局，儘管中東和平進程依舊艱難曲折，但薩達特等人所開闢的和平道路，是解決衝突的唯一現實的道路。

　　和平與正義的事業同樣也要付出代價。埃及國內只有一部分人理解與支持薩達特。阿拉伯世界除了蘇丹、阿曼和摩洛哥等少數國家之外，大都持反對態度。在薩達特訪問以色列的當天，沙特國王去麥加清真寺祈禱時，他的禱詞變成了對薩達特的詛咒：「真主啊，讓他的飛機在抵達耶路撒冷之前墜落，以免大家因他而蒙受恥辱」；敘利亞總統阿薩德稱薩達特是「阿拉伯民族事業的叛徒」；卡扎菲聲稱要「殺死薩達特」，並在埃利邊境集結重兵。有 17 個阿拉伯國家先後宣佈與埃及斷絕外交關係，並對埃及實行政治經濟制

裁，埃及被開除出阿拉伯陣營，阿盟總部遷到了突尼斯，產油國終
止了對埃及的援助，埃及陷入空前孤立的境地。

　　為了平息國內的不滿情緒，也為了向世界展示埃及的雄風，
薩達特決定舉行第四次中東戰爭 8 週年慶典活動。1981 年 10 月 6
日，在檢閱台上，薩達特突然遭到槍擊，不久身亡。兇手自稱是霍
梅尼的崇拜者、「贖罪和遷徙組織」的成員。以色列總理貝京，美
國總統卡特，美國前總統尼克遜、福特以及前國務卿基辛格等人參
加了他的葬禮。薩達特總統被安葬在離他遇刺之處不遠的無名戰士
紀念碑下，一塊大理石墓碑上刻上了這樣一行小字：

　　　忠誠的總統安瓦爾·薩達特，戰爭與和平的英雄。
　　　他為和平而生，為原則而死於 1981 年 10 月 6 日勝利日。

　　就在薩達特去世幾個月後，黎巴嫩戰爭讓阿以衝突又進入高
潮。1982 年 6 月，為了打擊藏匿在黎巴嫩首都貝魯特的巴解組
織，以色列發動了黎巴嫩戰爭。據統計，在這兩個月的戰爭中，有
近 1 萬阿拉伯人死亡，1.5 萬人傷殘，50 萬人失去家園，許多村莊
化為焦土。戰爭中，一場針對巴勒斯坦難民的大屠殺震驚了世界。
9 月 16—18 日，以色列支持的黎巴嫩長槍黨在得到沙龍（時任以色
列國防部長）的默許之後，伊利·胡貝克帶領多名對巴勒斯坦人懷
有極端仇恨的武裝分子，進入到薩布拉與夏蒂拉兩個巴勒斯坦難民
營，對 1000 多名巴勒斯坦無辜平民進行了慘絕人寰的大屠殺。該
舉動遭到國際輿論的強烈譴責，以色列國內也爆發了大規模的抗議
活動，沙龍被斥責為「貝魯特屠夫」。

　　黎巴嫩戰爭是一場失去民心的戰爭，被許多以色列人認為是

一場赤裸裸的侵略。以色列全國各地發起了聲勢浩大的抗議示威活動，貝京政府飽受批評。以色列國內的民間組織「現在實現和平運動」刊發文章呼籲：

> 以色列政府：住手吧！現在是邀請巴勒斯坦人加入和平談判的時候了！現在是實現基於相互承認基礎上的全面和平的時候了！

工黨領袖佩雷斯也發表演說：

> 做出這種可鄙決定的人沒有權力在今後再做決定了，戰爭必須結束，以色列國防軍必須離開貝魯特。

一位傷心的父親獲悉兒子捐軀戰場的消息後給貝京寫了這樣一封公開信：

> 我，一位拉比家庭的後代，我的父親是一位猶太復國主義者、社會主義者、華沙猶太隔都起義的英勇犧牲者，作為他唯一的兒子，我從大屠殺中幸存下來，遷移到我們的國土上，我服了兵役、結了婚並有了一個兒子，可現在，我可愛的孩子卻因為你的戰爭而離去。
>
> 因而，在迫害不再延續的歲月裡，你卻折斷了一個古老的、世代忍受痛苦的猶太家庭的鏈條，我們古老的、智慧的、飽經磨難的民族的歷史將要用無情的鞭笞來審判你、懲罰你！讓我的悲哀永遠縈繞在你的夢境！

讓我的憂傷作為殺人罪的標記而永遠附着在你的前額！

不久，該事件的兩個主角貝京和沙龍都被迫辭職，以色列作家伊扎爾·斯米萊斯基發表了一首詩，標題是：《貝京為何辭職？》

> 夜復一夜——他倍受煎熬，
> 當他躺在床上的時候，
> 發現臥室裡飄蕩着幽靈，
> 是 500 個？
> 不！甚至更多！
> 幽靈默默地站在他的面前，
> 一言不發。
> 幽靈充斥了整個房間，
> 他難以入眠。
> 幽靈默默地站在他面前：
> 「是你！」

阿以在衝突中又走過了十年，衝突所造成的傷痛讓更多人開始反思。1992 年拉賓上台時，阿以問題迎來了新的轉機。拉賓在就職演說中說道：

> 本政府決心盡一切可能的努力、鋪平每一條道路、致力於一切可能的甚至是不可能的事情，為了個人的和國家的安全，為了阻止戰爭和實現和平……我呼籲阿拉伯世界的領導者沿着埃及及其總統的足跡，邁開將給我

們也給他們帶來和平的這一步……在戰爭中，有贏家和
輸家；在和平中，只有贏家。

為了妥善處理佔領區定居點問題，拉賓取消了在佔領區建造
6681 套住房的計劃，積極釋放溫和信號，表示願意與巴勒斯坦展
開和談。

1993 年 9 月 13 日，在美國白宮南草坪上，3000 多名政要一同
見證了《奧斯陸協議》的簽字儀式。克林頓致了簡單的開幕辭，
他說：

> 勇者的和平只在咫尺之遙。整個中東都期待着能夠
> 過上平靜的生活。但是我們知道這條道路有多麼艱難，
> 每個和平都有它自己的敵人。

簽字儀式開始了，在曾經用來簽署《戴維營協議》的同一個
簽字桌前，佩雷斯和當時巴解組織中的二號人物馬哈茂德·阿巴斯
在協議文本上簽了字，在熱烈的氣氛中阿拉法特首先伸出了手，拉
賓帶着一言難盡的複雜表情迎了過去，克林頓把自己的手也放了上
去，全世界通過新聞媒體看到了這一歷史性的握手，成千上萬的人
流下了感動的熱淚。

簽字之後，拉賓發表了熱情洋溢的講話：

> 今天簽署這樣一個宣言，無論是對像我這樣參加
> 了以色列歷次戰爭的軍人來說，還是對以色列人民以及
> 散居世界各地的猶太人來說都是不容易的。……我們

無意報仇，我們不憎恨你們，我們同你們一樣是正常
人——想建立一個家，想栽一棵樹，渴望愛情，希望和
你們一道自由、體面、和平地生活在一起！……今天，
在華盛頓的白宮，我們將在人民之間、在厭倦了戰爭的
父母之間、在不諳戰事的兒童之間開闢雙邊關係的新篇
章。……今天我們給和平一個機會。我要對你們說：夠
了！我們共同祈禱：告別武力，讓和平來臨吧！

協議的主要精神包括：建立一個巴勒斯坦臨時自治權力機關，
即經過選舉產生的委員會，該委員會享有行政權、立法權和司法
權。以色列軍隊從加沙和傑里科撤出後，開始為期 5 年的過渡期，
以便最終在聯合國決議的基礎上實現和平；巴勒斯坦自治機構的大
選不得遲於宣言生效後 9 個月；雙方最終地位的談判不得遲於過渡
期第三年的年初，談判將涉及耶路撒冷、難民、定居點、邊界、與
鄰國的關係、經濟合作以及其他問題。

在中東地區，以暴力與恐怖為基本特徵的民族極端主義勢力
作為一種強大的暗流，自始至終威脅着和平進程，而且和平果實越
大，反和平的逆流就越強，薩達特的遇害就是明顯的例證。《奧斯
陸協議》簽訂以後，以色列國內的反和平力量主要包括超級鷹派人
物、狂熱的民族主義者、極端宗教主義者，其中許多人生活在加沙
與西岸的定居點。巴勒斯坦方面的反和平勢力主要有「哈馬斯」等
伊斯蘭激進組織。

1994 年 1 月，一位垂死的癌症患者、以色列前軍事情報官員
耶霍舒法特·哈爾卡巴在接受本·古里安大學兩位研究人員採訪時
說：拉賓會不得好死的，不是我期望的，而是上帝的意思。一個月

後，2月25日凌晨5點45分，一位38歲的以色列上尉軍醫戈爾斯坦持着衝鋒槍進入希伯倫的易卜拉辛清真寺，當場打死29位祈禱者，上百人受傷。「希伯倫慘案」震驚了全世界，阿拉伯方面宣佈中止正在華盛頓舉行的第12輪雙邊會談，聯合國安理會於3月18日通過904號決議，對屠殺事件進行譴責，拉賓稱慘案是「猶太民族和以色列國的恥辱」，以色列成立了調查委員會，收繳了一些猶太極端分子的武裝。

「希伯倫慘案」發生後，「哈馬斯」揚言要替希伯倫死難者報仇。4月6日，「哈馬斯」在奧夫拉製造爆炸，殺害了6名以色列人，7天之後，哈德拉再度發生自殺性事件，造成6人死亡。在激進勢力的擾亂下，巴以關係再度趨於緊張。

1995年11月4日，這一天是星期六，10萬人在特拉維夫的國王廣場（後改名為拉賓廣場）上隆重集會，集會是由「支持和談、結束以阿爭端總委員會」組織的，宣傳口號是「要和平，不要暴力」。7時左右，人群中發出了陣陣歡呼聲，拉賓總理在外長佩雷斯和其他內閣成員的陪同下，出現在公眾面前。面對情緒高漲的人群，滿頭白髮、精神飽滿的拉賓開始演講，他那洪亮而富有魅力的聲音隨着晚風迴蕩在廣場上空：

> 我一直深信，絕大多數人民需要和平，並且準備為和平而承擔風險。今天我們來這裡集會，你們與許多沒有與會的人共同證明：人民是真正渴望和平、反對暴力的。暴力正在瓦解以色列民主的基礎，必須予以譴責和孤立。暴力不是以色列的治國之道。民主政體中會有分歧，但是最終將由民主選舉來決定。1992年的選舉就授

權我們去進行現在正從事的工作，而且還要在這一道路
上繼續前行。

　　……

　　這是一條充滿困難和痛苦的道路。對於以色列，沒
有痛苦的道路是不存在的。但是和平之路比戰爭之路更
為可取。我之所以對你們說出此話，是因為我曾經是一
名軍人，而作為現任國防部長仍在目睹國防軍士兵家庭
的痛苦。為了他們的緣故，為了我們的子孫後代，我要
求本屆政府盡一切努力，抓住每一個機會，去促進並贏
得一個全面的和平。

　　這次集會必將給以色利公眾、全世界所有猶太社
團、阿拉伯世界的大多數人民，而且確實是給全世界傳
遞這樣一個信息：以色列人民需要和平，支持和平。為
此，我感謝你們。

　　演講之後，拉賓從口袋中取出了《和平之歌》的歌詞，與全場
群眾一起高唱：

　　　　讓太陽升起，讓清晨灑滿光明。
　　　　最聖潔的祈禱也無法使他們復生。
　　　　生命之火被熄滅的人，
　　　　血肉之軀被埋入黃土的人，
　　　　悲痛的淚水無法將他喚醒，
　　　　也無法使他復生。
　　　　無論甚麼人，

　　　　無論是勝利的歡樂，

　　　　還是光榮的讚歌，

　　　　都不能使他從黑暗的深淵中，

　　　　回到世上與我們重逢。

　　　　因此，唱一首和平之歌吧，

　　　　不要低聲地祈求神靈。

　　　　引吭高唱和平之歌吧，

　　　　這才是我們最應當做的事情。

　　10 萬人放開歌喉，發出海嘯般的聲音，台上台下熱烈激動的情緒將集會推向最高潮。拉賓轉過身，張開雙臂，與站在身邊的外長佩雷斯緊緊擁抱在一起。當集會結束拉賓走向停車場時，早已潛伏的兇手、27 歲的巴伊蘭大學的學生伊格爾・阿米爾用他那閃着寒光的手槍對準了拉賓。拉賓應聲倒下，一個小時後，渾身浸透鮮血的拉賓在手術台上逝世，拉賓的同事們從他上衣的口袋裡掏出了染着血跡的《和平之歌》。

　　以色列隨即向全世界宣佈：「以色列政府深切悲哀、極度震驚地宣告：總理拉賓遇刺身亡。」當噩耗傳到美國的時候，克林頓總統情不自禁地跑到白宮前的草坪上，他痛心不已，嘴裡迸出了兩個希伯來單詞：Shalom, haver（再見，朋友）！當天，以色列內閣舉行緊急會議，決定由外交部部長佩雷斯任代總理，宣佈全國哀悼。

　　11 月 6 日，全世界最隆重的葬禮在耶路撒冷的赫茨爾國家公墓舉行。來自全球 80 多個國家的元首、特別代表以及以色列各界人士 5000 多人參加了葬禮。約旦國王侯賽因來了，44 年前在距離拉賓墓地不足 2 公里處的阿克薩清真寺，16 歲的侯賽因曾目睹了

他的祖父阿卜杜拉國王被暗殺的慘狀，從此耶路撒冷留給他的是十分蒼涼的記憶；薩達特的繼任者埃及總統穆巴拉克來了，拉賓生前曾多次邀請穆巴拉克訪問耶路撒冷，他都謝絕了，幾週之前在訪問埃塞俄比亞的時候，他也遭遇了一次暗殺，可這一次他不想再錯過為拉賓送行的機會。

佩雷斯在講話中引用《聖經》的話來寄託哀思：

> 雅衛告訴大家，不要失聲嗚咽，不要讓淚水遮住視線，所做之工必有回報，未來充滿希望……永別了，我的兄長、和平的英雄。從今天到未來，我們要像您生前所要求的那樣、也要像您離去所託付的那樣，繼承起偉大的和平使命。

侯賽因國王淚流滿面地說：

> 我從沒有想到會面對這樣的時刻 ── 為失去一位兄長、一位同事、一位朋友、一位錚錚男兒、一位戰士而沉痛地哀悼。……您作為和平的勇士而離去，我相信這一時刻來臨了 ── 我們所有的人公開呼喚並談論和平的時刻，不僅在此時此地，而且要一如既往。

克林頓發言時引用了《聖經》中「以撒獻祭」的著名典故：

> 上帝要考驗亞伯拉罕對上帝的忠誠，命亞伯拉罕把自己心愛的兒子殺掉。當全心全意信仰上帝的亞伯拉罕

果真準備這樣做的時候，上帝派人阻止了他。上帝讓拉賓去了，他是在用更加嚴酷的方法考驗我們。

拉賓的外孫女用她那天真無邪的童音與真情感動了在場的每一個人，她說：

> 我今天不講甚麼和平，只講我的祖父。我願您的靈魂在和平中安息……您從未拋棄別人，可今天別人卻拋棄了您。我再也看不到您意味深長的微笑，它伴隨着您的離去而凝固……我們永遠永遠愛着您。

最後發言的是拉賓生前的助手埃坦·哈博，他用顫抖的手拿出被拉賓的鮮血染紅的歌詞，「讓太陽升起，讓清晨充滿光明……」只讀了一句，哈博已經泣不成聲。

拉賓死後，和平進程遭受了巨大的挑戰，《奧斯陸協議》被迫擱淺。新上台的內塔尼亞胡政府執行強硬政策，反對建立巴勒斯坦國；反對分割耶路撒冷，堅持認為它是以色列統一不可分離的首都；反對難民回歸以色列；堅持「以安全換和平」，反對「以土地換和平」。1999 年，溫和的工黨領袖巴拉克走上總理寶座，上任後不久巴拉克便重啟和平談判。

2000 年 7 月，克林頓撮合巴拉克、阿拉法特在戴維營展開會談。巴拉克最終表示，以色列撤出 80% 的西岸領土，12% 的領土日後再談，8% 的領土歸以色列。巴拉克冒着巨大的政治風險所做出的讓步並沒有得到阿拉法特的同意，阿拉法特要求以色列嚴格遵守聯合國決議，從 1967 年戰爭佔領的領土上撤回，將西岸完全歸

還巴勒斯坦，雙方僵持不下。同時，在難民問題上，以色列只准許每年兩萬名巴勒斯坦難民回歸巴勒斯坦，與阿拉法特分歧較大。最終，戴維營和談不歡而散。巴拉克回國面臨的是四分五裂的政府，而阿拉法特卻受到成千上萬人的夾道歡迎。

9月26日，巴以雙方代表再次來到美國展開談判。27日，巴拉克首次公開承認耶路撒冷是以、巴兩國首都。正當和談出現轉機的時候，以色列國內右翼強硬派與巴拉克政府的矛盾公開化。28日，沙龍和部分右翼議員在數千名軍警的護送下，強行「參觀」耶路撒冷的伊斯蘭教聖地阿克薩清真寺，向巴勒斯坦人進行挑釁。沙龍等人的行為引發了一系列衝突，兩週之內雙方有100多人喪生，數千人受傷。哈馬斯要求阿拉法特立刻停止談判，黎巴嫩真主黨也對以色列發動了襲擊，邊境戰火再起。10月31日，沙龍宣佈要盡一切努力推翻現任政府。12月19日，迫於多重壓力，巴拉克宣佈辭職。2001年2月6日，沙龍當選總理，右翼政黨上台，巴以和平前景蒙上了陰影。

阿以衝突是20世紀歷史上矛盾最複雜、持續時間最長久的衝突之一。曠日持久的衝突給雙方人民帶來了巨大的傷害，許多仁人志士將阿以和平視為奮鬥目標。在人類進入新的世紀後，許多人期盼巴以關係也能擁有一個新的開端，出現新的轉機，早日實現夢寐以求的和平。令人遺憾的是，伴隨着強硬派的上台，巴以矛盾卻在一次次的人體炸彈、定點清除等流血衝突中不斷走向升級。

困惑與動盪依舊

新的世紀、新的千年、新的起點，但持續了近一個世紀的阿

以衝突並沒有出現新的緩解的跡象，中東依舊是誘發衝突的火藥庫，世界局勢的晴雨表。在複雜多變的地緣政治與國際環境面前，以色列承受着巨大的壓力，背負着沉重的「戰爭債」「道德債」，在對待歷史與發展、和平與安全、宗教與世俗、族群融合與內在衝突等問題上表現出嚴重的分歧，困惑與焦慮充斥於以色列社會之中。

時至今日，宗教與世俗之爭仍是以色列社會的矛盾焦點。在現代思想的衝擊下，宗教與世俗力量向着不同的方向演進，正統派越發堅定其信仰體系，刻意要走向傳統深處，世俗人士更加自由化，注重個體的價值與自我體驗，這兩種背道而馳的態度充分反映出以色列社會價值體系的張力。

出於對民族傳統的熱愛與維護，宗教人士堅定對上帝和律法的信仰，反對猶太人脫離傳統，認為世俗化是猶太民族最大的挑戰。世俗主義者認為宗教已經不適合現代社會，他們雖然願意接受民族傳統文化，但卻不信仰上帝和遵守律法，更願意將猶太教視作是一種文化體系、一種身份認同。

很多人認為，目前猶太民族所面臨的最大的挑戰來自其內部，即過度地西方化。受流行於歐美的個人主義、消費主義的影響，許多以色列人尤其是年輕人熱烈地追求西方的生活方式，尤其是對美國文化熱情追捧，更注重物質、功利和個人享受，這在世俗猶太人身上體現得最為明顯，這些現象讓傳統人士倍感擔憂。

作為一個移民國家，不同族群間的融合依然是以色列社會面臨的又一大難題。儘管同屬一個種族，但由於地域上的分散性，來自世界各地的移民間的差異較大，儘管建國後以色列用了幾十年時間，花費了巨大精力來促進東方猶太人與西方猶太人之間的融合，

但時至今日雙方之間的裂痕依舊未能完全消除。1991年蘇聯解體後，約有100萬蘇聯猶太人移民以色列，佔據以色列人口的比例較大，為了維護自身權益，他們組建了代表蘇聯猶太人利益的政黨，其中最著名的是「以色列我們的家園黨」，該黨執行右翼路線，是目前以色列最具影響力的政黨之一。以色列政黨的多樣性與分散性也是社會族群矛盾的主要體現。

在猶太族群內部矛盾之外，以色列猶太人與阿拉伯人之間的矛盾更加讓人焦慮。以色列阿拉伯人身處民族認同與國家認同的狹縫之中，以色列與周圍阿拉伯國家間的戰爭與衝突加重了他們在身份認同上的艱難性。更讓他們傷心的是以色列猶太人對他們的防範心態，有些人甚至將他們視為是阿拉伯人的內奸，聲稱要把他們趕出以色列。面對他們世代生存的家園，以色列阿拉伯人找不到歸屬感，看不到自己的未來。

安全問題是長期以來以色列民眾以及全世界猶太人極為關注的問題，在歷經磨難的猶太人心目中，特別是在經歷大屠殺這樣的民族浩劫之後，安全被視為是猶太人的第一要務。以色列建國後，身處阿拉伯國家的包圍與仇視中，幾次中東戰爭及接連不斷的小規模衝突更刺激了以色列的安全意識，以色列宣稱保護每一個猶太人，同時以色列國民也形成了扭曲的國家安全觀念，以自我為中心，為了自身安全而不惜傷害他人的安全權益。可以說，在國際社會眼中，以色列猶太人的角色似乎已經由受害者變成了施害者，正是在此背景下，以色列國內興起了強烈的反戰運動，主張以和平解決爭端，反對採用蠻橫的暴力方式。很多人開始對猶太復國主義進行反思，認為猶太人的安全不能建立在傷害巴勒斯坦人的基礎之上，以色列必須要去除霸權主義、種族主義思想。以色列要建立一個民

主、開放、寬容、平等的國家就必須要對以往蠻橫的價值理念進行
修正。這些對猶太復國主義進行批評和改進的運動被稱為「後猶太
復國主義」，該思潮興起之後在以色列國內及國際上都有一定的影
響力，代表了以色列國內反戰的、理性的價值觀。

　　儘管反戰運動、和平組織以及後猶太復國主義在當今以色列社
會日趨活躍，但是以色列現實的安全環境以及此起彼伏的流血衝突
一次次擠壓了和平組織的生存空間，很多人堅信只有強大的以色列
才能保護其國民，只有以牙還牙的以色列才能威懾外部敵對勢力，
以色列的和平只有在戰爭中才能獲得。

　　在歷次的中東戰爭中，以色列兼併了大量的領土，進一步壓
縮了巴勒斯坦人的生存空間，以色列右翼政黨積極鼓吹向西岸和加
沙建立定居點，以圖形成實際佔有之勢。以色列的行為遭到了巴勒
斯坦人的強烈反對，巴勒斯坦人選擇用石塊、木棍甚至是恐怖襲擊
的方式來與以色列展開抗爭，以軍以暴制暴的方式導致巴以局勢逐
漸緊張。21 世紀初的幾年間，此起彼伏的流血衝突讓長期堅定執
行右翼路線的沙龍都感到吃力，對抗解決不了巴以問題，決定實施
「單邊脫離計劃」，即以色列逐步撤離在加沙和約旦河西岸的定居
點，建立一條更加容易防範的安全線。

　　力排眾議的沙龍於 2005 年 8 月開始組織人員撤離加沙的定居
點。在得到撤離通知後，很多定居點的居民不願離去，他們挖壕
溝、立障礙，想盡各種辦法與清理他們的軍警做抗爭，一名婦女甚
至通過自焚的方式來表達對撤離的不滿，很多人威脅要殺死沙龍。
經過積極努力，以色列完成了加沙撤離計劃，加沙時隔多年再次
回到巴勒斯坦人手中。正當沙龍着手準備更加困難的約旦河西岸撤
離計劃時，突然患上的中風讓他倒在了病榻上。副總理奧爾默特接

任沙龍的總理職位後，積極推行撤離計劃。但事與願違的是以色列從加沙撤離後，加沙的權力真空卻讓哈馬斯鑽了空子，單邊脫離計劃不僅沒有讓以色列遠離加沙的威脅，反而要面對更複雜的安全局勢。

巴勒斯坦主要有兩大黨派，法塔赫和哈馬斯，法塔赫奉行溫和政策，主張有條件的和談，而哈馬斯堅持激進路線，反對以色列國家的存在，兩派政見不一，很難形成統一的主張。以色列撤離加沙後，哈馬斯在那裡積極發展勢力，於 2007 年從法塔赫手中奪得了控制權。從此，哈馬斯控制着加沙，法塔赫控制着約旦河西岸，雙方劃片而治。奉行激進政策的哈馬斯時常對以色列進行恐怖襲擊，以色列政府因此加大了對加沙的封鎖力度。

為了防止哈馬斯建造工事、製造武器以進行恐怖襲擊，以色列在加沙周邊修建了高大的水泥牆，嚴格限制物品和人員出入。加沙面積約 365 平方公里左右，但生活着約 150 萬阿拉伯人（2012年），處於封閉之中的加沙經濟停滯不前，舉步維艱，大部分居民生活在貧困線以下，基本靠聯合國的人道援助為生，因此加沙也被形容為「世界上最大的監獄」。以色列企圖通過封鎖加沙打擊哈馬斯，哈馬斯又希望通過暴力襲擊來打破以色列對加沙的封鎖，雙方互相攻擊，相持不下，這也為日後以色列與加沙的戰爭衝突埋下了隱患。短短幾年時間，奧爾默特和內塔尼亞胡兩位以色列總理分別向加沙發動了「鑄鉛行動」和「防務支柱行動」，在對哈馬斯進行打擊的同時也造成了大量無辜平民傷亡，這讓以色列受到了國際社會的強烈譴責。

持續不斷的衝突，使巴以和平遙遙無期，然而，一波未平一波又起。2010 年以來，中東地區出現了政治上的蝴蝶效應，突如其

來的「阿拉伯之春」①把以色列帶入了嚴寒的冬季。「阿拉伯之春」讓國際社會再次對中東予以極大的關注，很多人擔心動亂將使激進組織上台，對中東和平產生威脅。就連一味偏袒以色列的美國也感覺到是時候調整中東政策了。2011 年 5 月 19 日，美國總統奧巴馬發表了中東政策演講，他指出，過去兩年以來，以色列在有爭議的土地上繼續擴建定居點以及巴勒斯坦拒絕進行談判的錯誤做法阻礙了巴以和平進程。中東變革使巴以問題變得更加緊迫，同時也為和平解決爭端創造了契機。奧巴馬重申，以色列和巴勒斯坦的邊界應以 1967 年戰爭前的邊界線為基礎。奧巴馬在特殊時期的表態引起了輿論的廣泛關注。

　　2011 年 11 月的二十國集團峰會期間，奧巴馬和法國總統薩科奇談話時忘了關掉麥克風，導致部分談話內容被現場的記者們聽到。在談到內塔尼亞胡時，薩科奇說道：「我不想再見他了，他是個騙子。」奧巴馬說：「你也許對他感到反胃，但我還得跟他打交道。」媒體紛紛猜測，二人如此評價內塔尼亞胡，是因為以色列在巴以問題上剛愎自用，一意孤行。當世界媒體曝出兩人的對話內容之後，薩科奇與奧巴馬紛紛向內塔尼亞胡示好，以修復關係，而以色列方面則一直保持了沉默。

　　在未來的日子裡，以色列會有甚麼樣的舉措？巴勒斯坦國將何去何從？中東政治舞台又會出現怎樣的變局？這一系列問題都在挑戰人性的底線，考量人類的智慧，也在呼喚着更多的政治家能釋放出更多的正能量，以更為理性的選擇為中東人民造福祉，為地

---

① 　關於這場運動，有人稱之為革命，有人稱之為動亂，西方媒體則普遍稱之為「阿拉伯之春」。

球村謀和平。

　　2012 年的全球暢銷書排行榜上不僅有《喬布斯傳》《大數據時代》，還有西蒙‧塞巴格‧蒙蒂菲奧里的《耶路撒冷三千年》，與其說是作者讓耶路撒冷這個古老話題再次煥發出新的感染力，倒不如說是這方聖土從未淡出於現代人的視野。蒙蒂菲奧里的殺青之筆描述了今日耶路撒冷凌晨四點半的情景：

> 　　岩石圓頂清真寺打開了，穆斯林正在祈禱；
> 　　西牆一直是開放的，猶太人正在祈禱；
> 　　聖墓大教堂打開了，基督徒正用多種語言祈禱。
> 　　陽光普灑耶路撒冷，照耀了西牆上光亮的希律石，照耀了輝煌的岩石圓頂清真寺，照耀了神聖的休憩廣場……陽光落在耶路撒冷最優美且神秘的建築上……但是金門還緊鎖着，直到末日來臨。

　　讓我們懷着聖潔與博愛的情懷為這座具有「啟示錄」背景的聖城祈福，但願她能永久保持神秘與尊嚴、輝煌與榮耀，不再成為「慾望的傾灑地」「爬滿蠍子的耀眼金杯」；但願她的安然與靜謐不再被聖殿山下的亡靈所驚擾，不再被刀光劍影的恐怖所吞噬，願通往和平的金門早日開啟！

不斷追夢的務實民族

有些人喜歡猶太人，有些人不喜歡猶太人。但凡有思想的人都不會否認這樣一個事實：猶太民族毫無疑問是世界上最強大、最卓越的民族。

—— 英國前首相溫斯頓‧邱吉爾

　　猶太民族在世界民族之林中是很小的一個分支，當今生活於世界各地的猶太人大約有 1300 多萬，僅佔全球總人口的 2% 左右。在長達兩千餘年的漫長流散過程中，猶太人在離開故土、失去疆域的情況下，克服了被同化與消亡的種種危機、應對了反猶主義的重重壓力，依然延續歷史、建構歷史，形成了自成體系的宗教觀念與歷史意識，並孕育出獨樹一幟的民族性格與文化品質。著名的美國猶太領袖傑克·羅森在《猶太人的大夢想 —— 成功、繁榮和美國夢》一書中指出：

　　　　沒有人比猶太人更像猶太人。在資本時代，他們是最富有創造力的企業家；在被隔離時代，他們是最有經驗的流亡者；在專業時代，他們是最熟練的專業人員。猶太人的故事是一個把檸檬變成檸檬汁的過程 —— 如何把被壓縮的狀態發揮到最佳。把劣勢變成優勢，這就是猶太奇跡的核心。

　　可以說，幾千年的猶太歷史留給我們最大的啟迪也許正是：讓

夢想成為驅逐現實黑暗的燈塔、讓夢想成為奔向美好未來的動力！遠古時代，希伯來族長們輾轉於阿拉伯半島，立足於兩河流域，又跋涉到尼羅河邊，心中的夢想是尋找更豐饒的水草、更富庶的生存之地；當埃及的殘酷現實粉碎了他們的夢想，為了擺脫法老的高壓政策，他們逾越紅海、跨過西奈，歷盡艱辛重返迦南，此時心中的夢想是維護自由意志、不受外邦人的奴役，如今猶太民族這一實現夢想的經歷已成為人類擺脫奴役、爭取自由的象徵而永存於西方的歷史畫卷之中；在巴勒斯坦遭受異國統治的非常時期，猶太人為反對大國強權的控制進行了可歌可泣的反抗，「寧可為自由而死，不為奴隸而生」不僅是「馬薩達」將士們的最後遺言，也是猶太古典英雄主義的千古絕唱。

進入大流散時期，無論是基督教會的火刑柱、世俗統治者的審判法庭，還是一次又一次的驅逐與殺戮，都沒有使猶太人放棄對於自身民族傳統的堅守。當反猶主義被冠上「現代」標籤，並與種族主義沆瀣一氣，橫行整個歐洲大陸時，猶太人依然沒有屈服，因為他們始終堅信：「只要我們的心中，還深藏着猶太人的靈魂；只要我們的眼睛，還眺望着東方的錫安山。兩千多年的希望，就不會化為泡影！」當「最後解決」的夢魘摧毀着 600 萬無辜者的生命，當焚屍爐的濃濃黑煙籠罩了集中營的上空，也窒息了猶太人最後的逃生希望時，幸存下來的人沒有絕望，而是懷着更為強烈的回歸故土之夢。在他們的心目中，上帝可以藏匿，甚至可以死亡，但做猶太人的願望不能消泯！

1948 年以色列的建國被稱作是「從大屠殺的灰燼中錘煉而出的金鳳凰」，猶太民族兩千餘年的復國夢終於實現，但保衛新國家、建設新家園的序幕才剛剛拉開。在自然條件十分惡劣、地緣環

境與安全局勢不斷惡化的背景下，他們面對現實，鼓勵創新，包容失敗，立志以「質量取勝」，懷抱「使沙漠盛開鮮花」的夢想，經過半個多世紀的努力，以色列如今已成為中東地區現代化水平最高的國家。正如前總統哈伊姆‧赫爾佐克在《親歷歷史——一個以色列總統的回憶》中所說的那樣：

> 在我的一生中降臨於猶太人民的悲劇堪稱無可比擬。但我們的勝利與成就也超過了世代夢想。那就是為甚麼一個人可以有夢想，一個人應該有夢想，一個人必須有夢想。

值得強調的是，「猶太夢」並非虛無縹緲的空中樓閣，而是建基於實實在在的行動之上。猶太人不僅是言辭的強者，更是行動的巨人。猶太人不僅胸懷理想，更有持之以恆去實現理想的務實精神，這種精神得益於猶太傳統的滋養與孕育。猶太文化是一種既注重理性思辨又強調實用性的文化。猶太教和任何宗教一樣，都是為了給人以希望與信念。但它與其他宗教的不同之處在於，信仰的終極目的——「千年王國」不是在遙遠的未來，而是在現世。猶太教認為，雖然在現實生活中有不可避免的災難與痛苦，在來世的幸福中可以得到補償（即不否認來世），但不要僅把希望寄託於未來，而是要關注今世的生活。猶太教也沒有把神聖與世俗截然分開，而是試圖追求一種既合乎宗教精神，又不違背人性特點的信仰方式，《希伯來聖經》不僅教導人們如何遵從神的旨意，成為仁愛之民、律法之民、道德之民、智慧之民，而且教導人們如何生產，如何勞作，如何管理上帝所造的一切。可見，作為「倫理一神教」

的猶太教，在處理倫理道德與現實生活的關係時，表現出了更多的
務實性傾向，從而使猶太教不僅是一種虛幻的宗教理想，而且是一
種實實在在的生活倫理，體現了「信仰與務實的交融」。

在中世紀，猶太人牢記其祖先的遺訓：「在家是猶太人，在外
是當地人」，要遵守並服從所在地的法律與權威。無論是生活在穆
斯林社會還是基督教的歐洲，他們都小心翼翼地生存，儘量減少與
外界社會的摩擦，以求實的心態面對生活。不管從事哪一種職業，
他們往往表現出一種比其他人更為強烈的成功慾，因為對他們來
說，物質上的成功不只是為了保障生活，而且還與生存權、居住權
聯繫在一起。哈斯卡拉興起之後，啟蒙思想家們為了使猶太民族成
為「一個永恆的民族」，力倡變革，極力使猶太人投入到現代化的
洪流之中，使猶太文化成為「一種可塑性的、始終適應環境的、有
機的民族文化」，從而弘揚了一種求實、求變的民族精神，在這樣
的氛圍中，猶太思想獲得了更大的發展空間。

猶太復國主義的興起尤其是以色列建國後的歷史再次證明了
猶太民族腳踏實地的優秀品質。美國學者丹・塞諾和以色列學者索
爾・辛格在他們合著的《創業的國度：以色列經濟奇跡的啟示》一
書中指出：「儘管媒體廣泛報道以色列，但是還有一個故事被忽視，
那就是主要的經濟指標表明，以色列是當今世界最能體現創新和創
業精神的國家，」「2008 年，以色列的人均創業投資是美國的 2.5
倍，歐洲的 30 倍，中國的 80 倍，印度的 350 倍。」以色列國的發
展奇跡說明只有將夢想轉化為行動，才有創新的活力、才有國家的
騰飛與民族的復興。

如果說富有理想並崇尚實幹是猶太民族取得成功的法寶，那麼
個人可以改變世界的理念就是對猶太精神的最好註解。猶太傳統教

導人們：這個世界是因我而創造的，每個人生下來都注定要走上一個舞台，要去實現自己的人生目標，而在自我實現的過程中，如果立足於眼前，由近及遠地去有所作為，整個世界就會因為個體的努力而發生改變。19世紀歐洲著名的猶太拉比斯蘭特在威斯敏斯特教堂裡留下這樣一段膾炙人口的碑文：

> 當我年輕的時候，我想改變世界，但是，世界並沒有因為我而改變。因此我試着去改變我的國家，當我發現國家也沒有因為我而改變的時候，我開始想着要改變我居住的小鎮，但我也沒能改變小鎮。年紀大了，我嘗試改變我的家人。現在，我已然是一位老人，我突然意識到我所能改變的應該是我自己，如果很久之前就改變自己，我就可以影響到我的家人，我的家人和我就可以影響我的鎮子，進而影響到國家，那樣的話，我就真正改變了世界。

事實上，自亞伯拉罕以來近四千年的猶太歷史也多次證明：胸懷夢想而又腳踏實地的猶太人不僅能夠改變自己，而且能夠改變世界！

不可否認，在當今世界，無論是生活在以色列的猶太人，還是居住在美國、歐洲以及其他國家和地區的猶太社團，都面臨着這樣或那樣的困難與問題，宗教與世俗的矛盾、傳統與現代性的衝突、身份認同與族群認同上的尷尬境地以及前所未有的其他宗教和文明的衝擊等確實使猶太社會面臨着極大的挑戰。但是，人們有足夠的理由相信，不管未來面臨怎樣的困境，猶太人仍將繼續追逐獨特的

民族夢想，他們仍會堅持創造嶄新的歷史奇跡，在不斷追夢、不斷創造的過程中，實現民族的復興、開創美好的未來。

主 要 參 考 書 目

中文書目

《聖經》和合本，中國基督教協會 1996 年版。

《阿伯特：猶太智慧書》，阿丁‧施坦澤茲詮釋，張平譯，中國社會科學出版社 1996 年版。

阿巴‧埃班：《猶太史》，閻瑞松譯，中國社會科學出版社 1986 年版。

艾哈邁德‧愛敏：《阿拉伯—伊斯蘭文化史》，朱凱譯，商務印書館 1997 年版。

埃利‧巴爾納維：《世界猶太人歷史：從〈創世記〉到二十一世紀》，劉精忠等譯，中國人民大學出版社 2007 年版。

查姆‧伯曼特：《猶太人》，馮瑋譯，上海三聯書店 1995 年版。

摩西‧達揚：《沙漠中的和平》，張存節譯，上海譯文出版社 1986 年版。

克勞斯‧費舍爾：《德國反猶史》，錢坤譯，江蘇人民出版社 2007 年版。

西格蒙德‧弗洛伊德：《摩西與一神教》，李展開譯，生活‧讀書‧新知三聯書店 1989 年版。

歐文・豪:《父輩的世界》,王海良、趙立行譯,上海三聯書店 1995 年版。

哈里・霍維茨:《貝京與以色列國》,肖憲譯,雲南大學出版社 1993 年版。

哈伊姆・赫爾佐克:《勇敢的猶太人》,范雨臣、范世蕾譯,中國社會科學出版社 1995 年版。

金宜久主編:《伊斯蘭教史》,中國社會科學出版社 1990 年版。

金耀基:《從傳統到現代》,中國人民大學出版社 1999 年版。

馬丁・吉爾伯特:《五千年猶太文明史》,蔡永良、袁冰潔譯,上海三聯書店 2010 年版。

傑拉爾德・克雷夫茨:《猶太人和錢》,顧駿譯,上海三聯書店 1991 年版。

亞伯拉罕・柯恩:《大眾塔木德》,蓋遜譯,山東大學出版社 2004 年版。

戈登・A. 克雷格:《德國人》,楊立義、錢松英譯,上海譯文出版社 1998 年版。

傑克・羅森:《猶太成功的秘密》,徐新等譯,南京出版社 2008 年版。

埃馬紐埃爾・勒維納斯:《塔木德四講》,關寶艷譯,商務印書館 2002 年版。

沃爾特・拉克:《猶太復國主義史》,徐方、閻瑞松譯,上海三聯書店 1994 年版。

塞西爾・羅斯:《簡明猶太民族史》,黃福武、王麗麗譯,山東大學出版社 2004 年版。

勞倫斯・邁耶:《今日以色列》,錢乃復等譯,新華出版社

1987 年版。

諾曼・所羅門：《當代學術入門：猶太教》，趙曉燕譯，遼寧教育出版社 1998 年版。

羅伯特・M. 塞爾茨：《猶太的思想》，趙立行、馮瑋譯，上海三聯書店 1994 年版。

丹・塞諾、索爾・辛格：《創業的國度：以色列經濟奇跡的啟示》，王躍紅、韓君宜譯，中信出版社 2010 年版。

徐向群、余崇健：《第三聖殿 —— 以色列的崛起》，上海遠東出版社 1994 年版。

徐新：《反猶主義解析》，上海三聯書店 1996 年版。

希提：《阿拉伯通史》，馬堅譯，商務印書館 1979 年版。

殷罡主編：《阿以衝突 —— 問題與出路》，國際文化出版公司 2002 年版。

約瑟福斯：《猶太戰爭》，王麗麗等譯，山東大學出版社 2007 年版。

楊曼蘇：《以色列 —— 謎一樣的國家》，世界知識出版社 1992 年版。

英文書目

Encyclopaedia Judaica, Jerusalem: Keter Publishing House Ltd., 1971.

Avishai, Bernard. *The Tragedy of Zionism: Revolution and Democracy in the Land of Israel*, New York: Farrar Straus Giroux, 1985.

Bar-On, Dan. *Fear and Hope: Three Generations of the Holocaust*, Cambridge: Harvard University Press, 1995.

Bauer, Yehuda. *Rethinking the Holocaust*, New Haven: Yale University Press, 2001.

Benbassa, Esther. *The Jews of France: A History from Antiquity to the Present*, New Jersey: Princeton University Press, 1999.

Berenbaum, Michael. & Abraham J. Peck, *The Holocaust and History*, Bloomington: Indiana University Press, 1998.

Berkovitz, Jay R. *The Shaping of Jewish Identity in Nineteenth-century France*, Detroit: Wayne State University, 1989.

Bishop, Peter. & Michael Darton, *The Encyclopedia of World Faith*, New York: Facts on File Publications, 1988.

Bregman, Ahron. *A History of Israel*, New York: Palgrave Macmillan, 2003.

Bregman, Ahron. & Jihan El-Tahri, *The Fifty Years War: Israel and the Arabs*, London: Penguin Books, 1998.

Breuer, Mordechai. *Modernity Within Tradition — The Social History of Orthodox Jewry in Imperial Germany*, New York: Columbia University Press, 1992.

Bukiet, Melvin Jules. *Nothing Makes You Free: Writings by Descendants of Jewish Holocaust Survivors*, New York: W. W. Norton & Company, 2002.

Castel, Francois. *The History of Israel and Judah*, New York: Paulist Press, 1985.

Cohen, Michael J. *Palestine and the Great Powers, 1944-1948*, New Jersey: Princeton University Press, 1982.

Cohen, Michael J. *Churchill and the Jews*, London: Frank Cass, 1985.

Comay, Joan. *Who's Who in Jewish History — after the Period of the Old Testament*, London: Weidenfeld and Nicolson, 1974.

Efron, Benjamin, ed. *Currents and Trends in Contemporary Jewish*

Thoughts, New York: Ktav Publishing House, Inc., 1965.

Edelheit, Abraham J. & Hershel Edelheit, *History of Zionism*, Colorado: Westview Press, 2000.

Fishman, Priscilla, ed. *The Jews of the United States*, New York: New York Times Book Co., 1973.

Flanzbaum, Hilene. *The Americanization of the Holocaust*, Baltimore & London: The Johns Hopkins University Press, 1999.

Fried, Hedi. *The Road to Auschwitz: Fragments of a Life*, Lincoln & London: University of Nebraska Press, 1990.

Friedman, Isaiah. *The Question of Palestine: British-Jewish-Arab Relations, 1914-1918*, New Brunswick: Transaction Publishers, 1992.

Gilbert, Martin. *Israel: A History*, London: Black Swan, 1999.

Glatzer, Michael, ed. *Exile 1492: The Expulsion of the Jews from Spain*, Jerusalem: Ben-Zvi Institute, 1991.

Grant, Michael. *The Jews in the Roman World*, New York: Dorset Press, 1984.

Grayzel, Solomon. *A History of the Jews*, Nebraska: University of Nebraska Press, 1968.

Guttmann, Julius. *Philosophies of Judaism: The History of Jewish Philosophy from Biblical Times to Franz Rosenzweig*, New York: Holt Rinehart & Winston, 1964.

Hass, Aaron. *In the Shadow of the Holocaust: The Second Generation*, Cambridge: Cambridge University Press, 1996.

Hertzberg, Arthur. *Being Jewish in America: The Modern Experience*, New York: Schocken Books, 1979.

Herzl, Theodor. *The Jewish State: An Attempt at a Modern Solution of Jewish Question*, London: H. Pordes, 1967.

Herzl, Theodor. *The Complete Diaries of Theodor Herzl*, New York: The Herzl Press, 1960.

Hilberg, Raul. *The Destruction of the European Jews*, New York: Holmes & Meier, 1985.

Kaplan, Mordecal M. *The Greater Judaism in the Making — A Study of the Modern Evolution of Judaism*, New York: The Reconstructionist Press, 1960.

Kedourie, Elie, ed. *The Jewish World: Revelation, Prophecy and History*, New York: Thames &Hudson, 2003.

Keller, Werner. *Diaspora: The Post-biblical History of the Jews*, New York: Harcourt, Brace & World, 1969.

Kornberg, Jacques. *Theodor Herzl: From Assimilation to Zionism*, Bloomington: Indiana University Press, 1993.

Laqueur, Walter. & Barry Rubin, eds. *The Israel-Arab Reader: A Documentary History of the Middle East Conflict*, New York: Penguin Books, 2001.

Lederhendler, Eli. & Jonathan D. *Sarna, eds. America and Zion*, Detroit: Wayne State University Press, 2002.

Litvinoff, Barnet, ed. *The Letters and Papers of Chaim Weizmann*, Jerusalem: Israel University Press, 1983.

Lucas, Noah. *The Modern History of Israel*, London: Weidenfeld & Nicolson Ltd., 1974.

Marcus, Jacob Reder. *United States Jewry, 1776-1989*, Detroit: Wayne State University Press, 1993.

Mendes-Flohr, Paul. & Jehuda Reinharz, eds. *The Jew in the Modern World: A Documentary History*, New York: Oxford University Press, 1980.

Niewyk, Donald L. ed. *The Holocaust: Problems and Perspectives of Interpretation*, Boston: Houghton Mif.in Company, 2003.

Patai, Raphael. *Tents of Jacob: The Diaspora, Yesterday and Today*, *Englewood Cliffs*, New Jersey: Prentice Hall, 1971.

Peters, F. E. *Children of Abraham: Judaism, Christianity and Islam*,

Princeton: Princeton University Press, 1984.

Plesur, Milton. *Jewish Life in Twentieth-Century America — Challenge and Accommodation*, Chicago: Nelson-Hall Inc., 1982.

Raison, Gacob S. *The Haskalah Movement in Russia*, Philadelphia: Jewish Publication Society of America, 1913.

Rowley, H. H. *Prophecy and Religion in Ancient China and Israel*, New York: Harper & Brothers Publication, 1956.

Rudavsky, David. *Modern Jewish Religious Movements: A History of Emancipation and Adjustment*, New York: Behrman House, Inc., 1967.

Sachar, Howard M. *A History of Israel: From the Rise of Zionism to our Time*, New York: Alfred A. Knopf, 1991.

Ben-Sasson, H. H. ed. *A History of the Jewish People*, Cambridge: Harvard University Press, 1976.

Schacter, Jacob. J. *Judaism's Encounter with Other Cultures: Rejection or Integration*, New Jersey: Jason Aronson, Inc., 1997.

Shanks, Hershel, ed. *Ancient Israel: From Abraham to the Roman Destruction of the Temple*, New Jersey: Prentice Hall, 1999.

Shimoni, Gideon. *The Zionist Ideology*, Hanover & London: Brandeis University Press, 1995.

Soumerai, Eve Nussbaum. & Carol D. Schulz, *Daily Life During the Holocaust*, Westport: Greenwood Press, 1998.

Stein, Leslie. *The Hope Fulfilled: The Rise of Modern Israel*, London: Praeger Publishers, 2003.

Wardi, Dina. *Memorial Candles: Children of the Holocaust*, London & New York: Routledge, 1992.

Wiesel, Elie. *A Jew Today*, New York: Random House, 1978.

Wigoder, Geoffrey. *Dictionary of Jewish Biography*, New York: Macmillan Library Reference, 1991.

Wistrich, Robert S. *Hitler and the Holocaust*, London: Weidenfeld &

Nicolson, 2001.

Wistrich, Robert S. *Anti-Semitism: The Longest Hatred*, London: Thames Mandarin, 1992.

Wyman, David S. *The Abandonment of the Jews: America and the Holocaust, 1941-1945*, New York: Pantheon Books, 1984.

後 記

著名哲學家卡爾‧雅斯貝爾斯曾提出，公元前 800 年至公元前 200 年是人類歷史上的「軸心時代」，這一時期人類文明在精神層面實現了重大突破，在希臘、中國、印度、巴勒斯坦等地都湧現出了偉大的思想家，他們的理念與思想塑造了不同的文化傳統，並一直延續至今。作為軸心文明的代表之一，猶太文明雖歷經磨難但卻從未中斷，並通過與其他文明的交往互動成功地實現了文化適應與轉型更新，至今仍保持着旺盛的活力，為猶太民族的生存發展與創造精神提供了持續的內在驅動力。因此，探尋猶太民族起源、發展、流散以及回歸故土的歷史，不僅為思考人類文明的傳承與創新提供了一個獨特的視角，而且對於探討現代民族國家的發展、理解現實的中東世界以及當今中國的文化建設都有一定的借鑒意義。

近年來國內學術界關於猶太人的歷史已有很多的著作出版，目前呈現在讀者面前的這本小書，其特點是以大眾化的語言、輕鬆明快的風格展現猶太人漫長而曲折的歷史。非常感謝我的老師錢乘旦先生長期以來所給予的關心、信任與鼓勵；感謝閔豔芸老師等出版界同仁的大力支持與合作，他們所提出的寶貴意見已在書稿中充分吸納。在寫作的過程中除了署名作者外，還有其他幾位博士生、碩士生付出了自己的時間與精力，艾仁貴承擔了大量的文字修改工作，賈森、鄧燕平、劉麗娟、張瑞等人對書稿進行了認真的校對。此外，我們猶太—以色列研究團隊的其他成員尤其是河南大學猶

太—以色列研究中心的老師和同學們也為本書資料和圖片的搜集提供了許多幫助。

　　另外，由於普及性讀物的體例所限，書中有些內容借鑒了他人的成果，未能在行文中一一註明，敬請諒解，在此一併謹致謝忱！

張倩紅
2015 年 12 月 12 日

責任編輯	楊克惠
書籍設計	彭若東
責任校對	江蓉甬
排　　版	肖　霞
印　　務	馮政光

書　　名	猶太人 3000 年
作　　者	張倩紅　張少華
出　　版	香港中和出版有限公司 Hong Kong Open Page Publishing Co., Ltd. 香港北角英皇道 499 號北角工業大廈 18 樓 http://www.hkopenpage.com http://www.facebook.com/hkopenpage http://weibo.com/hkopenpage Email: info@hkopenpage.com
香港發行	香港聯合書刊物流有限公司 香港新界荃灣德士古道 220-248 號荃灣工業中心 16 樓
印　　刷	美雅印刷製本有限公司 香港九龍官塘榮業街 6 號海濱工業大廈 4 字樓
版　　次	2021 年 3 月香港第 1 版第 1 次印刷 2023 年 6 月香港第 2 次印刷
規　　格	16 開 (154mm×230mm) 344 面
國際書號	ISBN 978-988-8694-75-4

© 2021 Hong Kong Open Page Publishing Co., Ltd.
Published in Hong Kong